中文社会科学引文索引（CSSCI）来源集刊

珞珈管理评论

LUOJIA MANAGEMENT REVIEW

2020年卷 第1辑（总第32辑）

武汉大学经济与管理学院主办

WUHAN UNIVERSITY PRESS

武汉大学出版社

图书在版编目(CIP)数据

珞珈管理评论.2020 年卷.第 1 辑:总第 32 辑/武汉大学经济与管理学
院主办.—武汉:武汉大学出版社,2020.6
ISBN 978-7-307-21550-4

Ⅰ.珞…　Ⅱ.武…　Ⅲ.企业管理—文集　Ⅳ.F272-53

中国版本图书馆 CIP 数据核字(2020)第 091366 号

责任编辑:陈　红　　　责任校对:李孟潇　　　版式设计:韩闻锦

出版发行:**武汉大学出版社**　　(430072　武昌　珞珈山)
(电子邮箱:cbs22@ whu.edu.cn 网址:www.wdp.com.cn)
印刷:武汉市天星美润设计印务有限公司
开本:787×1092　1/16　印张:11　字数:261 千字
版次:2020 年 6 月第 1 版　　2020 年 6 月第 1 次印刷
ISBN 978-7-307-21550-4　　　定价:28.00 元

目　　录

CONTENTS

1

重思地域多元化-企业绩效间关系：
服务化的调节作用*

● 张 琪[1,2] 王 娟[1,2,3] 蓝海林[1,2]

（1 华南理工大学工商管理学院 广州 510640；2 华南理工大学中国企业战略研究中心 广州 510640；3 广东金融学院工商管理学院 广州 510521）

【摘 要】本文基于 636 家上市制造企业 2007—2018 年的非平衡面板数据，检验了地域多元化对企业绩效的影响以及制造企业服务化对其关系的调节作用。与现有实证研究的线性关系有所不同，本文发现我国国内地域多元化与企业绩效间存在显著的 U 形关系。并且，在地域多元化程度较低时，企业可实施面向产品的服务化以提升产品附加价值、培育异地客户增长态势，但是不可实施面向客户的服务化，以避免在服务化高级阶段转型基础尚未构筑的情况下降低现有资源的合理配置。在地域多元化程度较高时，企业应将重心放在能够满足顾客差异性需求的面向客户的服务化上，避免将资源过度投放于面向产品的服务化，降低企业在异质性市场上的竞争能力。

【关键词】地域多元化 企业绩效 制造企业服务化

中图分类号：F270   文献标识码：A

1. 引言

国内巨大的市场规模优势是中国企业国际竞争力的主要来源（蓝海林，2012），但我国辽阔的国土面积所造成的地区差异降低了企业横向扩张国内市场的动机（宋渊洋和黄礼伟，2014）。许多企业为避免跨地域经营壁垒和整合带来的风险，选择放弃横向拓展的机会，转而依赖当地政府的保护享受"坐地虎"的角色；另一些既缺乏政府资源、又缺乏跨地域竞争力的企业则选择提供附加价值较低的产品在市场上"徘徊"。而那些成功迈出本地市场的企业，又常常因为"大而不强"逐渐在跨地域竞争中失去优势，真正实现"做强做

* 基金项目：教育部重大攻关项目"中国制造业转型升级战略研究"（项目批准号：15JZD020）；国家社会科学基金重点项目"转型升级制度压力下优势制造企业战略反应与政策"（项目批准号：15AGL003）；华南理工大学中央高校基本科研业务费社会科学类项目（项目批准号：15AGL003）。

通讯作者：王娟，E-mail：736259193@qq.com。

大"的企业少之又少。究竟如何才能在跨地域竞争中塑造并维持竞争优势呢？本文认为需要考虑战略之间的适配性。虽然有学者已经指出上市公司在跨地域竞争中不仅要明确是否要制定跨区域经营战略，还要考虑企业的经营业务模式(郑丽和陈志军，2018)，但甚少有研究探讨企业在横向整合的过程中应何时、如何调整业务方向。在制造企业纷纷转型的今天，服务化作为一种在产品制造之外，通过开拓服务业务提升产品附加价值、满足客户差异性需求和提高企业竞争力的有效手段(Oliva & Kallenberg，2003)，是否可以发挥其与地域多元化的协同作用，帮助企业在跨地域竞争中建立优势值得探讨。

作为制造企业增长的新动力，服务化在企业经营业务中的规模逐年升高。我国政府也相继颁布了"中国制造2025"及"加快发展生产性服务业促进产业结构调整升级的指导意见"等文件大力促进服务与制造的融合互动，推动生产型制造向服务型制造转变，服务已经成为传统制造企业转型不可忽视的重要因素。面对企业横向拓展以提升国际竞争力的需求，企业是否可以通过服务化主动求变以建立跨地域竞争优势具有重要的战略意义。由于不同服务化战略在客户差异性需求的满足和对企业变革的挑战上存在显著差异，本文区分了面向产品的服务化与面向客户的服务化两种逻辑，以深入探讨不同类型的服务化如何与地域扩张程度相匹配，为企业跨地域经营提供明确的指导意见。

本文选取中国A股上市制造企业为研究对象，通过配套上市公司数据库以及手工整理的服务业务和地域多元化数据，分别检验了国内地域多元化对企业绩效的影响以及服务化的调节作用，并根据2种不同的服务化方式和地域多元化的程度概括出4种战略。本文研究贡献主要体现在：(1)拓展和丰富了国内地域多元化的研究。现有文献主要集中于国内跨区域经营战略的影响因素(任颋等，2015)，对于国内地域多元化对企业绩效影响的研究还比较有限。本研究基于交易成本理论和组织能力理论探讨了国内地域多元化对企业绩效的作用机制，在一定程度上深化了对国内地域多元化与企业绩效关系的认识。(2)本文提供了新的研究视角，将服务化作为调节变量引入地域多元化的框架。尽管过去的研究认可了地域多元化以及服务化的重要战略意义，但是如何在这两种战略之间相互匹配，以合理配置资源，提升企业绩效的问题并未进行讨论。本文首次提出服务化战略与地域多元化战略的交互影响，并将制造企业服务化分为面向产品的服务化和面向客户服务的服务化，深入探究这两种不同类型的服务战略在地域多元化的不同阶段所造成的差异化影响。

本文之后的安排如下：第二节是文献综述与研究假设，分析国内地域多元化对企业绩效的影响机理及不同类型的服务化战略对两者关系的异质性调节作用；第三节是相关数据介绍、模型的估计结果以及稳健性检验；第四节是研究结论与讨论。

2. 文献综述与研究假设

2.1 地域多元化与企业绩效

地域多元化指的是企业在不同地域的子市场通过水平或垂直一体化的方式进行扩张(汪建成和毛蕴诗，2006)。资源基础观指出稀有的、有价值的、独特的和不可替代的资源能够帮助企业维持竞争优势。而地域多元化的战略决策有助于企业利用不同地区的异质资源，增加学习机会，获取更多独特的资源组合（Fabrizio & Thomas，2012）。大量研究表明地域多元化可以提高企业绩效，促进企业成长（Volkov & Smith，2015）。Kastalli 等（2013）指出跨区域经营意味着经营地理范围的扩大，消费人数的增加以及绝对购买力水平的提升，从而为企业绩效增长提供了机会。Schotter（2017）的研究表示地域多元化能够通过地理范围的扩张更有效地获取与配置稀缺资源，同时由于其面临更为广阔的消费市场，能够促进企业的规模和范围经济。此外，不同市场的差异性需求以及制度经济环境的差异会造成不同地区的收入、利润与现金流的波动周期有所不同，跨地域经营的企业能够降低利润与现金流量的波动性，从而降低经营风险。Kogut（1985）指出跨地区经营有助于帮助企业树立品牌形象，增强企业在供应链上的议价能力。我国学者汪建成（2008）也表示，跨地域扩张可以提高企业的学习能力和创新能力。

但是其他学者也指出地域活动范围的扩大会同时增加交易成本和管理难度，加剧代理问题，甚至有损内部资本市场的资源配置效率（Glaser et al.，2013）。Boisot 和 Meyer（2008）就表示企业国内跨地区经营费用甚至超越跨国经营成本。由于我国市场分割问题长期存在，各地显著的制度差异使得企业需要承担额外的进入和固定成本，影响了企业跨区域经营的风险和机会（Chang & Wu，2014）。宋渊洋（2015）指出目标市场和企业所在地之间的制度距离会导致企业国内跨地区经营的交易成本和管理成本上升，对企业跨地区经营战略有显著的负向影响。此外，在外省建立的子公司在当地产生了更大的市场摩擦，增加了市场冲突的概率，可能遭到当地企业的排挤。在实际开展地域多元化战略的过程中，导致企业价值下降的案例屡见不鲜，地区之间的差异可能会导致交易的复杂性和应对难度急剧增加。

本文认为应从两方面探究地域多元化对企业绩效的影响。一种影响是破坏性的，即制度距离所造成的消极影响。另一种则是适应性的，即制度能力带来的积极影响。根据交易成本理论，市场信息获取的难易会影响企业为取得经济收益而与人打交道时发生的时间、精力和物质的支出。目标市场与企业所在地之间的制度距离越大，熟悉目标市场制度规则需要花费的时间和精力越多，建立和维持合法性的难度越大（Bae & Salomon，2010），企业在跨地域竞争中就会面临很高的管理和协调费用，对企业的管理资源和组织系统带来极大的压力。

但学者们往往忽视了企业在跨地域经营中逐渐形成的制度能力。根据企业能力理论，在组织持续不断地与环境进行互动的过程中，能够促进企业形成制度感知、适应、协调、变革和更新的能力（Carney et al.，2016）。地域多元化程度的不断加深，使企业能够通过与多个地区市场中的顾客或合作伙伴互动，不断开发和拓展原有的惯例（黄胜等，2018），在试错性学习和"干中学"过程中，积累相关的通用知识和特定知识。这些在不同制度环境中与利益相关者打交道的经验通过积累会转化为企业和管理者跨地区经营的知识和技能，有助于企业在跨地区经营过程中熟悉目标市场的制度环境，更好地与利益相关者进行商业活动，从而获得更好的业绩（宋渊洋和李元旭，2013）。

以上这两种影响机制均随着地域多元化程度的增加而不断增大，但不同的是它们的增长速度并不相同。我们认为，制度能力所带来的适应效应随地域多元化程度的提高而不断递增。研究指出，经验丰富的企业往往可以基于以往处理相关问题的经历发展出处理特定问题的标准化做法，这种有针对性的标准化处理方法的形成能大幅提高企业决策的正确性、反应速度和处理效率，从而更好地排除跨地区经营障碍。同时也能够减轻中高层管理者的负担，使他们有更多的时间和精力关注影响企业长期发展的核心问题、构建企业长期竞争优势（Heimeriks & Duysters，2007）。同时，我们认为制度距离所带来的破坏效应随地域多元化程度的提高而不断递减。宋渊洋和李元旭（2013）指出制度环境差异对企业经营的影响主要反映在制度套利、外部交易成本和内部管理成本。而随着跨地域经验增加、组织能力的增强，制度距离在这三方面的影响会越来越小，企业管理和协调成本的边际增长会不断降低。因此，在地域多元化水平较低时，主要反映出制度距离带来的破坏效应，此时收益会小于成本，导致对企业绩效的负面影响。而在地域多元化水平较高时，主要反映出制度能力带来的适应效应，此时收益会大于成本，呈现对企业绩效的积极影响。由此，我们做出如下假设：

H1：地域多元化与企业绩效之间呈 U 形关系。

2.2　制造企业服务化的调节作用

随着传统制造业面临成本提高、竞争加剧、利润下降等种种危机，企业在产品制造之外，通过开拓服务业务来提升企业价值，以期转型为服务或解决方案提供商（Ulaga & Reinartz，2011）的做法已经成为普遍现象。Vandermerwe 和 Rada（1988）最早提出了制造企业服务化现象，指出越来越多的制造企业通过提供服务来增加其核心资产的价值。服务所具有的无形性、顾客共同创造、难标准化、高知识强度、高附加值等特点有助于顾客忠诚度的提高（Vargo & Lusch，2008）。厂商与顾客之间距离的缩短也有助于企业有效监控、整合市场信息和组织生产经营活动，减少信息不对称所导致的生产盲目性。同时，顾客接触、服务传递效应能够显著促进企业新产品开发，提高产品质量（刘斌，2016），并通过高端要素集聚效应和资金创造效应为技术创新提供要素基础和资金基础（胡昭玲，2017）。此外，服务业与制造业的技术研发具有相互影响和相互促进的协同创新效应，服务化能够有效整合价值链上的知识、产品和资源，促进技术在制造业和服务各个环节的流动，提高公司信息的内外交流速度，克服由于距离所带来的阻碍知识传递和技术创新的不利影响，增强企业研发能力。这种技术研发和信息搜集能力的增加能够帮助企业获取更多的跨地区经验，有助于企业建立社会资本。

针对制造企业提供服务的分类，学者们也提出了不同的分类方式。Mathieu（2001）将服务分为顾客服务、产品服务以及作为产品的服务。Gebauer 等（2010）则将服务分为顾客服务、售后服务、顾客支持服务和外包服务。Meier 等（2011）分为产品导向、用户导向和结果导向。此外，国内学者陈漫和张新国（2016）将服务按照是否与主营业务相关分为嵌入型与混入型的服务。周杰等（2015）以市场契约的标准化程度作为服务业务的划分维度，将制造企业的服务化类型划分为"标准契约型服务化"与"非标准契约型服务化"。由于跨地区开展经营活动意味着面向新的市场和不同的顾客群体，因此本文借鉴 Mathieu(2010)和 Gebauer 等(2010)的分类方式，将制造企业服务化分为面向产品的服务化与面向客户的服务化两种类型，并引入相关研究。

面向产品的服务化提供的是"基础性增强"服务，体现强烈的"产品中心"观，更为侧重产品竞争力的增强。其重心在于保障有形产品的功能能够恰当使用(如售后修理、安装调试)。高科技企业所提供的技术含量高、操作复杂的产品可能会给顾客的使用造成困难，提供面向产品的相关服务有助于产品的正常使用。这类服务寄托于产品，认为服务建立于产品本身。这种与原有产品产生良好互补协同性的服务有助于强化原有的技术能力和资源(Fang，2008)。相对应的，面向客户的服务化提供的是"提升性增强"服务，体现强烈的"顾客中心"观，更为侧重价值创造。其重心在于对顾客价值实现的高度关注，要求企业能够对客户需求信息进行有效的采集、挖掘和快速响应，以及对客户企业运作过程有深入了解。探索如何满足顾客的创新活动、组织核心能力打造或推进顾客组织使命或目标的实现而向顾客企业提供的相关服务，如为客户提供咨询、管理系统、全套解决方案等项目的支持、研发和设计。

本文认为企业地域多元化程度需要与服务化方式相匹配。如前所述，聚焦于本地市场的企业能够通过地方政府的政策优惠，在本区域内建立优势。但这类以依靠和利用市场分割性为基础的企业往往产品竞争力不足，在跨地域经营中处于劣势。因此企业应首先将资源集中于强化产品竞争力，力求在跨地域经营中不断扩大市场范围，为后续转型打下基础。我们将这类在地域多元化程度较低的情况下通过开展面向产品的服务化以增加有形产品竞争力、开拓新市场为目标的企业称为开拓者。面向产品的服务化能够通过为用户提供维修、保养、调试等服务提高有形产品的附加价值；这类基础性服务的提供不仅降低了顾客在产品使用过程中因技术性故障等问题而产生的焦虑和不满，还可以拉近与客户之间的距离，帮助企业获取产品的改进意见，有助于企业增强对异地市场的感知和适应能力，以培育客户群的快速增长态势(罗建强，2015)。这类服务也能减少交易费用，企业与客户之间的情感嵌入降低了企业由于跨地区经营额外产生的成本(Reiskin et al.，1999)。此外，基础性的面向产品的服务都是围绕有形产品展开，不需要企业投入大量的学习成本和新的资源，对组织开展新业务的要求较低(Gebauer，2010)。因此，这种不需要投入大量成本进行组织结构调整，又能够帮助企业增加异地市场机会和降低交易成本的服务增强了企业跨地域竞争的优势，有助于缓解地域多元化程度较低时带来的负面影响。

但是在企业地域多元化程度较高，市场差异逐渐增大时，面向产品服务化的边际收益可能会不断减少。我们将在地域多元化程度较高的情况下依旧坚持将重心放在面向产品服务的企业称为落伍者。面向产品的服务由于其重心在于保障有形产品功能的使用，因此在满足顾客独特体验和个性化需求方面略显不足，从而不利于为高度跨地域企业竞争优势的构建和差异化策略的实施创造条件。同时，以产品为中心的特点决定了面向产品的服务化在获取信息上的有限性，在跨地域程度较小时尚可满足企业获取外部信息的需求，而当地域多元化程度较高时，可能会降低企业对顾客需求的理解和响应能力，导致企业忽视新市场的机会。此时企业若不及时利用前期市场开发获取的资源投放于新竞争优势的建立，就会挤出投入高端服务化的资源，恶化企业资源配置的效率，不利于企业创新能力的提高以及新产品和服务的开发，使企业丧失在异质性市场下的多点竞争的能力，导致企业陷入"大而不强"的困境(刘维刚和倪红福，2018)。由此我们提出：

H2a：面向产品的服务化会使地域多元化与企业绩效之间的 U 形关系变得更加扁平，即会负向调节地域多元化与企业绩效之间的 U 形关系。

我们将那些在地域多元化程度较低的情况下，就投入了大量面向客户服务的企业称为激进者。与面向产品的服务化不同，面向客户的服务化并非简单的产品+服务模式，其强调组织成为一个合乎顾客或顾客组织需要的能够精确地反应和提供定制系统性问题解决方案的供应商。这种融增值服务提供的与有形产品于一体的个性化集成解决方案具有高度复杂性，其开发或交付已经挑战了组织过往的技能和资源底线(Weeks & du Plessis，2011)，需要企业进行组织结构的调整，甚至需要企业跨越组织边界去获取异质性知识、技能和优势资源(Zhu & Furr，2016)。但由于我国区域要素禀赋存在显著差异，如东部地区是知识密集型地区，资本、科技投入作用明显，而中西部劳动与制度要素较为发达(王晓芳和胡冰，2016)，企业地理范围的局限限制了企业在不同地区获取异质性资源的途径和效率，使组织缺乏向"高级服务化"转型的资源基础。因此企业在资源相对匮乏、市场控制不足、转型基础尚未构筑的情况下贸然展开面向客户的服务化，不利于将资源集中于加强有形产品的竞争力，会抵消面向产品的服务化给企业带来的积极影响，加剧企业跨地域经营的风险。

而随着地域多元化程度的提高，在面向产品的服务化不足以支持企业在高地域多元化下建立竞争优势后，企业应及时将重心转移到能够迅速而准确地获取顾客差异性需求的面向客户的服务化上。我们将高地域多元化程度与面向客户的服务化相结合的企业称为领先者，这类企业通过面向客户的服务促使企业建立需求方和供给方的交互平台，通过强大网络效应，为获取顾客的需求和环境变化创造了条件。因而能够为处在跨地域竞争困境中的制造企业重构生机，不断增强企业的竞争能力和动态市场的适应能力(Alstyne et al.，2016)。在此时企业也有开展面向客户服务化的条件，经营地理范围的扩张提高了企业获取异质性知识、技术和资源的能力和机会，为企业向服务化高级阶段的转型提供了支持。同时，跨地域经验的增加，标准化解决问题的方法逐渐形成也使得企业将有更多的精力可以投入面向客户的服务化。不同于面向产品的服务化致力于通过卖有限产品给大量顾客以达到开拓市场的目的。面向客户的服务化能够通过提供具有高度针对性和差异性的解决方案卖大量产品和服务给少量顾客(简兆权等，2017)，这一过程能够培养更多的客户情感和更深的私人关系、降低客户对高价格的敏感程度，有效提升企业在跨地域经营中的多点竞争力，因而有助于企业"做强做大"。由此我们提出：

H2b：面向客户的服务化会使地域多元化与企业绩效之间的 U 形关系变得更加陡峭，即会正向调节地域多元化与企业绩效之间的 U 形关系。

综上所述，本研究提出如下模型，如图 1 所示。

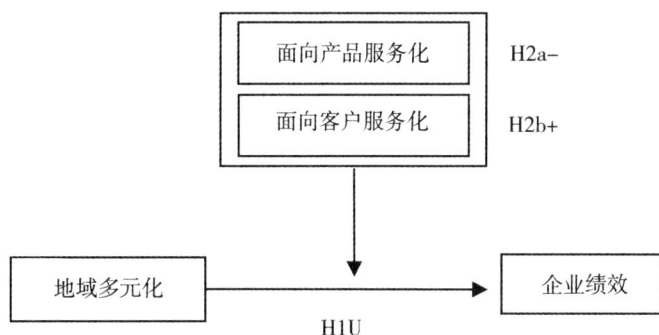

图 1　理论模型

3. 数据分析

3.1　数据来源

　　为检验制造企业地域多元化对企业绩效的影响，以及服务化的调节作用，本文选取证监会上市公司的中国制造企业为研究对象。在筛选本时，选取中国国民经济行业分类与代码（GB/4754—2011）中的C13~C40。由于家具、文教等行业在样本期间内的服务收入不连续，我们也排除这些行业对研究的影响。最终样本涉及20个制造业行业（具体行业如表1所示）。本文以2007—2018年开展了地域多元化与服务化的A股上市制造企业为研究对象，同时剔除了被标记为ST的企业。企业服务化数据及地域多元化数据来自公司年报，企业特征、企业绩效等变量的信息来自国泰安CSMAR上市公司数据库。剔除数据缺失的企业，最终样本包含636家制造企业的2978个非平衡面板样本数据。

表 1　　　　　　　　　　　样本企业的行业分布

企业所在行业名称	个数	企业所在行业名称	个数
农副食品加工业	22	橡胶和塑料制品业	9
食品制造业	13	非金属矿物制品业	23
酒、饮料和精制茶制造业	16	有色金属冶炼及压延加工	24
纺织业	14	金属制品业	13
木材加工及木、竹、藤、棕、草制品业	3	通用设备制造业	33
造纸及纸制品业	10	专用设备制造业	66
印刷和记录媒介复制业	5	汽车制造业	28

企业所在行业名称	个数	企业所在行业名称	个数
化学原料及化学制品制造业	78	铁路、船舶、航空航天和其他运输设备制造业	17
医药制造业	99	电气机械及器材制造业	63
化学纤维制造业	6	计算机、通信和其他电子设备制造业	94

3.2 变量测量

（1）被解释变量。本文以企业绩效作为被解释变量（PERF）。由于市场指标（Tobin's Q）相比于财务指标（如：ROA）更难以被企业管理者所操纵，且市场指标综合了多种反映企业绩效的指标（如：销售收入、利润、现金流、收入波动性等），相较于单一财务指标能更全面地衡量地域多元化对企业的影响。因此，本文选取市场指标来衡量企业绩效。Tobin's Q 是连接虚拟经济和实体经济的重要根据，反映企业重置资本与企业绩效之间的比例。计算公式为：$\text{Tobin's}Q_{it} = \dfrac{MVE_{it} + PS_{it} + DEBT_{it}}{\text{Total Asset}_{it}}$。其中，$\text{Tobin's}Q_{it}$ 表示企业 i 在 t 年的 Tobin's Q；MVE_{it} 表示企业 i 在 t 年末的流通股市值；PS_{it} 表示企业 i 在 t 年末的优先股价值；$DEBT_{it}$ 表示企业 i 在 t 年末的资产账面价值；Total Asset_{it} 表示企业 i 在 t 年末的总资产账面价值；分子表示企业的市值，分母表示企业的重置成本。考虑到地域多元化和企业绩效之间可能存在逆向因果关系，因此本文以企业滞后 2 期的 Tobin's Q 衡量企业绩效以消除逆向因果所带来的内生性问题。

（2）自变量，地域多元化程度（RDIV）。地域多元化程度，可由所涉及的空间范围区划，如省、市、国别、区域、洲际、全球来衡量（毛蕴诗，2004）。现有研究很多采用企业异地子公司的数量来衡量企业地域多元化的程度，但是这种衡量方式可能不能准确衡量异地子公司在国内各省份的分布情况。因此在此基础上，本文将企业异地子公司与所在省份进行匹配，以异地子公司所占省份数衡量企业地域多元化程度。异地子公司所占省份总数越多，地域多元化程度越高。

（3）调节变量，面向产品的服务化（PSER）与面向客户的服务化（CSER）。关于衡量制造企业服务化的程度，本文采用 Fang 等（2008）的方法，通过一个制造企业来自服务业务的收入占企业总收入的比率来衡量。从上市公司年报中可以找到总营业收入以及各业务部门收入，我们首先从总收入中分辨出服务收入。根据国民经济行业分类标准，制造企业可能进行服务转型的业务包括生产性服务业务、消费性服务业务或者公益性服务业务。如果所公布的收入来源属于服务业务部门的收入，则将此收入记为服务收入。对于仅根据行业名称难以分辨是否属于服务收入的收入来源，进一步查询公司年报所公布的经营范围，讨论其是否属于服务业务。

在筛选出服务业务后，紧接着进一步区分该业务是面向产品的服务还是面向客户的服务，我们根据 Gebauer 等（2010）的描述，将那些基本的针对产品的为保障产品正常到达消费者以及保障产品后续正常发挥作用的服务计入面向产品的服务，如安装、维修、物流等收入。将那些旨在探索顾客需求、满足顾客个性化的高级服务计入面向客户的服务，如研发、咨询、设计、全套解决方案等收入。制造企业服务化分类示例如表 2 所示。企业面向产品的服务化程度以面向产品服务收入占总营业收入的比率来衡量，对于企业面向客户的服务化程度以面向客户服务收入占总营业收入的比率来衡量。

表 2   制造企业服务化分类示例

公司简称	行业收入来源	服务收入	面向产品的服务收入	面向客户的服务收入
飞乐音响	灯泡、灯具及光源类产品生产及销售、照明设备安装工程、合同能源管理以及设计服务	照明设备安装工程、合同能源管理以及设计服务收入	照明设备安装工程	合同能源管理以及设计服务收入
林州重机	生铁及铁精粉、矿山机械行业、工程服务以及保理业务（行业）	工程服务以及保理业务（行业）	工程服务	保理业务（行业）

（4）控制变量。根据相关主题的研究文献（Qian et al.，2010；Kohtamki et al.，2013；宋渊洋，2015），本文主要控制以下影响因素：①企业规模（SIZE），本文采用企业资产总数取自然对数以衡量企业规模；②企业年龄（AGE），采用企业成立年限加以衡量；③组织冗余资源（OS），本文通过测量"留存收益资产比"对组织的冗余资源进行控制。组织未来可用于发展的资源随着留存资产比的增加而增加；④加入"总资产周转率"（TAT）来控制企业收入对绩效的影响，用企业收入除以总资产来测量；⑤资产负债率（LEV），采用企业负债总额与企业资产总额的比值衡量；⑥股权集中度（SHARE），以第一大股东的持股总数占总股本比重衡量；⑦企业性质（OWNER），以企业实际控制人性质判断，若该上市公司为民营企业，则取值为 1，否则为 0；⑧市场化指数（MARKET），采用上市企业所在地市场化进程衡量。此外，本研究还设置了年份（YEAR）和行业（INDUSTRY）虚拟变量以控制可能存在的遗漏变量所造成的内生性影响。各主要变量的计算方式见表 3。

表 3   变量计算方式

	变量名称	衡量方式
因变量	企业绩效（PERF）	$\text{Tobin's}\,Q = \dfrac{\text{MVE+PS+DEBT}}{\text{Total Asset}}$，取第 $t+2$ 期值
自变量	地域多元化程度（RDIV）	异地子公司所占省份数取自然对数
调节变量	面向产品的服务化程度（PSER）	面向产品的服务收入占总营业收入的比率
	面向客户的服务化程度（CSER）	面向客户的服务收入占总营业收入的比率

变量名称		衡量方式
控制变量	企业规模(SIZE)	企业资产总数取自然对数
	企业年龄(AGE)	企业成立年限取自然对数
	冗余资源(OS)	留存收益资产比
	经营能力(TAT)	总资产周转率
	资产负债率(LEV)	负债总额与企业资产总额的比值
	股权集中度(SHARE)	第一大股东的持股总数/总股本
	企业性质(OWNER)	实际控制人为民营,取1;否则取0
	市场化指数(MARKET)	上市企业所在地市场化进程

3.3 数据描述

本文的描述性统计与相关系数矩阵如表4所示。由表4可知,地域多元化程度均值,即制造业企业异地子公司所占省份个数约为4(其自然对数值为1.307)。面向产品的服务占总收入比率的均值为16.5%,面向客户服务占总收入比率的均值为13.2%。总体来说,服务化水平较美国等发达国家较低,说明中国制造业目前还是以有形产品的生产为主,服务还处在辅助的初级阶段。同时,面向客户服务化程度也较面向产品服务化程度低,即以产品为中心的基础性增值服务比重较大。此外,自变量、调节变量和控制变量的相关系数均小于0.5。为了进一步验证是否存在多重共线性,用方差膨胀因子(VIF)检验每一个模型的多重共线性,发现所有模型变量的VIF值均小于10,因此,模型中不存在多重共线性。

表4　　　　　　　　　　　描述性统计与相关系数矩阵

Variables	Mean	Std. Dev.	1	2	3	4	5
1. PERF	2.513	1.759	1				
2. RDIV	1.307	0.801	-0.243^{***}	1			
3. PSER	0.165	0.295	0.122^{***}	0.016	1		
4. CSER	0.132	0.229	0.006	0.013	-0.243^{***}	1	
5. SIZE	21.932	1.173	-0.507^{***}	0.496^{***}	-0.046^{**}	-0.065^{***}	1
6. AGE	2.733	0.352	-0.051^{***}	0.040^{**}	-0.005	0.063^{***}	0.136^{***}
7. OS	0.115	0.222	-0.257^{***}	0.126^{***}	0.013	-0.174^{***}	0.244^{***}
8. TAT	0.675	0.412	-0.026	0.065^{***}	0.102^{***}	0.040^{**}	0.021

Variables	Mean	Std. Dev.	1	2	3	4	5
9. LEV	0.459	0.200	−0.139***	0.150***	−0.012	0.088***	0.315***
10. SHARE	0.328	0.139	−0.016	−0.004	0.042**	−0.024	0.139***
11. OWNER	0.531	0.499	0.137***	0.037**	−0.038**	−0.014	−0.208***
12. MARKET	7.590	1.847	−0.027	0.115***	−0.008	0.013	0.034*

Variables	6	7	8	9	10	11	12
6. AGE	1						
7. OS	−0.097***	1					
8. TAT	0.007	0.069***	1				
9. LEV	0.163***	−0.448***	0.132***	1			
10. SHARE	−0.159***	0.073***	0.088***	0.01	1		
11. OWNER	−0.117***	0.046**	−0.099***	−0.203***	−0.207***	1	
12. MARKET	0.058***	0.161***	0.110***	−0.131***	0.080***	0.115***	1

注：*、**、***分别表示在10%、5%、1%的水平上显著相关。

3.4 结果分析

基于上述研究假设，回归模型为：

$$PERF = \beta_0 + \beta_1 RDIV + \beta_2 RDIV^2 + \beta_3 PSER + \beta_4 RDIV \times PSER + \beta_5 RDIV^2 \times PSER + \beta_6 CSER + \beta_7 RDIV \times CSER + \beta_8 RDIV^2 \times CSER + \beta_9 SIZE + \beta_{10} AGE + \beta_{11} OS + \beta_{12} TAT + \beta_{13} LEV + \beta_{14} SHARE + \beta_{15} OWNER + \beta_{16} MARKET + \varepsilon$$

在回归结果中，模型(1)我们仅加入了控制变量；模型(2)引入地域多元化(RDIV)及地域多元化的平方项($RDIV^2$)，β_1及β_2用来分析地域多元化与企业绩效之间的U形关系；模型(3)在模型(2)的基础上，引入地域多元化及地域多元化的平方项与面向产品服务比率的交乘项(RDIV×PSER，$RDIV^2$×PSER)，模型(3)中β_5用以衡量面向产品服务比率对地域多元化与企业绩效之间关系的调节作用；模型(4)在模型(2)的基础上，引入地域多元化及地域多元化的平方项与面向客户服务比率的交乘项(RDIV×CSER，$RDIV^2$×CSER)，模型(4)中β_8用以衡量面向客户服务比率对地域多元化与企业绩效之间关系的调节作用。在进行回归分析之前，本文对数据进行如下处理：(1)对所有变量在1%水平上进行缩尾处理以规避异常值的影响；(2)在构造乘积项之前对解释变量和调节变量进行中心化处理以规避多重共线性的影响。通过怀特检验发现模型中存在异方差，而GLS可以有效解决此类问题，因此本文采用GLS对模型进行修正。表5列示了全样本分析的结果。

表 5 　　　　　　　　　地域多元化、服务化与企业绩效之间关系的回归结果

变量	模型（1）	模型（2）	模型（3）	模型（4）
RDIV		-0.383^{***}	-0.398^{***}	-0.383^{***}
		(-4.06)	(-4.23)	(-4.06)
$RDIV^2$		0.158^{***}	0.161^{***}	0.159^{***}
		(4.62)	(4.73)	(4.65)
PSER			0.565^{***}	
			(4.96)	
RDIV×PSER			0.104	
			(1.01)	
$RDIV^2$×PSER			-0.228^{**}	
			(-2.07)	
CSER				-0.546^{***}
				(-3.63)
RDIV×CSER				-0.220^{*}
				(-1.71)
$RDIV^2$×CSER				0.332^{**}
				(2.45)
SIZE	-0.631^{***}	-0.662^{***}	-0.658^{***}	-0.664^{***}
	(-22.98)	(-21.46)	(-21.38)	(-21.55)
AGE	0.065	0.089	0.087	0.095
	(0.80)	(1.09)	(1.07)	(1.16)
OS	-1.637^{***}	-1.600^{***}	-1.592^{***}	-1.645^{***}
	(-11.30)	(-11.07)	(-11.06)	(-11.35)
TAT	0.120^{*}	0.075	0.033	0.082
	(1.82)	(1.13)	(0.49)	(1.23)
LEV	-0.681^{***}	-0.655^{***}	-0.660^{***}	-0.630^{***}
	(-4.01)	(-3.87)	(-3.92)	(-3.73)
SHARE	0.646^{***}	0.662^{***}	0.591^{***}	0.625^{***}
	(3.42)	(3.50)	(3.13)	(3.29)
OWNER	0.202^{***}	0.191^{***}	0.193^{***}	0.191^{***}
	(3.62)	(3.40)	(3.46)	(3.40)

变量	模型(1)	模型(2)	模型(3)	模型(4)
MARKET	−0.007	−0.008	−0.008	−0.006
	(−0.43)	(−0.54)	(−0.50)	(−0.42)
_cons	16.023***	16.721***	16.654***	16.845***
	(25.83)	(24.82)	(24.82)	(25.03)
YEAR	Yes	Yes	Yes	Yes
INDUSTRY	Yes	Yes	Yes	Yes
N chi^2	2231.27	2269.07	2318.66	2295.17
N	2978	2978	2978	2978

注：*、**、***分别表示在10%、5%、1%的水平上显著相关；年份和行业虚拟变量由于版面限制未加列示；括号内为 t 值。

对于 U 形关系的检验。Haans 等(2016)指出必须遵循一个三步程序：(1)自变量的二次系数必须显著为正。从表5模型(2)可知，企业开展国内地域多元化的一次项和二次项系数与企业绩效之间的关系均在 1%的水平上显著($\beta_1 = -0.383$, $p<0.01$; $\beta_2 = 0.158$, $p<0.01$)，且在后续的模型中依然稳健，条件 1 得到支持。(2)自变量的数据端点必须足够陡峭，并且在数据最小值处斜率为负且显著，在最大值处斜率为正且显著。本文对数据进行 U 形检验，得到如下结果(见表6)，条件 2 得到支持。(3)拐点要在自变量数据范围内。由回归结果可知，拐点为1.212，落在数据范围(0, 3.091)之内，条件 3 得到支持。因此，主效应的 U 形假设得到验证(见图2)。

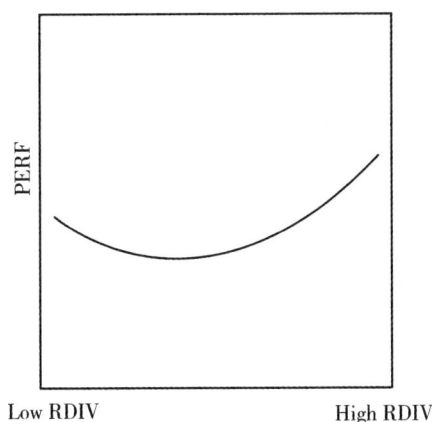

图 2　地域多元化与企业绩效间的 U 形关系

表6

	Lower Bound	Upper Bound
Interval	0	3.091
Slope	−0.383 ***	0.592 ***

进一步考察调节变量(面向产品的服务化与面向客户的服务化),对于二维调节效应,面向产品的服务化与地域多元化平方项的交互项负向显著($\beta_5 = -0.228$,$p<0.05$),即地域多元化与企业绩效之间的 U 形曲线变得更为扁平,同时 U 形曲线的对称轴向右移动(见图3)。具体来说,在 U 形曲线下降的部分,开展面向产品服务较高的企业虽然也是呈现绩效下滑的状态,但下降得更为缓慢,其绩效也高于面向产品服务较低的企业。而在 U 形曲线上升的部分,开展面向产品服务较高的企业其绩效依然处于下降的状态,极大地延缓了地域多元化积极效应所呈现的时间,因此假设 2a 得到支持。

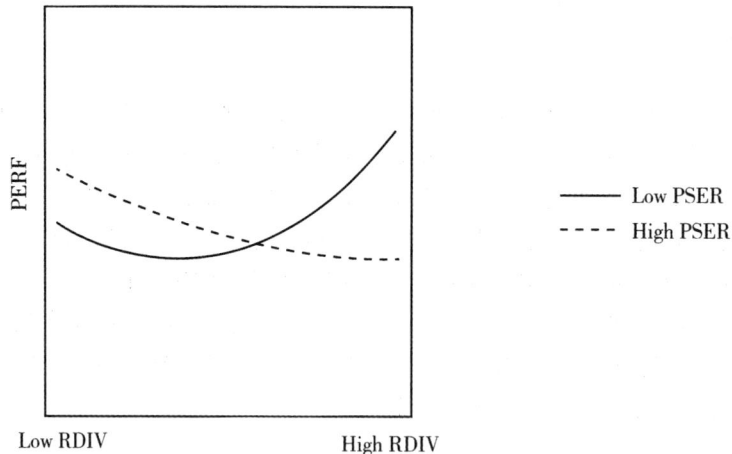

图 3　面向产品服务化的调节作用

面向客户的服务化与地域多元化平方项的交互项正向显著($\beta_8 = 0.332$,$p<0.05$),即地域多元化与企业绩效之间的 U 形曲线变得更为陡峭,同时 U 形曲线的对称轴向左移动(见图4)。具体来说,在 U 形曲线下降的部分,开展面向客户服务较高的企业绩效较低,下降得也更快;而在 U 形曲线上升的部分,开展面向客户服务较高的企业绩效较高,绩效的增长速度更快。同时,面向客户的服务可以帮助企业提早摆脱地域多元化程度较高时出现的困境,假设 2b 得到支持。其他控制变量与以往研究符号基本相同。

3.5　稳健性检验

本文进行如下 2 种稳健性检验:(1)考虑到样本年份的不同选择可能对研究结论造成潜在影响,本文将剔除首尾年(基期为 2007 年和 2016 年)的样本作为稳健性检验;(2)李强等(2017)指出木材、纺织、印刷等行业通常投入较多人力资本,而对技术创新的需求

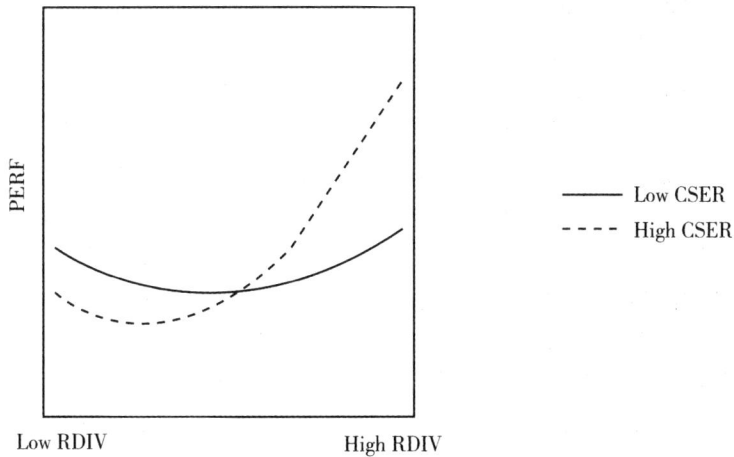

图 4　面向客户服务化的调节作用

和服务化水平要求较低，因此在战略选择上与总体样本可能并不相同，本文剔除此类样本以作为稳健性检验。上述稳健性检验与主检验回归结果得到的结论保持一致，未列表(备索)。

4. 研究结论与讨论

基于 636 家上市制造企业 2007—2018 年的 2978 个非平衡面板数据，本研究发现，企业地域多元化与企业绩效之间呈现出先负向后正向的 U 形关系。并且，实施面向产品的服务化会减缓地域多元化与企业绩效之间的 U 形关系，而实施面向客户的服务化会增强地域多元化与企业绩效之间的 U 形关系。这为制造企业在跨地域经营中如何塑造竞争优势指明了路径。本文将上述提到的 4 种战略组合呈现在如下矩阵中(见图 5)。

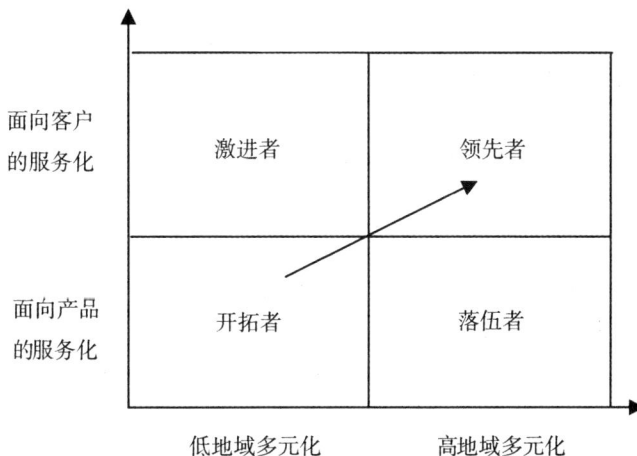

图 5　地域多元化与服务化的匹配模式

当地域多元化程度较低时，企业应提供面向产品的服务，增加有形产品的核心和附加价值，通过经营活动在价值链上的延伸拉近与客户的距离，努力增加营销机会和对异地市场的控制，同时为企业向服务化的高级阶段转型"打基础"。此时，企业应避免落入盲目服务扩张的误区。在这个全社会都想做"高大上"的时代，企业很可能会陷入服务转型的陷阱之中。与以产品为中心的服务化战略相比，以客户为中心的服务化战略服务导向程度更高，对制造企业的资源需求和变革挑战也更大，然而地域的限制会导致企业不能充分获取向服务化高级阶段转型所必需的资源。因此在地域多元化程度较低时，企业应首选以产品为中心的服务化战略实现初级转型，通过基础的增值服务强化有形产品的竞争力及对环境的感知和适应力，首先获取开拓市场的力量，同时在地域扩张中不断增加企业获取和合理地配置资源的能力。而随着地域多元化程度加深，基础的面向产品的服务不足以支撑广袤的市场时，企业要及时将市场扩张所整合的资源转移到搭建包含利益相关者在内的、能够快速捕捉针对客户个性化需求提供解决方案的交互平台，发展以客户为中心的服务化战略，通过附加价值更高、差异性更大的产品服务包提高企业在多个市场的竞争力，避免企业陷入"大而不强"的困境。

本文最重要的实践意义在于给出了企业如何以及何时进行转型，企业要走"以产品为中心的低地域多元化模式"到"以客户为中心的高地域多元化模式"，才能在跨地域经营中避免陷入盲目扩张的困境。此外，本研究存在一定的局限性：（1）鉴于无法获取非上市企业的数据，本文的样本均为上市企业，未检验非上市企业的地域多元化效果。（2）本文的制造业服务化指标来自年报中各项业务的收入，但是很多企业的服务化业务并没有在营业收入中反应，因此造成了该调节变量的误差。后续研究可以拓展研究样本的选择广度和深度，将二手数据与文本分析结合以增加结果的可靠性。

◎ 参考文献

[1] 陈漫，张新国．经济周期下的中国制造企业服务转型：嵌入还是混入[J]．中国工业经济，2016(8)．

[2] 胡昭玲，夏秋，孙广宇．制造业服务化、技术创新与产业结构转型升级——基于WIOD跨国面板数据的实证研究[J]．国际经贸探索，2017，33(12)．

[3] 黄胜，叶广宇，周劲波．母国制度环境与新创企业国际化速度：制度能力和国际化导向的作用[J]．管理学季刊，2018，3(1)．

[4] 简兆权，刘晓彦，李雷．制造业服务化组织设计研究述评与展望[J]．经济管理，2017(8)．

[5] 蓝海林，宋铁波，曾萍．情境理论化：基于中国企业战略管理实践的探讨[J]．管理学报，2012，9(1)．

[6] 李强，原毅军，孙佳．制造企业服务化的驱动因素[J]．经济与管理研究，2017，38(12)．

[7] 刘斌，魏倩，吕越，等．制造业服务化与价值链升级[J]．经济研究，2016，51(3)．

[8] 刘维刚，倪红福．制造业投入服务化与企业技术进步：效应及作用机制[J]．财贸经

济，2018，39(8)．

[9] 罗建强．服务型制造企业服务衍生的存在性研究[J]．科学学与科学技术管理，2015，
　　36(12)．

[10] 毛蕴诗．多元化经营三维模型及多元化经营的几个命题[J]．中山大学学报(社会科
　　学版)，2004(6)．

[11] 任颋，茹璟，尹潇霖．所有制性质、制度环境与企业跨区域市场进入战略选择[J]．
　　南开管理评论，2015(2)．

[12] 宋渊洋，黄礼伟．为什么中国企业难以国内跨地区经营？[J]．管理世界，2014
　　(12)．

[13] 宋渊洋，李元旭．制度环境多样性、跨地区经营经验与服务企业产品市场绩效——
　　来自中国证券业的经验证据[J]．南开管理评论，2013(1)．

[14] 宋渊洋．制度距离、制度相对发展水平与服务企业国内跨地区经营战略——来自中
　　国证券业的经验证据[J]．南开管理评论，2015，18(3)．

[15] 汪建成，毛蕴诗．中国上市公司扩展的业务、地域多元化战略研究[J]．管理世界，
　　2006(2)．

[16] 汪建成．中国企业跨省、跨国扩张战略对绩效的影响——基于 A 股上市公司的实证
　　研究[J]．管理评论，2008，20(3)．

[17] 王晓芳，胡冰．我国经济驱动要素时间变化趋势及区域要素的差异化研究——基于
　　供给侧要素结构调整视角[J]．经济学家，2016(11)．

[18] 郑丽，陈志军．跨区域经营战略对企业绩效的影响研究[J]．经济经纬，2018，35
　　(2)．

[19] 周杰，李小玉，薛有志．服务化能否为制造企业带来竞争优势——本土化企业与国
　　际化企业的比较研究[J]．山西财经大学学报，2015(10)．

[20] Alstyne, M. W. V. , Parker, G. G. , Choudary, S. P. Pipelines, platforms and the new
　　rules of strategy[J]. *Harvard Business Review*, 2016, 94(4).

[21] Bae, J. H. , Salomon, R. M. Institutional distance in international business research[J].
　　Advances in International Management, 2010(23).

[22] Boisot, M. , Meyer M. W. Which way through the open door? reflections on the
　　internationalization of Chinese firms[J]. *Management and Organization Review*, 2008, 4
　　(3).

[23] Carney, M. , Dieleman, M. , Taussig, M. How are institutional capabilities transferred
　　across borders? [J]. *Journal of World Business*, 2016, 51(6).

[24] Chang, S. J. , Wu, B. Institutional barriers and industry dynamics [J]. *Strategic
　　Management Journal*, 2014, 35(8).

[25] Fabrizio, K. R. , Thomas, L. G. The impact of local demand on innovation in a global
　　industry[J]. *Strategic Management Journal*, 2012, 33(1).

[26] Fang, E. , Palmatier, R. W. , Steenkamp, J. B. E. M. Effect of service transition
　　strategies on firm value[J]. *Journal of Marketing*, 2008, 72(5).

[27] Gebauer, H. , Edvardsson, B. , Gustafsson, A. , et al. Match or mismatch: Strategy-structure configurations in the service business of manufacturing companies[J]. *Journal of Service Research*, 2010, 13(2).

[28] Glaser, M. , Lopez-De-Silanes, F. , Sautner, Z. Opening the black box: internal capital markets and managerial power[J]. *The Journal of Finance*, 2013, 68(4).

[29] Haans, R. , Pieters, C. , He, Z. Thinking about U: Theorizing and testing U-and inverted U-shaped relationships in strategy research[J]. *Strategic Management Journal*, 2016, 37(7).

[30] Heimeriks, K. K. , Duysters, G. G. Alliance capability as a mediator between experience and alliance performance: An empirical investigation into alliance capability development process[J]. *Journal of Management Studies*, 2007, 44(1).

[31] Kastalli, I. V. , Looy, B. V. , Neely, A. Steering manufacturing firms towards service business model innovation[J]. *California Management Review*, 2013, 56(1).

[32] Kogut, B. Designing global strategies: Profiting from operational flexibility[J]. *Sloan Management Review*, 1985, 27(1).

[33] Kohtamki, M. , Partanen, J. , Parida, V. , et al. Non-linear relationship between industrial service offering and sales growth: The moderating of network capabilities[J]. *Industrial Marketing Management*, 2013, 42(8).

[34] Mathieu, V. Service strategies within the manufacturing sector: benefits, costs and partnership[J]. *International Journal of Service Industry Management*, 2001, 12(5).

[35] Meier, H. , Völker, O. , Funke, B. Industrial product-service systems (IPS2): Paradigm shift by mutually determined products and services[J]. *The International Journal of Advanced Manufacturing Technology*, 2011, 52(9).

[36] Oliva, R. , Kallenberg, R. Managing the transition from products to services[J]. *International Journal of Service Industry Management*, 2003, 14(2).

[37] Qian, G. , Khoury, T. A. , Peng, M. W. , et al. The performance implications of intra- and inter-regional geographic diversification[J]. *Strategic Management Journal*, 2010, 31(9).

[38] Reiskin, E. D. , White, A. L. , Johnson, J. K. , et al. Servicizing the chemical supply chain[J]. *Journal of Industrial Ecology*, 1999, 3(2-3).

[39] Schotter, A. P. J. , Mudambi, R. , Doz, Y. L. , et al. Boundary spanning in global organizations[J]. *Journal of Management Studies*, 2017, 54(4).

[40] Ulaga, W. , Reinartz, W. J. Hybrid offerings: How manufacturing firms combine goods and services successfully[J]. *Journal of Marketing*, 2011, 75(6).

[41] Vandermerwe, S. , Rada, J. Servitization of business: Adding value by adding services [J]. *European Management Journal*, 1988, 6(4).

[42] Vargo, S. L. , Lusch, R. F. Service-dominant logic: Continuing the evolution [J]. *Journal of the Academy of Marketing Science*, 2008, 36(1).

[43] Volkov, N. I. , Smith, G. C. Corporate diversification and firm value during economic downturns[J]. *Quarterly Review of Economics and Finance*, 2015(55).

[44] Weeks, R. V. , du Plessis, J. W. Servitization: Developing a business model to translate corporate strategy into strategic projects[C]. *IEEE*, 2011.

[45] Zhu, F. , Furr, N. Products to platforms: Making the leap[J]. *Harvard Business Review*, 2016, 94(4).

Re-Think the Relationship Between Geographical Diversification and Enterprise Performance: The Mediating of the Servitization

Zhang Qi[1,2]   Wang Juan[1,2,3]   Lan Hailin[1,2]

(1 School of Business Administration, South China University of Technology, Guangzhou, 510640;

2 Research Center of Chinese Corporate Strategic, South China University of Technology, Guangzhou, 510640;

3 School of Business Administration, Guangdong University of Finance, Guangzhou, 510521)

Abstract: Based on the unbalance panel data of 636 listed manufacturing enterprises in 2007-2018, this paper examined the influence of geographical diversification on enterprise performance and the moderating effect on the servitization of manufacturing companies. Different from the existing linear relationship, this paper finds that there is a significant u-shaped relationship between geographical diversification and enterprise performance in China. Moreover, at a lower level of geographic diversification, while enterprises could adopt product-oriented servitization to enhance product added value and cultivate customer growth, enterprises should not implement customer-oriented servitization to reduce the rational allocation of firm resources on the condition that transformation foundation has not been constructed. At a higher level of geographic diversification, while enterprises should focus on customer-oriented servitization to meet customers' different needs, avoid allocating excessive resources on product-oriented services to reduce the competitiveness of enterprises in heterogeneous markets.

Key words: Geographical diversification; Enterprise performance; Servitization of manufacturing companies

专业主编: 陈立敏

基于组织身份视角的制度复杂性整合应对机制
——来自一个工作整合型社会企业的案例研究 *

● 胥思齐[1]　席酉民[2,3]

（1，2　西安交通大学管理学院　西安　710049；
3　西交利物浦大学和谐管理研究中心　苏州　215123）

【摘　要】组织如何有效应对制度复杂性是一个日益关键的管理问题，但已有研究仅提出了针对制度复杂性单一方面的应对策略与机制。本文采用建构式扎根深度单案例研究方法，以一个工作整合型社会企业为对象，从组织身份视角出发，探索了组织整合地有效应对制度复杂性的过程与机制。研究结果表明：组织通过价值过滤和学徒工作能动地构建了基于价值的组织身份，直接消解了归属复杂性；而基于价值的组织身份塑造了以手段为核心的心理参照点，间接地同时平衡了绩效与运营复杂性。研究弥补了已有制度复杂性应对文献片面化的缺陷，发现了构建能整合应对制度复杂性的组织身份的两个关键构念，对组织解决内部冲突和进行人力资源管理具有指导意义。

【关键词】制度逻辑　制度复杂性　组织身份　招聘筛选　社会化
中图分类号：F270　　　　　文献标识码：A

1. 引言

组织的生存和发展，需要满足经营跨越的各场域的"游戏规则"，如 Thornton 和 Ocasio（1991）所说，多重制度逻辑诉求的不兼容与冲突导致了制度复杂性。Greenwood 和 Raynard 等（2011）提出，随着制度复杂性日益普遍，组织如何有效应对制度复杂性，成为一个关键管理问题。Smith 和 Lewis（2011）指出，组织面临的制度复杂性可分为绩效复杂

* 基金项目：国家自然科学基金项目"建构中国本土管理理论：话语权，启示录与真理"（项目批准号：71232014）；国家自然科学基金项目"基于角色的网络组织共生合作机制：一项真实组织中的行动研究"（项目批准号：71772152）；国家自然科学基金项目"制度领导力构建研究：驱动因素、过程及其与个体领导力的耦合"（项目批准号：71872145）。

通讯作者：胥思齐，E-mail：cyan5727@126.com。

性、运营复杂性和归属复杂性三个方面。目前文献提出了对制度复杂性单一方面的组织应对策略与机制，如通过区隔应对运营复杂性(Dejordy et al.，2014)，或 Luo 等(2017)提出的运用脱耦应对绩效复杂性，然而关注组织整合地应对制度复杂性的研究尚属不足。组织身份是组织研究和制度理论的关键概念，可以作为分析制度复杂性整合应对机制的起点。结合组织身份与制度逻辑文献，已有研究表明组织身份既在制度逻辑的规制下形成，又影响着制度逻辑的诠释(黄纯等，2016)。因此，组织身份作用于组织与制度复杂性互动的各方面。一方面，Li(2012)说明了，组织身份使利益相关者对组织实践形成合理预期，提供合法性与资源；另一方面，组织身份塑造了指导成员行为和具体实践的准则(Smith，2011)。

基于组织身份视角，本文探索了组织如何整合地应对制度复杂性的理论问题。通过对面临高度制度复杂性的工作整合型社会企业(D 公司)开展深度单案例研究，研究发现组织通过价值过滤和学徒工作构建了基于价值的组织身份，使成员均关注且认同组织的价值这一能动构建的方面，转移他们对组织各种具体事件的注意力，避免了因追求满足逻辑原型而产生认知与情感冲突，直接消解了受各制度逻辑原型身份影响的归属复杂性；而基于价值的组织身份，也通过价值过滤与学徒工作而塑造了以手段为核心的心理参照点，即组织关注成功运营的手段而非抽象的诉求与目标，使组织衡量达成各具体目标的手段水平而非评估满足各制度逻辑诉求的程度，并且专注于满足经营手段的资源需求而非满足各制度逻辑诉求的资源需求，在长期目标的指导下关注实现目的的手段的短期实践而非在各制度逻辑指导下割裂地看待长期与短期目标，从而间接地同时平衡了不兼容的多重制度逻辑引发的绩效和运营复杂性。

本文的研究贡献主要有以下两点：首先，基于组织身份视角，提出了组织有效应对制度复杂性的整合机制模型，揭示了基于价值的组织身份在组织与多重制度逻辑互动中的核心作用；其次，发现了价值过滤和学徒工作两个构念，描绘了组织能动构建基于价值的组织身份的过程。此外，本文的发现既与一般人力资源管理原则一致，又在其基础上发现了有关制度复杂性应对具体问题的有效机制，对组织如何整合应对制度复杂性进行了一定的深化。同样，与基于双元能力来应对制度复杂性的观点(葛明磊等，2018)相比，本文的发现不但与双元能力的认知基础和情境化双元能力的基本假设一致，而且指出了通过以价值筛选、学徒工作构建基于价值的组织身份也能达到双元能力效果的另一条制度复杂性应对路径。

2. 文献回顾

2.1 制度复杂性

制度复杂性指组织所处的由多重制度逻辑规制行为并施加压力的环境，而制度逻辑是规定组织现实的解释、适当行为的标准和达成目标的手段的一套首要原则集合，其指导和诉求通过个体在身份认知解读下的行动而实现(Glynn，2000)。

已有研究指出，制度复杂性可以分为三个方面：首先，绩效复杂性，即冲突的组织目标或多方利益相关者不一致的诉求引发的复杂性,具体体现在组织绩效考核的指标上;其次,运营复杂性,即矛盾的组织结构、实践与流程引发的复杂性,具体体现在组织目标优先性与核心资源的构成上;最后,归属复杂性,即对"我们是谁"的认知与情感困惑引发的复杂性,具体体现在组织内各群体的心理参照点上(Smith et al.,2013)。已有研究考察了组织应对制度复杂性的过程与机制,如 Luo 等(2017)提出的脱耦、Pache 和 Santos(2013)提出的选择性耦合等,通过灵活地衡量组织绩效,提高同时满足多方利益相关者诉求的程度,有效应对了绩效复杂性;也有研究发现组织通过区隔不兼容的组织实践与流程可以降低运营复杂性(Raynard,2016),如设置边界清晰的部门,各自独立获取资源并达成不同的组织目标。然而,当前研究主要关注组织应对制度复杂性单一方面的过程与机制,缺乏对组织整合地应对制度复杂性的探索。

Battilana 和 Dorado(2010)的经典研究,结合了组织身份与制度复杂性,不但提出了组织身份对归属复杂性的作用,而且发现了组织身份影响归属复杂性与运营复杂性的互动,从而启发了本文基于组织身份视角开展对制度复杂性整合应对机制的研究。

2.2 组织身份

Glynn(2008)指出,组织身份是组织在制度化类别内的区别性特征,使组织对特定制度逻辑的诉求更为敏感,影响着组织对压力的优先性判断,并塑造了组织回应制度诉求的实践。因此,在应对制度复杂性过程中,组织身份可以作为组织接受或抵制多重制度逻辑压力的滤子。已有较多研究考察组织身份在组织应对归属复杂性中的作用,如身份工作,描绘了同时容纳与抵制多重制度逻辑认知冲突的身份构建与诠释(Creed et al.,2010);Bjerregaard 和 Jonasson(2014)发现,组织通过构建独立于既有制度逻辑原型的新身份,可以常规化多重制度逻辑指导的角色冲突;身份抱负在组织化解"我们是谁"与"我们想成为谁"冲突中的重要性(Kodeih & Greenwood,2014)。然而,组织身份在组织整合地应对制度复杂性过程中发挥作用的机制尚不清晰。Battilana 和 Dorado(2010)与 Bjerregaard 和 Jonasson(2014)的结论具有一定启发性,然而两者描绘的新身份构建是一个不稳定的过程,组织如何实现持续地应对制度复杂性各方面的机制仍需进一步厘清。

2.3 招聘与社会化

以往研究指出,招聘筛选与社会化是组织构建新组织身份,以应对制度复杂性过程中的关键步骤。招聘筛选指组织通过不同的标准改变组织劳动力构成、影响员工行为的现象(Gerhart & Fang,2014);其中包含自选择(Trank et al.,2002),即个体基于自身的自我特质、成就需求和理性预期,进入个人偏好和组织特征匹配的组织(Schneider,1987)。社会化过程指将组织价值观植入、加强并内化进成员认知的过程(Van Maanen & Schein,1979),包括培训和激励等。结合身份研究可知,组织身份是组织对成员的一种筛选标准,促进了成员的同质化(DiMaggio & Powell,1983)。组织身份构建过程是一种通过信息传递和社会学习、嵌入惯例等物质实践中的筛选过程,其核心是相应的制度逻辑范畴;反过来,制度逻辑框定并塑造个体对现实的诠释,使其倾向于加入符合自身认知的组织,Kjeldsen(2014)指出社会化过程会强化成员自选择的心理动机。但是,现有研究的观点是以能力为标准的招聘筛选、以技能培训与物质激励开展社会化，主要适用于一般性的组织身份构建过程（Wang & Pratt，2004），而组织整合应对制度复杂性研究，需要找到更具针对性的组织身份构建关键构念，从而指导理论与实践。

综上，为弥补当前研究的不足，本文选取工作整合型社会企业 D 公司为案例，基于组织身份视角，探索组织整合地应对制度复杂性各方面的过程与机制，挖掘制度复杂性情境下更具针对性的组织身份构建关键构念，从而建立更准确、全面的制度复杂性整合应对机制模型，提供理论与实践指导。

3. 研究方法

本文采取马歇尔和罗斯曼（2015）的探索性单案例研究方法，描绘、解释和发现组织整合地应对制度复杂性的过程与机制，原因有二：其一，本文关注的制度复杂性整合应对机制研究尚处于起步阶段，如 Eisenhardt（1989）所说，相比于实证方法，此类"如何"的研究问题更适宜采取案例研究；其二，深度单案例研究有助于聚焦同一组织的丰富而细致的实践与现象，在对数据的分析和解读中探索新的组织关系、阐明现象背后的机理。

3.1 案例选择

基于典型性原则，本文选取了一个工作整合型社会企业（D 公司）开展案例研究。首先，作为社会企业，该公司具有社会使命与盈利目的双重目标，需要同时满足公益与盈利逻辑的诉求，认可使命或收益的成员间存在冲突，面临较高的绩效复杂性、运营复杂性与归属复杂性挑战；其次，该公司成功化解了内部冲突，形成了成熟稳定的管理模式，而独特的组织身份是其最突出的特点；最后，该公司的数据可得性较好，二十多年的经营积累了丰富的二手资料，并与研究团队建立了合作关系，为研究者获取一手数据提供了便利。因此，D 公司适宜探索本文"基于组织身份视角，组织如何整合地应对制度复杂性"理论问题，属于 Pettigrew（1990）所说的极端案例。

成立于 1997 年的 D 公司是一家工作整合型社会企业，使命为"将农村进城务工人员转变为现代产业工人"，主营业务为设计及建造美制现代木（钢）结构住宅及公用建筑。该公司总部位于苏州，成员为管理部门员工；建造部门员工分布于北京、上海和广州等一二线城市的工地。此外，D 公司创办了木工学校，选拔初中毕业生培训传统木工手艺，毕业后直接进入建造部门。该公司由创始人独资控股，既需要扩大市场、取得财务收益，又追求提升农村进城务工人员素质的社会使命，达成改造国民性的公司建立初衷。因此，D 公司在美式木结构住宅生产和服务中提高员工个人品德并转变生活习惯，是一家工作整合型社会企业（Scherer et al.，2013），面临着冲突的盈利与公益逻辑引发的制度复杂性。

首先，盈利逻辑关注成本和收益，要求 D 公司采取定量的财务评估绩效；而公益逻辑关注质量和效果，要求该公司以定性的主观评价衡量社会影响，即绩效复杂性。其次，为达到盈利目的，D 公司需要抓住扩张机会、提高市场份额，倾向短期导向决策；而为实现社会使命，该公司应当精心安排、针对性培养每个成员，倾向长期导向决策，即运营复杂性。同时，为获取创造竞争优势的资源，D 公司需要雇佣高技能的建筑工人（木匠）；而为提高员工素养，该公司应当雇佣并培养缺乏教育机会的农村进城务工人员，导致公司人力资源配置的运营复杂性。最后，D 公司成员认同盈利或公益逻辑的程度，影响他们的认知与情感，即矛盾的逻辑原型心理参照点，导致公司内人际关系的复杂和摩擦，即归属复杂性。因此，D 公司需要应对的制度复杂性如图 1 所示。

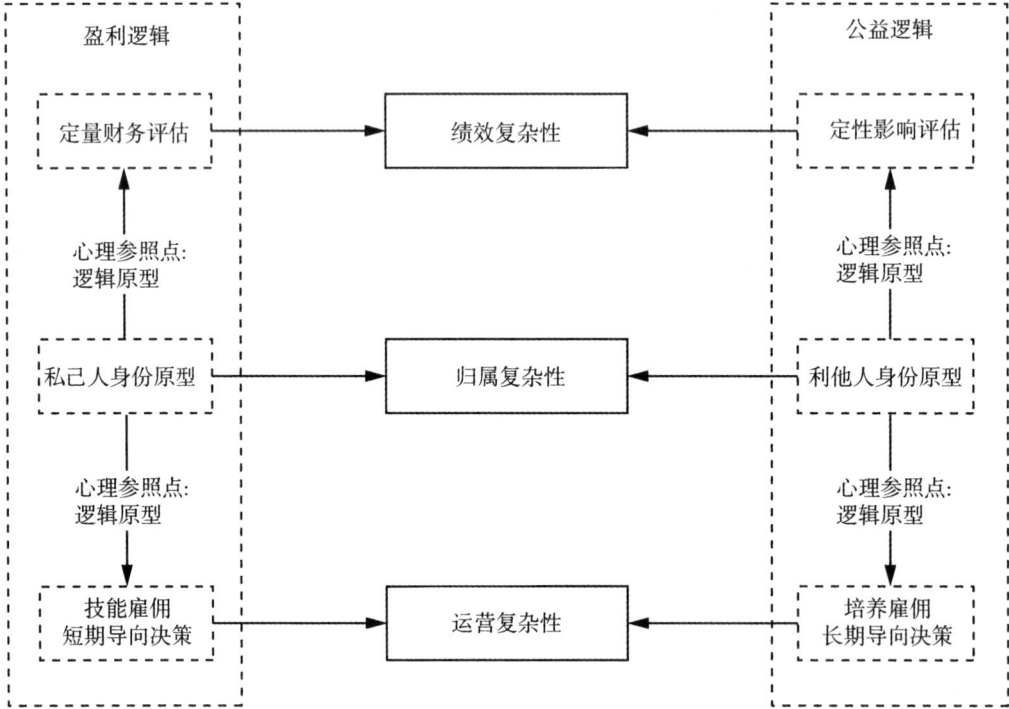

图 1　D 公司需要应对的制度复杂性

然而，成立 20 余年来，该公司在没有营销部门的情况下，做到了年销售额近十亿元、占据行业 70% 以上市场份额，大部分员工工作 10 年以上，人员流动率极低。同时，D 公司具有独特且鲜明的组织身份，并以此成为中国式管理的范本（胡海波和吴照云，2015）。

3. 2　数据收集与分析

本文力求从多种渠道获取真实可靠的案例数据。二手资料方面，研究团队收集了 D 公司相关图书 3 本，包括该公司《员工守则》、对外宣传图书和创始人著作；媒体访谈 15 篇。一手数据方面，研究团队进行了半结构化访谈，对象为 8 位总部人员和 4 位建造部门人员，其中包括员工 7 人、中层领导 4 人和创始人，共收集录音 13 段。访谈时长平均在 60 到 90 分钟之间。其中，与创始人直接访谈 2 次，时长共 4 小时。

本文遵循科宾和施特劳斯（2015）的案例研究与扎根理论程序，从以下四个步骤对数据进行编码与分析。第一步，依照开放式编码规范，首先，逐字逐句标记出案例材料中与研究主题相关的字词、短语和句子。基于组织应对制度复杂性的理论抽样，数据中不仅清晰地显现出盈利与公益逻辑的影响痕迹，如绩效考核与运营重心上的冲突，而且浮现出了第三种复杂性，即组织成员归属感的矛盾。然后，将简化和初步提炼的词句，依照意义接近度合并为描述组织实践的初始范畴，逐渐明确、丰富初始范畴的内涵，并与同一研究话题下的既有概念进行比较。初始范畴如"初中毕业生生源""未受污染""提倡说普通话""宣读《严肃提示——报销前的声明》""价值观评价标准""诚实、勤劳、有爱心、不走捷径""清洁马桶的六个步骤""锻炼做事的细心"等。

第二步，在轴心编码过程中，识别初始范畴间关系，将围绕同一逻辑链条的初始范畴归纳为主要范畴。然后，根据基本范式结构将主要范畴联系起来。本文案例应对制度复杂性的过程，与构建员工内化的组织身份的基本过程一致，即从未形成组织身份的外部人，到对新入者的招聘，而后开展组织内部的社会化，最终再筛选形成组织身份的内部人或离开组织的全过程。同时，此过程也是案例组织整合地应对制度复杂性的过程。因此，彼此联系的主要范畴，自然地与识别出的三种制度复杂性应对关联起来。具体地，本文将案例组织对成员的选拔实践（"初中毕业生生源""未受污染"）归纳为"价值观无印记"；将案例组织内化自身价值观的实践（"提倡说普通话""宣读《严肃提示——报销前的声明》"）归纳为"情境性"；将组织共享的类属认知（"价值观评价标准""诚实、勤劳、有爱心、不走捷径"）归纳为"以价值观为核心"；将案例组织绩效评估的标准（"清洁马桶的六个步骤""锻炼做事的细心"）归纳为"达成目标的手段水平"等14个主要范畴。

第三步，依照可以回答"组织如何整合地应对制度复杂性"研究问题的程度，进行选择性编码，明确主要范畴中的核心范畴，围绕核心范畴重新梳理各范畴间关系，并将核心范畴与其他范畴系统地联结起来。随后，与现有文献和理论进行比较，建立起回答研究问题与解释案例组织实践的理论模型。具体地，从"价值观无印记""价值观一致""价值观内化""价值观未内化"可以识别出"价值过滤"核心范畴；从"情境性""交互性""实践性""过程控制"可以识别出"学徒工作"核心范畴；从"D公司人""以价值观为核心"可以识别出"基于价值的组织身份"核心范畴；从"达成目标的手段水平""按照经营手段需求分配资源""长期目标指导""短期流程关注"可以识别出"心理参照点：手段"核心范畴。案例组织通过价值过滤的招聘筛选与学徒工作的社会化过程，能动地构建了基于价值的组织身份，直接消解了归属复杂性，并通过以手段为核心的心理参照点，间接地同时平衡了绩效与运营复杂性，实现了整合地应对制度复杂性。在对案例数据分析的过程中，研究者反复迭代，持续比较了开放式编码、轴心编码与选择性编码的结果。

第四步，回归原始材料，验证研究发现。在nvivo11定性研究软件的帮助下，对一、二手数据进行全面的关键词检索，完善对案例组织有效应对制度复杂性各方面的具体组织实践的描绘。

为确保研究结论的稳定性，各研究者独立地分析了数据，并在十几轮讨论中比较各自的发现。在数据分析过程中，研究者通过电话再度联系了受访对象来确认某些细节。此外，本文结论也得到了案例组织代表的认可，增强了研究的效度。

4. 研究发现

D公司一方面通过招聘政策选择与自身价值观一致的员工，框定组织成员的注意力；另一方面对员工反复进行强化一致价值、剔除冲突价值的社会化。最终，全体成员内化D公司核心价值观，构建了基于价值的组织身份，即"诚实、勤劳、有爱心、不走捷径的D公司人"；并塑造了以手段为核心的心理参照点。

4.1 招聘：以价值观而非能力为标准的价值过滤

D公司的组织结构为负责美式木结构住宅建造的建造部门和负责经营管理的苏州总部。虽然两个部门招聘方式不同，前者完全由自行成立的木工学校毕业生组成，后者由自荐或内推的员工构成；但是两个部门的招聘具有相同的标准，即吸收未受盈利或公益逻辑深刻影响或与公司价值观高度一致的人，本文归纳这种以价值观而非能力为标准的招聘筛选为价值过滤。

为建造部门提供人力资源的木工学校，只招收初中毕业生，原因有两点：其一，该年龄段孩子的可塑性较强；其二，初中毕业生已经得到了基础教育，而且未受"不适用D公司的应用程序"的污染。从中可以看出木工学校旨在挑选未受场域盈利或公益逻辑深刻影响的青少年，认为他们更易接受"诚实、勤劳、有爱心、不走捷径"的价值观，并共享D公司独特的组织身份。木工学校的选拔程序包括自愿报名、教师面试、家庭走访和体格检查等步骤，入选的首要条件是勤劳朴素的家庭背景而非一般的学习成绩，"我们按照程序，坚决地拒绝了一位学生，因为他坐姿不正，埋怨其他人，喜欢打架，还用不伦不类的痞子口号来为自己辩解"。从木工学校接收与拒绝学生的例子来看，D公司主要以价值观而非能力为标准，筛选进入木工学校的学生，使这些建造部门的未来员工受到价值过滤的影响。价值过滤保证了加入D公司建造部门的员工未受场域既有的盈利或公益逻辑深刻印记，个人价值观与品性和需要内化进员工组织身份的价值观的一致性。因此，价值过滤为D公司挑选了未受深刻印记的员工，保证了个人品质与组织价值观一定程度的一致性，增强了员工的组织认同感，为后续的社会化过程降低了成本和难度，能够更有效地构建共享的独特组织身份。

大部分管理部门员工自荐加入D公司，而非如进入其他企业般被招聘而来。2005年，D公司出版了一本大量输出价值观的《员工守则》，在社会上引起了很大反响：该书加印28次，发行量超过50万册，最新版发布会得到人民日报、21世纪经济报道和经济观察报、新华网、新浪网和腾讯网等数十家国内媒体报道。同时，《商业评论》《中国管理新视野》和《人力资源开发》等刊物为D公司撰写主题文章，宣传其管理实践与价值观。此外，该公司还获得过诸多荣誉，如"2004中国十大特色别墅金奖""中国生态建筑奖(节能环保技术领先施工企业)"和江苏省著名商标等。在大量社会宣传和价值观推广影响下，D公司吸引了很多员工自荐加入，"通过看那本书，先是产生了了解，然后就有了共鸣。因为认同这个东西，那一开始就抱着想加入的想法来了，来了之后就发现自己更加认同这个价值观了"。成员自荐加入组织是一种自选择过程，员工本身与 D 公司倡导的价值观一致性较高，在相似预期的前提下使组织内化价值观的难度下降，更易构建共享的独特组织身份。此外，一些总部员工通过私人关系了解到 D 公司情况，通过内推进入组织，"我爸认识 D 公司创始人，经常听它的故事，感觉跟我性格还蛮贴近的。所以毕业以后就让我爸跟他说了一声，就来了"，同样体现了价值观一致的自选择地价值过滤。无论是通过阅读《员工守则》和相关媒体文章产生了向往之情，还是通过私人渠道了解到内部情况托关系加入，两者的共同点是与 D 公司价值观相近的员工在自选择效应下加入。故自选择地价值过滤符合已有研究的观点，即个体的价值取向能框定并诠释现实，而此认知机制使个体倾向加入符合心理动机的组织。

综上，与以能力为首要条件招聘有经验的建造工人和管理人才的一般人力资源管理原则不同，D 公司以价值观而非能力为标准的价值过滤选拔组织成员：一方面，选拔未受既有盈利或公益逻辑深刻印记的青少年进入木工学校、毕业后加入建造部门；另一方面，接受价值观相近的员工自选择加入管理部门。价值过滤的作用是，既控制了员工进入组织前与其价值观不一致的可能性，又降低了员工进入组织后内化其价值观的成本和难度：未受盈利或公益逻辑深刻影响的建造部门员工通过社会化过程更易内化 D 公司价值观，共享独特的组织身份；与该公司价值观相近的管理部门员工受自选择效应影响，自身选择性的注意力和预期降低了社会化过程的难度。

4.2 社会化：基于情境性、交互性与实践性过程控制的学徒工作

提升农村进城务工人员素质并创造利润是 D 公司的目标，而实现两者的共同手段是成功的运营。因此，为确保成功运营，该公司采取了严格的流程控制程序，即在具体情境中传授经验、知识与技艺的师徒式制度。在实现成功运营过程中，D 公司构建了独特且共享的组织身份，本文归纳这种基于情境性、交互性与实践性过程控制的社会化为学徒工作。

建造部门员工的社会化始于木工学校的学习：学木匠手艺，拜师父，还要遵守 D 公司的日常行为规范和考核办法，如"自己和他人做错任何一件事，都要主动承认和检举，不能隐瞒和包庇""提倡说普通话。说普通话是有文化、有教养的表现"等日常行为规范和"调查村里边最自私的和最有爱心的两个人的生活状况"等作业要求；每天都要填写日常行为规范记录卡，次日在班级内公示此卡，其奖学金也依照"诚实、勤劳、有爱心、不走捷径"价值观标准和记录卡情况来评定。在公示的精神压力和奖学金的物质激励下，通过重复性的在具体情境中严格遵循流程与程序、学习经验与技艺，D 公司使员工内化了其价值观。建造部门员工开始工作后，不但继续受师徒制影响，"1 个新员工会安排 9 个老员工带他"；而且经常集体住在工地附近的仓库里，周围是树林和荒地，少有机会接触外界。封闭的集体生活环境和传帮带制度，促进了员工对价值观的内化和组织身份的形成。此外，D 公司还有"吃一年苦工程"，即"不珍惜的工人，一定要他请一年的假出去闯一闯，让他到别的公司干干"。参加了"吃一年苦工程"的员工大概有 50% 会回来，而参加过

的员工表示："在外面待了一段时间，感觉还是 D 公司好，我没办法适应新的地方，心累。"回来的员工要重新接受学徒工作，一方面，该公司与外界环境的对比，反向增强了价值观对成员的影响力度；另一方面，再度通过学徒工作，该公司正面强化和固化了成员的组织身份。

管理部门员工的社会化始于"管家中心"的培训：认教官为师父，手把手学习各种杂务，要严格遵守每项任务的详细程序，如"清洁马桶有 6 个步骤：一倒——在马桶内上沿均匀地倒一圈××洗洁剂；二泡——让洗洁剂浸泡 10 分钟，此时可先擦马桶的隔离门、洗手池等；三刷——用毛刷刷干净马桶；四冲——放水把马桶冲干净；五湿擦——用湿布将马桶内外及踏脚处擦一遍，放刷子的底座内的水也要擦干净；六干擦——用干布把马桶外围及桶内水线以上部分的水迹擦干"；3 个月后由教官按照"诚实、勤劳、有爱心、不走捷径"的标准评价，若不合格就要再进行 3 个月的培训，再不合格就得离开，"有 70% 到 80% 的员工会离开"。通过"管家中心" 3 个月的培训，以情境化与交互性的严格流程控制实践，D 公司削弱了既有的制度逻辑对员工的影响，使成员充分内化价值观而形成组织身份，如"刚开始来的时候就是教官带着打扫卫生，不是很理解，为什么每天做的都是同样的事情。但是稍微适应一下，再想一想，其实这样做还挺好的，一个人能锻炼出做事的细心。这个转变也就在两三个月里吧"。管理部门员工正式工作后，持续接受 D 公司情境化、交互性的严格流程控制。具体表现为，每月 1 日、15 日的全公司制度学习会，"首先由主持人宣布今天要学习的章节，然后从坐在第一排的第一个人开始朗读，遇到逗号或句号换人，旁边的人马上接着读下去。允许读错，但不许断掉"，使员工不断进行着对价值观的内化和组织身份的形成。

综上，与开展技能培训、团队建设等社会化的一般人力资源管理原则不同，D 公司通过情境性、交互性与实践性过程控制的学徒工作，社会化其成员：一方面，通过师徒式制度，传授经验、知识与技艺，植入并重复地正、反向强化自身价值观；另一方面，通过严格流程控制实践，削弱之前印记的影响，持续地充分内化价值观。学徒工作的作用是，在严格遵守制度程序、实现成功运营的过程中，D 公司将价值观植入、内化进员工认知，并不断强化其影响，从而构建了共享的独特组织身份。对 D 公司价值过滤与学徒工作的总结及数据展示见附录。

4.3 基于价值的组织身份及以手段为核心的心理参照点

D 公司以价值观而非能力的招聘筛选和基于情境性、交互性与实践性过程控制的社会化共同构建了基于价值的组织身份。首先，D 公司将价值观作为选拔成员的首要标准，减少甚至阻止了价值观不一致的个体进入组织。价值过滤的雇佣策略保证进入该公司的个体不会与其意图塑造的价值判断和组织身份产生抵触，降低了后续 D 公司使员工内化价值观和形成组织身份的难度。其次，D 公司通过与传帮带相似的在具体情境中传授经验与技能的严格流程控制。学徒工作的社会化过程使员工自我合理化该公司价值观，加快内化价值观和共享组织身份的速度(Siri & Von Groddeck, 2012)。最后，个体在 D 公司内持续经历着价值过滤和学徒工作。一方面，该公司仅保留内化了价值观的成员，将动摇的员工暂时排除出去，维持了组织身份认知的一致性；另一方面，D公司要求回归的员工重新进行学徒工作，强化了价值观的内化和组织身份的固化（Oren & Bar-Tal, 2014）。在迭代反复的价值过滤和学徒工作中，D公司实现了员工价值观和物质实践的紧密耦合，将价值观内化进员工的认知，构建了基于价值的组织身份，即"诚实、勤劳、有爱心、不走捷径的D公司人"，如"如果我改不过来，就一定要开除我。我不怪D公司，怪只怪我父母及小时候所处的环境。但我不能辞职，我辞职是伤害了D公司。我这样不改变自己的人，最后能做的贡献就是被当作反面教材——把我开除了"。D公司通过价值过滤与学徒工作能动地构建基于价值的组织身份的过程如图2所示。

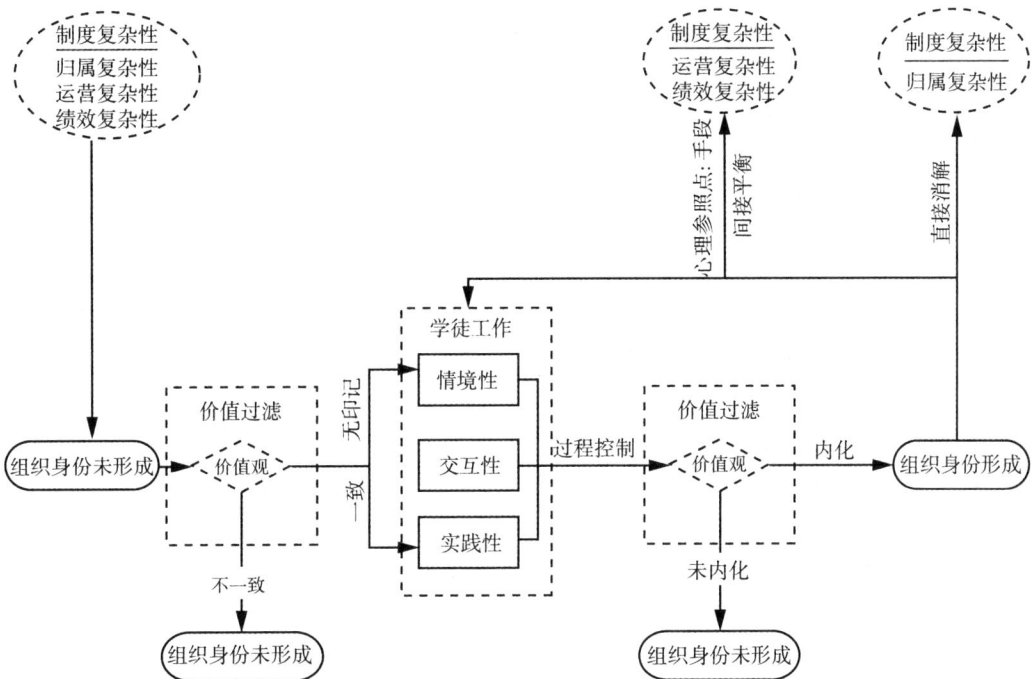

图2　D公司通过价值过滤与学徒工作构建基于价值的组织身份过程

同时，基于价值的组织身份塑造了以手段为核心的心理参照点，即在组织进行绩效评估、资源分配与决策制定时，采用的标准是成功运营的手段。通过价值过滤与学徒工作而构建的基于价值的组织身份，其塑造的心理参照点也受到两者的影响，呈现出关注所处情境、交互过程、具体实践与流程的特征，如"就要看你能不能把小事做好，每一个场合里的每一件小事，而不要管别的。就清洁马桶的六个步骤而言，就是能不能做到位，是倒一圈××洗洁剂，不是两圈，也不是半圈，是××，而不是别的"；并且，在价值观的筛选下，成员所关注的具体情境、交互过程、实践与流程，均与对价值观的践行相关，如"教官就按照'诚实、勤劳、有爱心、不走捷径'决定你是走还是留"。因此，基于价值的组织身份塑造了关注特定情境中践行价值观的具体交互性实践的心理参照点，其核心标准为成功运营的手段。

5. 结论与讨论

5.1 研究的主要结论

案例研究表明,组织通过价值过滤与学徒工作构建的基于价值的组织身份,直接消解了归属复杂性;而基于价值的组织身份塑造了以手段为核心的心理参照点,间接地同时平衡了绩效与运营复杂性,从而实现了整合地有效应对制度复杂性。首先,组织以价值过滤和学徒工作构建的基于价值的组织身份,使成员均关注且认可组织的价值这一构建的方面,转移了对组织各种具体的实践的注意力,如陈扬(2015)所说,避免了组织成员因受各制度逻辑身份原型的影响形成小团体而产生认知与情感冲突,直接消解了组织面临的归属复杂性。其次,基于价值的组织身份,由于是通过价值过滤与学徒工作而构建,故塑造了关注各制度逻辑诉求共通点的心理参照点,即成功运营的手段,将成员的注意力从多重制度逻辑间不协调的认知和行为指导转移并聚焦到践行价值观的具体手段上来。最后,基于价值的组织身份塑造的以手段为核心的心理参照点,使组织衡量达成各目标的手段而非单一考察满足各制度逻辑诉求的程度,即间接地平衡了关注考核与激励的绩效复杂性;同时,使组织既可以专注于满足特定情境中经营手段的资源需求,又可以在长期且终极的目标指导下,关注实现短期目标的具体手段,即间接地平衡了关注资源与决策的运营复杂性。组织通过组织身份整合地应对制度复杂性的机制如图3所示。

在与已有研究比较的过程中可以发现,因组织身份与归属复杂性直接相关,组织构建共享的整合组织身份,就可以有效应对归属复杂性;然而,同一组织身份并不一定能够同时应对绩效与运营复杂性。本文的研究发现通过价值过滤和学徒工作构建的基于价值的组织身份,能够塑造以手段为核心的心理参照点,从而同时平衡了原本以逻辑原型为心理参照点而引发的绩效与运营复杂性。具体来说,在绩效评估的标准方面,以手段为心理参照点使组织衡量达成各具体目标的手段,而以逻辑原型为心理参照点使组织关注对制度逻辑诉求的满足程度。在此案例中,以手段为心理参照点表现为评估做到价值观要求的能力水平,而若以逻辑原型为心理参照点则表现为评估定量财务绩效和定性社会影响力水平。其次,在资源分配与决策制定的标准方面,以手段为心理参照点使组织按照特定情境中经营手段的需求进行资源分配,同时在长期目标的指导下进行短期流程决策;而以逻辑原型为心理参照点使组织遵循制度逻辑的规制与指导。在此案例中,以手段为心理参照点表现为培养技能的雇佣政策以及在长期使命指导下做好手头每件事的决策;若以逻辑原型为心理参照点则表现为采取技能雇佣或培养雇佣政策以及相应的短期导向决策或长期导向决策。

5.2 研究的理论意义

本文基于组织身份视角,探索了组织整合地应对制度复杂性的机制,主要的理论贡献和创新点有两个方面。首先,基于组织身份视角,本文提出了组织有效应对制度复杂性的整合机制模型,揭示了基于价值的组织身份在组织与多重制度逻辑互动中的核心作用,回应了研究者对探索制度理论和组织身份理论互补关系的号召。已有研究主要关注组织应对

盈利逻辑　　　　　　　　平衡绩效复杂性　　　　　　　公益逻辑

定量财务评估　　　衡量手段水平　经营绩效激励　　　定性影响评估

心理参照点：手段　　　　　　　　　　　心理参照点：手段

心理参照点：逻辑原型　　　　考核与激励　　　　心理参照点：逻辑原型

利己人身份原型　　价值过滤与学徒工作　消解归属复杂性　基于价值的共享的组织身份　学徒工作与价值过滤　利他人身份原型

心理参照点：逻辑原型　　　　资源与决策　　　　心理参照点：逻辑原型

心理参照点：手段　　　　　　　　　　　心理参照点：手段

技能雇佣短期导向决策　　平衡运营复杂性　满足经营手段的资源　长期目标指导　短期流程关注　　培养雇佣长期导向决策

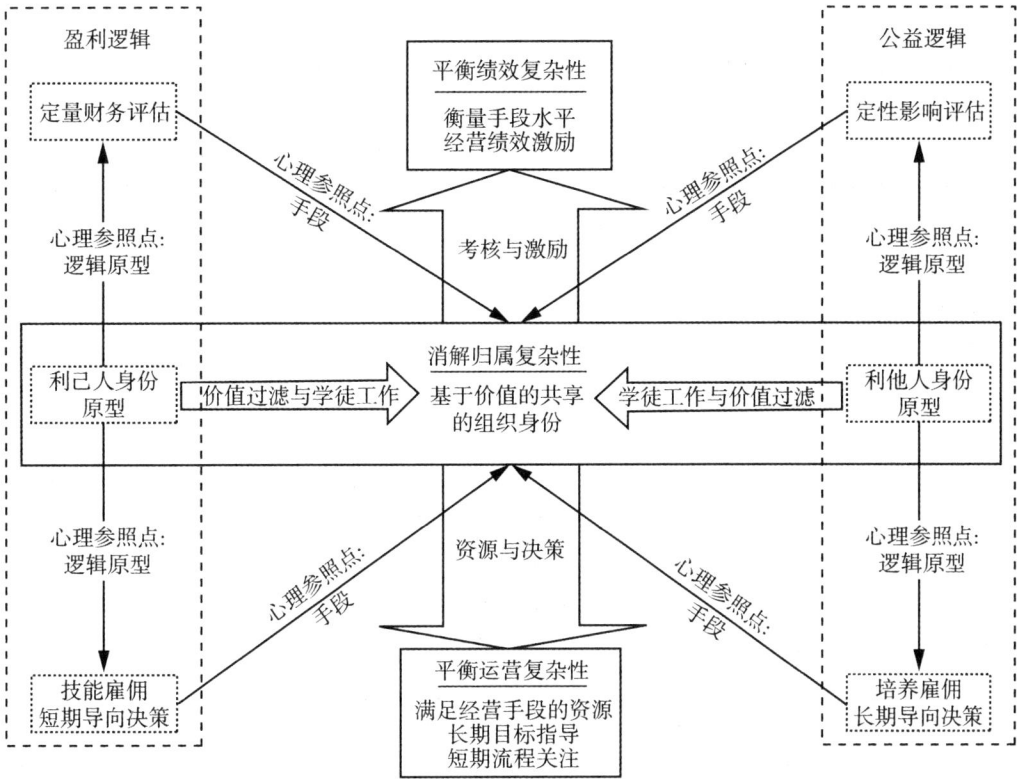

图 3　基于组织身份视角的制度复杂性整合应对机制

制度复杂性单一方面的过程与机制，而本文发现的组织能动地构建基于价值的组织身份整合地应对制度复杂性的机制模型，弥补了当前文献的不足。其次，本文描绘了组织能动地构建组织身份的过程，发现了价值过滤和学徒工作两个构念在此过程中的关键作用。组织身份并非在制度真空中产生，而是在多重制度逻辑的冲突、重叠或间隙处发展起来（Weber & Glynn，2006）。本文的发现既与已有研究中招聘筛选和社会化在组织身份形成过程中具有重要性的观点一致（Alvesson & Kärreman，2007），又明确了组织在应对制度复杂性过程中构建组织身份的关键构念。

此外，本文研究发现既与一般的人力资源管理原则一致，又明确了针对制度复杂性问题，组织可采取的具体有效的机制。从组织身份构建的过程与机制来看，本文的发现既与一般人力资源管理的招聘与社会化原则一致，即招入正确的人并通过社会化手段来强化；又明确了为达成有效应对制度复杂性的目标，价值观一致或无印记的人是正确的人，情境化、交互化与实践化流程控制的学徒工作是有效的社会化方式，而非一般人力资源管理强调的技术与能力选人标准和正式制度与团队建设的社会化手段。从组织身份发挥作用的过程与机制来看，本文的发现既与一般人力资源管理观点一致，即共享组织身份能降低内部矛盾；又明确了以价值过滤与学徒工作构建的基于价值的组织身份，不但能够直接化解归属复杂性，而且由于塑造了关注手段的心理参照点，能够间接地同时平衡绩效复杂性与运营复杂性，而非一般人力资源管理概括性地降低内部冲突的观点，或单一地能够解决归属复杂性的作用。

同样，与基于双元能力来应对制度复杂性的观点相比，本文的发现不但与其认知基础与情境化双元的基本假设一致，而且指出了通过以价值筛选、学徒工作构建基于价值的组织身份也达到双元能力效果的另一条制度复杂性应对路径。就本文的发现与基于双元能力来应对制度复杂性观点的联系而言，虽然价值过滤的标准是价值观而学徒工作的作用在于塑造以手段为核心的心理参照点，但前者挑选的未受既有制度逻辑深刻影响的个体，其心智保持着灵活性与弹性，与双元能力的认知基础一致（邓少军和芮明杰，2013）；而后者强调对当前情境的深度嵌入，有利于个体摆脱短期或长期、挖掘或探索等路径依赖，又与情境化双元能力的基本假设一致（Gibson & Birkinshaw，2004）。就本文的发现与基于双元能力来应对制度复杂性观点的区别而言，价值过滤强调以价值观而非技能为标准的招聘，目的并非选拔出同时具有挖掘与探索能力的双元能力（O'Reilly III & Tushman，2013）的员工；学徒工作的作用在于强化组织价值观，以构建基于价值的组织身份，直接地化解归属复杂性，以及在持续的情境化、实践化的互动过程中形成以手段为核心的心理参照点，从而间接地平衡绩效与运营复杂性，并非强化或培育个体具有的双元能力。因此，本文的发现不但提供了基于双元能力来应对制度复杂性路径之外的另一条路径，即弱化对具有双元能力的个体的挑选和对双元能力的强化，通过价值过滤与学徒工作来构建基于价值的组织身份，也可以达成双元能力的作用，并能实现整合地应对制度复杂性；而且为无法招聘到具有双元能力的员工提供了一种解决方案，即通过价值过滤可以挑选出具有双元能力认知基础的个体，然后通过学徒工作在组织内培养其情境化的双元能力，从而达成双元能力的作用，并且以此过程构建的基于价值的组织身份能整合地应对制度复杂性。

5.3 研究的实践价值

本文的实践意义在于：首先，随着社会劳动力构成的变化，组织大部分成员为在 21 世纪和信息时代成长的青年，他们各自不同的教育背景和生活环境，会使组织受到多重制度逻辑冲突更显著的影响。因此，本文发现的组织构建基于价值的组织身份整合地应对制度复杂性机制有现实意义。其次，本文提出的构建组织身份整合地应对制度复杂性机制模型，对企业具体操作实践有一定的指导性。企业可以通过构建基于价值的组织身份，使组织成员关注经营绩效和达成目标的手段，转移对不兼容的制度诉求的注意力，消解"我们是谁"的认知与情感冲突，平衡不同的考核标准、资源配置与决策导向。最后，本文识别的价值过滤和学徒工作，可以启发企业人力资源部门增加价值观在招聘筛选中的比重，选拔与自身价值观较一致的个体进入组织，并增加员工自荐的机会；同时，开展具体情境中的交互性实践过程控制，从而构建基于价值的组织身份。

5.4 研究的局限性与未来研究方向

本文主要的局限在于：基于单案例数据的深度分析得出的研究结论受情境特殊性限制，普适性不足。因此，未来的研究一方面需要遵循 Eisenhardt（1991）的复制和对比逻辑开展多案例分析，验证和拓展本文的研究发现；另一方面也需要持续观察 D 公司，探索塑造以手段为核心的组织身份，是否会导致组织走向手段高于目的的使命漂移，并考察其面临的制度复杂性在各方面间的互动及动态变化，进一步发展本文的研究结论。同时，未来的研究也需要检验多重制度逻辑间的分歧程度，对构建基于价值的组织身份及其作用的影响。本文发现的价值过滤与学徒工作和组织身份的作用，也许在多重制度逻辑间分歧程度较低时有效，即盈利和公益逻辑间冲突较小的情况。然而，组织面临着数量和分歧程度各不相同的多重制度逻辑矛盾，因此有必要验证本文的研究结论在多重制度逻辑分歧程度较高情况下的有效性以及探索多重制度逻辑间分歧程度对构建组织身份整合地应对制度复杂性机制的影响。此外，本文主要关注了招聘筛选和社会化在构建组织身份过程中的作用，下一步的研究应考虑其他组织因素对组织身份构建的影响，如创始人背景和组织生命周期等。

◎ 参考文献

[1] 陈扬. 组织多元应对策略前沿研究评述：从"制度逻辑"到"组织身份"[J]. 华东经济管理，2015，29(10)：146-151.

[2] 邓少军，芮明杰. 高层管理者认知与企业双元能力构建——基于浙江金信公司战略转型的案例研究[J]. 中国工业经济，2013，(11)：135-147.

[3] 葛明磊，张丽华，黄秋风. 产业互联网背景下多重制度逻辑与组织双元性研究——以苏宁O2O变革过程为例[J]. 管理评论，2018，30(2)：242-255.

[4] 胡海波，吴照云. 基于君子文化的中国式管理模式：D公司的案例研究[J]. 当代财经，2015，(4)：66-75.

[5] 黄纯，龙海波. 政府辅助性制度工作，制度逻辑与集群升级——基于余姚和安吉两地集群演化的案例研究[J]. 管理世界，2016，6：148-166.

[6] 朱丽叶·科宾，安塞尔姆·施特劳斯. 质性研究的基础：形成扎根理论的程序与方法[M]. 3版. 朱光明，译. 重庆：重庆大学出版社，2015.

[7] 涂小雨. 中国社会治理逻辑转型：主体分化与多元共治[J]. 中国治理评论，2019(1).

[8] 凯瑟琳·马歇尔，格雷琴·罗斯曼. 设计质性研究：有效研究计划的全程指导[M]. 何江穗，译. 重庆：重庆大学出版社，2015.

[9] Alvesson, M., Kärreman, D. Unraveling HRM: Identity, ceremony, and control in a management consulting firm[J]. *Organization Science*, 2007, 18(4): 711-723.

[10] Battilana, J., Dorado, S. Building sustainable hybrid organizations: the case of commercial microfinance organizations[J]. *Academy of Management Journal*, 2010, 53(6): 1419-1440.

[11] Bjerregaard, T., Jonasson, C. Managing unstable institutional contradictions: the work of becoming[J]. *Organization Studies*, 2014, 35(10): 1507-1536.

[12] Creed, W.D., Dejordy, R., Lok, J. Being the change: Resolving institutional contradiction through identity work[J]. *Academy of management journal*, 2010, 53(6):

1336-1364.

[13] Dejordy, R. , Almond, B. , Nielsen, R. , et al. Serving two masters: transformative resolutions to institutional contradictions[J]. *Research in the Sociology of Organizations*, 2014, (2): 301-337.

[14] DiMaggio, P. , Powell, W. The iron cage revisited: institutional isomorphism and collective rationality in organizational field[J]. *American Sociological Review*, 1983, 48 (2): 147-160.

[15] Eisenhardt, K. M. Building theories from case study research[J]. *Academy of Management Review*, 1989, 14(4): 532-550.

[16] Eisenhardt, K. M. Better stories and better construct: the case for rigor and comparative logic[J]. *Academy of Management Review*, 1991, 16(3): 620-627.

[17] Gerhart, B. , Fang, M. Pay for (individual) performance, issues, claims, evidence and the role of sorting effects[J]. *Human Resource Management Review*, 2014, 24(1): 41-52.

[18] Gibson, C. B. , Birkinshaw, J. The antecedents, consequences, and mediating role of organizational ambidexterity [J]. *Academy of Management Journal*, 2004, 47 (2): 209-226.

[19] Glynn, M. A. When cymbals become symbols: conflict over organizational identity within a symphony orchestra[J]. *Organization Science*, 2000, 11(3): 285-298.

[20] Glynn, M. A. Beyond constraint: how institutions enable identities[A]//Greenwood R, Oliver C, Sahlin K and Suddaby R. *The SAGE handbook of organizational institutionalism*[C]. London: Sage, 2008: 413-430.

[21] Greenwood, R. , Raynard, M. , Kodeih, F. , et al. Institutional complexity and organizational responses[J]. *The Academy of Management Annals*, 2011, 5(1): 317-371.

[22] Kjeldsen, A. M. Dynamics of public service motivation: attraction-selection and socialization in the production and regulation of social services[J]. *Public Administration Review*, 2014, 74(1): 101-112.

[23] Kodeih, F. , Greenwood, R. Responding to institutional complexity: the role of identity[J]. *Organization Studies*, 2014, 35(1): 7-39.

[24] Li, J. Adoption of management innovation: an organizational learning perspective [D]. New Brunswick: Rutgers University, 2012: 117-118.

[25] Luo, X. R, Wang, D. , Zhang, J. Whose call to answer: institutional complexity and firms' CSR reporting[J]. *Academy of Management Journal*, 2017, 60(1): 321-344.

[26] O'Reilly III, C. A. , Tushman, M. L. Organizational ambidexterity: past, present, and future[J]. *Academy of Management Perspective*, 2013, 27(4): 324-338.

[27] Oren, N. , Bar-Tal, D. Collective identity and intractable conflict[A]//Jaspal R. and Breakwell G. M. *Identity process theory: Identity, social action and social change* [C]. Cambridge: Cambridge University Press, 2014: 222-252.

[28] Pache, A. C. , Santos, F. Inside the hybrid organization: Selective coupling as a response to competing institutional logics[J]. *Academy of Management Journal*, 2013, 56(4): 972-1001.

[29] Pettigrew, A. M. Longitudinal field research on change: theory and practice [J]. *Organization Science*, 1990, 1(3): 267-292.

[30] Raynard, M. Deconstructing complexity: Configurations of institutional complexity and structural hybridity[J]. *Strategic Organization*, 2016, 14(4): 310-335.

[31] Scherer, A. G. , Palazzo, G. , Seidl, D. Managing legitimacy in complex and heterogeneous environments: Sustainable development in a globalized world[J]. *Journal of Management Studies*, 2013, 50(2): 259-284.

[32] Schneider, B. The people make the place [J]. *Personnel Psychology*, 1987, 40(3): 437-453.

[33] Smith, E. B. Identities as lenses: how organizational identity affects audiences' evaluation of organizational performance[J]. *Administrative Science Quarterly*, 2011, 56(1): 61-94.

[34] Siri, J. , VonGroddeck, V. Temporalized identities: how organizations construct identities in a society of presents[J]. *Tamara Journal of Critical Organisation Inquiry*, 2012, 10 (3): 9-19.

[35] Smith, W. K. , Gonin, M. , Besharov, M. L. Managing social-business tensions: A review and research agenda for social enterprise[J]. *Business Ethics Quarterly*, 2013, 23(3): 407-442.

[36] Smith, W. K. , Lewis, M. W. Toward a theory of paradox: A dynamic equilibrium model of organizing[J]. *Academy of management Review*, 2011, 36(2): 381-403.

[37] Thornton, P. H. , Ocasio, W. Institutional logics and the historical contingency of power in organizations: Executive succession in the higher education publishing industry, 1958-1990[J]. *American Journal of Sociology*, 1999, 105(3): 801-843.

[38] Trank, C. Q. , Rynes, S. L. , Bretz, R. D. Attracting applicants in the war for talent: differences in work preferences among high achievers[J]. *Journal of Business Psychology*, 2002, 16(3): 331-345.

[39] VanMaanen, J. , Schein, E. H. Toward a theory of organizational socialization[A]. in Staw B M (Ed.). *Research in organizational behavior*[C]. Greenwich: JAI Press, 1979: 209-264.

[40] Wang, L. , Pratt, M. G. An identity-based view of emotional ambivalence and its management in organizations[A]//Ashkanasy N. M. and Cooper C. L. *Research companion to emotion in organizations*[C]. Cheltenham: Edward Elgar Publishing, 2008: 589-604.

[41] Weber, K. , Glynn, M. A. Making sense with institutions: context, thought and action in Karl Weick's theory[J]. *Organization Studies*, 2006, 27(11): 1639-1660.

The Integrative Mechanism of Organizational Response to Institutional Complexity from Organizational Identity Perspective

—A Case Study on One WISE Social Enterprise

Xu Siqi[1]   Xi Youmin[2,3]

(1, 2 School of Management, Xi'an Jiaotong University, Xi'an, 710049;

3 Harmony Management Research Center, Xi'an Jiaotong-Liverpool University, Suzhou, 215123)

Abstract: How to effectively respond to institutional complexity is an increasingly important managerial problem, while current literature only propose strategies and mechanisms that can deal with one aspect of institutional complexity. Based on organizational identity perspective, this paper selects a WISE social enterprise and uses a constructive grounded theory method to explore the integrative mechanism of organization's response to institutional complexity. This paper finds that organization can use value sorting and apprentice work to develop a shared value-based organizational identity to directly resolve belonging complexity. Then, the shared value-based organizational identity shapes means as reference points to indirectly simultaneously balance performing complexity and organizing complexity. This paper compensates current institutional complexity research's single facet defect, reveals two critical constructs during organizational identity formation process, and provides guidance on how to resolve internal conflicts and human resource management.

Key words: Institutional Logic; Institutional Complexity; Organizational Identity; Recruitment Sorting; Socialization

专业主编：陈立敏

附录

D 公司的价值过滤与学徒工作构念及示例表

价值过滤：以价值观而非能力为标准的招聘筛选		学徒工作：基于情境性、交互性与实践性过程控制的社会化	
招聘未受盈利逻辑或公益逻辑深刻影响或与价值观高度一致"自筛选"进入的人		在具体情境中传授经验、知识与技艺的一套严格执行的师徒式流程控制制度程序	
建造部门	管理部门	建造部门	管理部门
家庭背景 "学生入选条件为：家庭成员一要勤劳，能吃苦；二要厚道、诚实，不能有打牌赌博、偷盗的恶习或打架等不良行为。"	自荐 "我是 2007 年 9 月加入 D 公司的，也是通过《员工守则》了解到这家公司的。原来我是学生，是主动到 D 公司的，那时候就很认同这个价值观。看到《员工守则》就觉得它不同于别的公司，进来以后就比较认同，发现确实是这个样子。对于企业外的事就不太关注了。"	木工学校 "不准蒙骗说谎、不准拉帮结派、不准打骂偷窃、不准随地吐痰、不准谈情说爱、不准油腔滑调、不准赌博酗酒、不准私出校门、不准游手好闲、不准损坏公物、不准乱扔工具、不准乱涂乱写、不准自以为是、不准奇装异服、不准不敬师长。"	管家中心 "清洁厕所和擦玻璃是新来员工在管家中心 3 个月培训期的重要工作内容。在培训期间，新来员工打扫样板房、清扫街道、割草、种花、在公司厨房工作，以及为前来参观样板房的客人提供服务。"
教师家访 "为了表现家访的重要性，我当时就做了一个情景再现：如果到一个学生的家庭去，父母亲在打麻将，他们连一杯茶都没有倒给你，这样的家庭的孩子怎么能要呢？什么样的家庭培养出什么样的孩子，一个人一生的成长，70% 来自他的家庭教育。后天的教育是教给他知识的，家庭的教育是培养他的秉性的，比如勤劳、诚实等，家庭教育起了很重要的作用。所以，家访是一定要的。木工学校走程序的重要作用就是撤掉了一半不合格的学生。" "木工学校的老师们到了每个人的家里，问的不是他的毕业考试成绩如何，而关注他是不是个孝顺父母、勤劳的孩子。他父母和邻居的回答决定他能否被录取到木工学校。"	内推 "我是 2005 年 7 月份进入 D 公司的，是通过朋友介绍的，也算是长辈介绍的，长辈是 N 先生的朋友。介绍我来的是跟 N 先生特别要好的朋友，我之前也接触过一点，来过这里。我也没有去过别的企业，毕业了之后就直接来这边了。"	晚会 "每年 D 公司都在苏州最豪华的五星级酒店举办晚会，全国各工地的员工都会到场。员工都穿西装、打领带，不许高声喧哗。"	制度学习会 "制度学习会首先由主持人宣布今天要学习的章节，然后从坐在第一排的第一个人开始朗读，遇到逗号或句号换人，旁边的人马上接着读下去。允许读错，但不许断掉。这样每一个人精神都要高度集中，都要参与到制度学习中。"

珞珈管理评论［2020年卷 第1辑（总第32辑）］ Luojia Management Review No. 1, 2020（Sum. 32）

连锁股东网络特征、制度环境与投资绩效*
——基于我国民营上市公司的数据

● 王江娜[1] 徐宗玲[2,5] 刘晓艳[3] 林佳丽[4]

（1，2，3，4汕头大学商学院 汕头 515063；5汕头大学粤台企业合作研究院 汕头 515063）

【摘 要】目前学术界主要着眼于连锁董事网络与治理行为的关系研究，而较少关注连锁股东网络对企业投资效率的影响。文章以2007—2016年我国A股上市公司中的民营企业为样本，展开连锁股东网络特征、制度环境与企业投资绩效之间关系的研究。研究发现：（1）连锁股东网络的点度中心度、中介中心度及结构洞指标值与企业投资效率正相关，即企业在连锁股东网络中占据位置优势，有利于提高企业投资效益。（2）综合市场化程度指数对网络位置优势与投资绩效的关系具有反向调节作用，要素市场发育程度、中介市场发育和法律环境反向削弱网络位置优势对投资绩效的促进作用，政府干预程度则具有正向增强作用。

【关键词】连锁股东网络 制度环境 投资绩效

中图分类号：F273.7 文献标识码：A

1. 引言

在全球经济发展趋势减缓、新兴技术对传统产业持续渗透、产业内部竞争激烈的外部环境下，资金、信息等资源要素对企业的持续发展和转型升级越来越重要。社会网络是企业获取资源的重要渠道（王飞绒等，2014）。作为资源获取的补充机制，社会网络为网络成员提供资金流、信息流、物质流、技术流、客户流的支撑，进而影响企业的经营绩效（陈爽英等，2010；唐建新等，2011）。投资，作为企业资本三大循环之一，在企业的资本链中发挥着承上启下的作用。姚峥等（2013）的研究认为，网络的资源优势，主要体现在企业的资金层面，优异的网络位置能够为企业具有发展潜力的投资项目提供可获得的、低廉的、充足的资金支持，进而把握投资机会，提高企业投资绩效。

---

* 基金项目：国家自然科学基金项目"管理认知对信息技术商业价值的影响研究"（项目批准号：71273160）后续资助研究项目；广东高校省级重大科研项目"潮汕女性企业领导者领导行为研究"（项目批准号：2016WTSCX035）。

通讯作者：徐宗玲，E-mail：zlxu@ stu. edu. cn。

连锁股东，指的是同时投资于多个（两个以上）企业并成为所投资公司十大股东之一的股东。连锁股东与企业绩效的紧密度更强。一方面，相对于连锁董事，连锁股东在企业的投融资、运营管理等方面具有更强的主人翁精神；相对于中小股东，连锁股东拥有的股权较大，因而，行动时一定程度上缓解了"搭便车"问题。另一方面，根据 Granovetter（1974）的"弱关系"理论，连锁股东网络相对于连锁董事网络和企业家网络而言，在外部信息、资源的获取和利用方面具有更大的优势。连锁股东的资源信息优势体现在：（1）连锁股东的信息渠道广阔，有效缓解了其与管理层的信息不对称且能以向董事会提议、私下非正式沟通、会议表决等形式影响企业决策层，及时对相关管理层进行"问责"或"奖励"，利用激励机制影响投资决策，进而促进投资效率的提升。（2）处于连锁股东网络的企业，投资信息丰富，投资对象多元。企业可以通过比较不同投资项目的效率，做出相应"增持或减持"的投资决策，提升企业识别发展机会、应对潜在威胁的能力，从而提高企业投资效率；但是，也有学者指出复杂的连锁股东网络会诱发大股东通过合谋、关联投资、资产重组等形式转移资产，进而掏空企业的弊端（柳建华等，2008）。如"三普药业"大股东合谋进行违规交易事件，"时代科技"通过关联交易和资产重组"恶意"掏空企业资产等事件。① 因而，连锁股东网络对于企业投资绩效的影响需要进一步研究和分析。

另外，企业作为市场中的经济利益体，总是基于特定的制度环境完成其整个企业生命周期：生存、发展、成熟以及衰退（罗党论、唐清泉，2009）。现有文献中，不管是组织层面的连锁董事网络，还是连锁股东网络，抑或是企业家网络，主要是以经济效率为核心来探讨其产生、演化机制及其对于企业效率的影响，而忽视了网络关系所依托的制度背景（马磊，2014）。基于现有文献的不足，结合我国民营企业在市场经济体系改革中迅速成长的经济背景，文章探讨以下两个问题：（1）我国民营企业连锁股东社会网络特征与企业投资绩效存在什么关系；（2）制度环境如何调节两者的关系。

2. 文献综述与假设提出

2.1 连锁股东社会网络特征与投资绩效的关系

经典财务理论以净现值为企业投资决策及绩效衡量的标准，认为只有当项目的净现值为正数时才可以进行投资并获得投资效益。但是，现实中却存在大量企业由于管理层的逆向选择而对净现值为负、净现值较小的项目进行不合理、低效率投资的过度投资现象，以及由于资金不足或管理层出于道德风险，注重短期收益而忽视长期效益，导致的投资不足现象（俞红海等，2010）。此外，管理层具有过于自信或者过于保守的投资理念，也会降低企业治理绩效，出现非效率投资（张立民等，2017）。

社会网络关系有助于企业控制信息、获取资源，识别机会和规避威胁，降低代理成本，提升企业投资效率（罗超亮等，2015；沙浩伟、曾勇，2014）。但当前国内外学者关于社会网络特征与公司治理效率关系的研究，主要着眼于连锁董事网络与治理行为的关系

---

① 信息来源：国泰安中国上市公司违规处理研究数据库。

研究，且尚未形成统一的结论。Deutsch 等（2011）提出连锁董事是企业联系外部资源的重要渠道，公司董事网络中心度越高，企业市场价值越大。Chen 等（2016）综合考虑独立董事的人力和社会资本，印证了连锁董事网络对于企业获取外部资源，进而获得战略成功的重要性。陈运森和谢德仁（2011）引入独立董事网络位置，提出网络中心度越高，独立董事的治理作用越好，所在公司的投资效率越高，不仅有利于缓解公司的投资不足，也有助于抑制投资过度。而王理想等（2016）提出，社会网络具有"双刃剑"的作用。一方面，网络关系增强了连锁董事的履职能力，通过导管机制和信号机制，将丰盈的社会资本转化为企业竞争优势；而另一方面，冗余的社会网络会削弱董事履职的积极性，降低其投入度和独立性，减弱董事会效率，进而损害企业绩效。

在我国上市公司中，连锁董事一般来自独立董事（马磊，2014）。独立董事不持有上市公司股份，且大都身兼多职，无暇参与企业的内部治理当中。连锁股东由于股权份额较大，其经济利益与企业绩效息息相关，因此对于企业的投融资、运营管理等方面具有更强的主人翁精神，更能有效地在管理层监督、项目管理、外部资源引入三个层面发挥作用。此外，处于连锁股东网络当中的连锁股东拥有更多的信息、资源，所以对企业投资效率的影响比连锁董事更为显著。

首先，网络中心度高的企业拥有多重信息来源，更有可能接触到重要且有价值的信息（Koka & Prescott，2008）。基于委托代理理论，企业非效率投资的主要原因是股东与管理层之间的信息不对称（Jensen，1986；卢欣韵，2017）。连锁网络的核心节点企业所具有的信息优势，有利于帮助股东掌握更为充足、有效管理的"内幕"，对项目的经济效益与管理成本等方面做出更加理性的预期。并通过增强双方"信任"机制，采取高效合理的激励机制，有效地缓解股东与管理层之间的委托代理问题，最终实现企业投资效率的良好发展（傅代国等，2014）。信息优势还可以直接作用于企业，处于网络核心位置所带来的投资信息，可降低并购过程中事前、事后的不确定性，进而对并购行为及企业效率产生正面影响（李善民等，2015）。

其次，处于网络优势位置的连锁股东，通常具有较为广阔的人脉及较高的地位和声望（Yang，2010），与其他网络成员有着更为直接的联系，因而或者拥有丰盈的资源，或者能够从其他成员处获得资源（Wasserman & Faust，1994）。从资源依赖理论的角度，企业为摆脱发展困境，谋求扩容增效和转型升级，便倾向于寻找传统资源获取途径的补充机制，建立社会网络以弥补自身资源短板。因此，处于连锁股东网络优势位置的企业往往因其位置优势所具有的外部资源优势，而在投资效率、经营效率层面表现得更为优异。

综上所述，本文基于连锁股东网络提出：

假设 H1：连锁股东网络位置优势与企业投资效率偏误呈负相关关系，即核心网络位置企业出现投资过度或者投资不足的情况较少。

网络位置优势具有多个衡量指标，为进一步探究网络位置优势是如何作用于投资绩效的，本文选取点度中心度、中介中心度和结构洞进行对比分析。点度中心度描述的是企业拥有信息资源的重要程度，而中介中心度刻画的是其控制信息资源流通的地位。基于委托代理理论，连锁股东网络中心度的形成有助于内部信息交流，进而缓解委托代理人之间信息不对称问题，督促相应激励机制的完善，促使管理层理性决策、高效投资。基于资源依赖理论，点度中心度高的企业，在连锁股东网络中占据了核心位置，与其他企业之间的关系较为密切且广阔，因而不仅能够获取业内最新资讯，还能够联动其他企业及股东以调动较多的资源，极大程度上突破了民营企业信息不完备不及时、资源短缺、投融资渠道有限等方面的限制。具有中介效应优势位置的企业控制着信息、资源流通的关隘，通过选择性输出与条件性准入，不仅可以加强自身竞争能力，还能促进与其他企业形成合作关系，甚至达成战略联盟。结构洞位置不仅为群体之间的交流提供了重要的中介，也为节点企业自身发展提供了便利。根据"弱关系理论"可知，占据结构洞位置的企业能够拨冗除繁，以最低成本维系精简且有效的关系，有选择性地帮助互不相连的企业获得关键的信息、知识资源的同时，还能够更为及时、有效地为自身识别发展机会，规避潜在威胁。

因此，补充假设如下：

假设 H1a：点度中心度与企业投资偏误呈负相关关系，且与投资过度负相关、与投资不足正相关。

假设 H1b：中介中心度与企业投资偏误呈负相关关系，且与投资过度负相关、与投资不足正相关。

假设 H1c：结构洞指数与企业投资偏误呈负相关关系，且与投资过度负相关、与投资不足正相关。

2.2 制度环境的调节作用

企业社会活动的实施必须依赖一定的活动准则。一方面，制度环境为企业降低交易成本提供了保障，另一方面，动态的制度环境也为企业社会网络不断调整以维系企业发展提出了要求(王涛等，2015)。我国资源禀赋、市场化程度和制度环境等方面存在地域差异，所以连锁股东网络对于企业投资效率的影响也相应发生了一定程度的区域性变化。Li 和 Ferreira(2011)基于中欧和东欧 26 个转型经济体的样本数据，提出不发达的金融体系和政府腐败是企业依赖非正式渠道获取金融资金的决定性因素。孙倩和徐璋勇(2017)研究发现，信贷市场不对称、法律保护缺乏、政府侵害产权等因素，会促成信贷市场"所有制歧视""政治关联""关系借贷"等行为，进而对企业投资效率产生影响。而制度环境良好，市场化发展程度高，政府提供的公共服务较为完善且透明，则资源的获取更为便利，信息更为通畅及时，市场竞争机制完备(曹向、匡小平，2013；段莎，2016)。此时，连锁股东网络中占据核心位置的企业，其位置优势便在一定程度上失去了意义。文章认为核心节点企业一般在信息传递、资源获取、合作联盟等方面拥有垄断优势，但是高度市场化的制度环境会促进市场信息广泛高效地传递，使市场资源的可获取性增强，以及市场竞争公开公平化，进而削弱连锁网络中部分企业的桥梁作用，影响连锁股东网络特征与投资绩效之间的关系。因此，本文基于资源依赖理论，提出：

假设 H2：综合市场化程度指数对于连锁股东网络特征与投资绩效之间的关系具有反向调节作用。

市场化程度指数具有多重衡量指标，为进一步探究制度环境如何调节连锁股东网络特征与投资绩效之间的关系，本文选取政府干预程度、要素市场发育程度以及中介市场发育和法律环境程度进行对比分析。政府对市场的干预程度越强，意味着市场机制发展越不完善，因而社会网络位置优势凸显，其对投资绩效的促进作用增强。而要素市场发育程度、中介市场发育与法律环境程度越高，代表市场化发展程度越高，各企业从自由市场中而非依赖其在社会网络中的位置优势获取投资运营所需要的信息、资金、人力等资源。

因此，补充假设如下：

H2a：政府干预程度对于连锁股东网络特征与投资绩效之间的关系具有正向调节作用。

H2b：要素市场发育程度对于连锁股东网络特征与投资绩效之间的关系具有反向调节作用。

H2c：中介市场发育与法律环境程度对于连锁股东网络特征与投资绩效之间的关系具有反向调节作用。

基于以上研究假设，本部分的理论模型构建如图 1 所示：

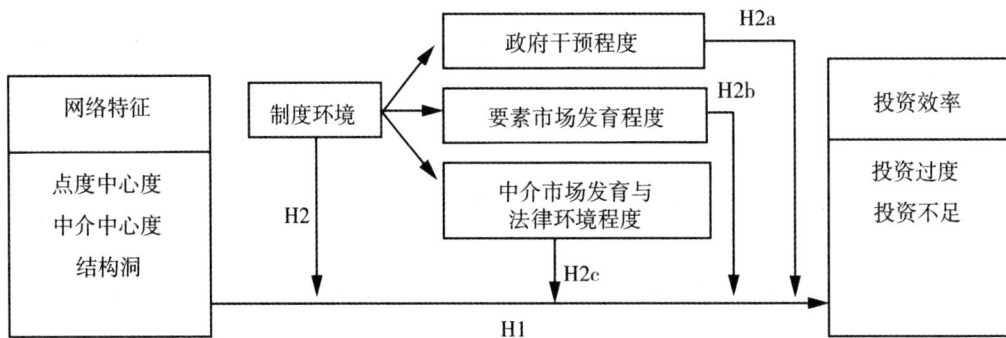

图 1　理论模型

3. 研究设计

3.1　样本选择

文章以 2007—2016 年我国 A 股上市公司中的民营企业为样本，构建短平衡面板数据，并预处理：(1) 剔除 ST 和 PT 公司；(2) 剔除股东信息和重要财务信息缺失的公司；(3) 剔除金融类企业；(4) 手工排除纠正自然人股东重名事例。此外，对主要连续变量进行 Winsorize 处理以避免极端异常值的影响。初始数据主要来自 WIND 数据库，股东网络数据基于 UCINET 软件加工处理而成。

经过筛选，本文最终选取 379 家民营企业为研究对象。针对 2006—2016 年期间的各企业前十大股东数据，分别逐年判断具有连锁股东定义的股东，并利用 EXCEL 和 STATA 构建企业-股东关系矩阵。

3.2 变量设定

3.2.1 因变量

因变量为投资效率。综合文献,有三种测量投资效率的模型:投资-现金流敏感性模型、使用频率较高的现金流与投资机会交乘项判别模型和残差度量模型。鉴于前两个模型都无法直接测量企业某一年度的投资效率,而残差度量模型有效地避免了此问题,并能够细致区分出投资效率的类型。因此,文章借鉴 Richardson(2006)的做法,以企业预期投资与真实投资之间的差额来衡量企业的投资效率。

$$\text{INV}_{i,t} = \sigma_0 + \sigma_1 \cdot \text{Growth}_{i,t-1} + \sigma_2 \cdot \text{Cfo}_{i,t-1} + \sigma_3 \cdot \text{Size}_{i,t-1} + \sigma_4 \cdot \text{Ret}_{i,t-1} + \sigma_5 \cdot \text{Lev}_{i,t-1} +$$
$$\sigma_6 \cdot \text{Age}_{i,t-1} + \sigma_7 \cdot \text{INV}_{i,t-1} + \sum \text{Industry} + \sum \text{Year} + \varepsilon_{i,t} \quad (1)$$

其中,INV 表示企业 i 第 t 年的真实投资额。模型中的残差 ε 代表了真实投资与预期投资的差值,$\varepsilon > 0$,表示投资过度;$\varepsilon < 0$,表示投资不足。Growth 表示营业收入增长率,Cfo 表示内部现金流,Size 表示企业规模,Ret 表示总资产回报率,Lev 表示资产负债率,Age 表示市龄,Industry 表示行业,Year 表示年份。

3.2.2 自变量

自变量为个体网络指标,代表网络中的信息、资源特征,包括点度中心度、中介中心度和结构洞。点度中心度、中介中心度分别衡量网络个体对于资源的拥有与拓展能力和资源的控制能力,而结构洞则是衡量企业信息优势的有效标准。

点度中心度 $C_{RD(i)}$:为便于图中不同点的中心度的比较,拟用相对点度中心度进行测度。

$$C_{RD(i)} = C_{AD(i)}/(n-1) \quad (2)$$

中介中心度 $C_{RB(i)}$:充当其他个体相互连接的最短路径中关键节点的"中介"程度。

$$C_{RB(i)} = 2C_{AB(i)}/(n^2 - 3n + 2) \quad (3)$$

其中,$C_{RD(i)}$、$C_{AD(i)}$ 分别为节点 i 的相对和绝对点度中心度,$C_{RB(i)}$、$CAB_{(i)}$ 分别为节点 i 的相对中介中心度和绝对中介中心度,n 为所在网络节点总数。

结构洞:结构洞包含有效规模、效率、限制度以及等级度四个方面。文章选取的是应用最为普遍的限制度,它代表个体在自己所在的网络中拥有的运用结构洞的能力或协商的能力。

3.2.3 调节变量

调节变量为制度环境指数。采用的是王小鲁、樊纲、余静文编著的《中国分省份市场化指数报告2016》中的市场化总体指数(MDS)以及政府干预程度指数(GDX)、中介市场发育与法律环境程度指数(MLDX)、要素市场发育程度指数(FDX)三类分类指标。

3.2.4 控制变量

由于本文计算投资效率采用的是 Richardson 残差模型(公式1),因此,按照模型要求选取营业收入增长率、企业内部现金流、企业规模、资产回报率、资产负债率及企业市龄作为控制变量。此外,考虑到本文是从连锁股东网络视角探究网络特征与企业投资效率的关系,所以在本文的实证模型设计中选取股权集中度和托宾 Q 值作为控制变量。

各变量定义见表1。

表 1		变量设置	
	变量名称	定义
因变量	投资水平（INV）	固定资产、无形资产和其他长期资产支付的现金净额与处置固定资产、无形资产和其他长期资产收回的现金净额之差
	投资效率偏误（Eff）	真实投资水平与预期投资水平差值的绝对值，其值越大，投资越低效
	投资过度（Overinv）	真实投资水平大于预期投资水平
	投资不足（Undinv）	真实投资水平小于预期投资水平
自变量	点度中心度（Cd）	Ucinet 点度中心性分析可得，标准化处理
	中介中心度（Cb）	Ucinet 中介中心性分析可得，标准化处理
	结构洞（Shole）	Ucinet 结构洞分析，取 1-限制度指数
调节变量	市场化总体指数（MDX）	市场化程度综合衡量指标
	政府干预程度指数（GDX）	包括减少政府对企业的干预、减轻农村居民的税费负担、市场分配经济资源的比重等 5 项指标
	中介市场发育与法律环境程度指数（MLDX）	包括消费者权益保护、市场中介组织的发育和知识产权保护、对生产者合法权益的保护 3 项指标
	要素市场发育程度指数（FMDX）	包括金融市场化程度、引进外资程度、劳动力流动性以及技术成果市场化 4 项指标
控制变量	营业收入增长率（Growth）	（本年营业收入-上年营业收入）/上年营业收入
	内部现金流（Cfo）	年末资金总额/期末总资产
	企业规模（Size）	企业年末总资产取对数
	总资产回报率（Ret）	企业净利润/总资产
	资产负债率（Lev）	总负债/总资产
	市龄（Age）	t-上市年份+1
	托宾 Q 值（TbQ）	（流通股市值+非流通股市值+负债合计）/总资产
	股权集中度（CR10）	前十大股东股权占比
虚拟变量	年度（Year）	如果为第 t 年度，则赋值 1，否则为 0
	行业（Industry）	如果为第 i 行业，则赋值 1，否则为 0

3.3 模型设计

基于 Richardson（2006）残差模型，针对连锁股东网络特征对于企业投资绩效的影响，设置模型如下：

$$\text{Eff}(\text{over/under}) = \beta_0 + \beta_1 \times \text{SNA} + \sum \text{Control} + \sum \text{Year} + \delta \tag{4}$$

其中，Eff 代表企业投资效率偏误，即 Richardson 模型中残差项的绝对值，其值越高表示企业投资越低效，反之亦然。而投资残差项为正，意味着企业过度投资；投资残差项为负，意味着企业投资不足。SNA 为样本公司连锁股东网络的特征指标。Control 为控制变量，具体包括上市市龄、托宾 Q 值、资产回报率以及前十大股东股权占比等。

针对制度环境对于两者关系的调节作用，设置如下检验模型：

$$Eff(over/under) = \beta_0 + \beta_1 \times SNA + \beta_3 \times Ins + \beta_4 \times SNA \times Ins + \sum Control + \sum Year + \delta \quad (5)$$

其中，Ins 为制度环境指标，SNA×Ins 为连锁股东网络特征与制度环境指标的交互项。

4. 实证研究

4.1 描述性统计

描述性统计结果见表 2。根据表 2，本文样本为 2007—2016 年 A 股上市民营企业，样本量为 379 个。基于 Richardson 回归结果，发现投资不足的现象多于投资过度。假定真实投资与预期投资差异 Eff<1% 为投资高度有效，则只有 21 家企业投资高效。前十大股东股权占比均值为 49.89%，说明十大股东具有较高的话语权，其网络特征对于企业投资效率会有较高的影响。企业平均上市市龄约为 13 年，意味着我国 A 股民营上市企业发展较为成熟。投资效率偏误、投资过度与投资不足的组内标准误大于组间标准误，可知企业投资效率随时间变化较大，而不同个体之间的差异相对较小。

表 2 　　　　　　　　　　　　　**描述性统计表**

Variable		Mean	Std. Dev.	Min	Max	Obs
Eff	Overall		3.038954	0.0000317	21.81394	N = 3790
	Between	2.735664	1.412487	0.6783084	8.685492	n = 379
	Within		2.691628	−5.474126	18.74111	T = 10
Undinv	Overall		2.329601	−21.81394	−0.0001163	N = 2328
	Between	−2.22684	1.337621	−9.85521	−0.4011667	n = 379
	Within		2.004087	−16.80239	4.855039	T−bar = 6.14
Overinv	Overall		3.773276	0.0000317	20.6055	N = 1462
	Between	3.545885	2.394207	0.0644199	15.17603	n = 352
	Within		3.07052	−4.996404	17.00939	T−bar = 4.15
Cd	Overall		3.223595	0	15.873	N = 3790
	Between	1.702077	1.299583	0.0459	5.9369	n = 379
	Within		2.950705	−4.146823	15.69438	T = 10
Cb	Overall		0.5167235	0	2.799	N = 3790
	Between	0.2598765	0.221911	0	1.376	n = 379
	Within		0.4667715	−0.7402235	2.734377	T = 10
Shole	Overall		0.3390464	0	1	N = 3790
	Between	0.7203146	0.1191628	0.2921	0.9759	n = 379
	Within		0.3174688	−0.1705854	1.428215	T = 10

Variable		Mean	Std. Dev.	Min	Max	Obs
Cr10	Overall Between Within	49.88667	15.23205 12.37072 8.90754	17.65 21.219 3.312673	85.95 84.4 98.11667	N=3790 n=379 T=10
Roa	Overall Between Within	6.042607	7.791649 4.467083 6.387672	−20.8235 −6.24054 −27.16086	35.4829 24.40439 42.29381	N=3790 n=379 T=10
TbQ	Overall Between Within	2.591723	2.501178 1.766156 1.773131	0.392871 0.5862321 −10.21166	16.227 14.83782 15.44585	N=3790 n=379 T=10
Age	Overall Between Within	13.05224	5.024922 4.137461 2.858657	2 3.5 8.552243	24 21.9 17.55224	N=3790 n=379 T=10

4.2 相关性分析

在进行实证研究之前，我们先检验了变量之间的相关性，结果如表3所示。整体变量相关系数较低，说明不存在严重的多重共线性问题。进一步VIF检验后发现：各自变量的VIF都较小，且平均VIF=1.87<10，验证了上述猜想。针对可能存在的异方差问题，由于其并不严重，拟在后期进行稳健型回归，以消除可能产生的影响。

表3   **Person 相关性分析**

	Eff	Undinv	Overinv	Cd	Cb	Shole	Cr10	Roa	TbQ	Size
Eff	1.000									
Undinv	−1.000	1.000								
Overinv	1.000	—	1.000							
Cd	−0.024***	0.037***	−0.022***	1.000						
Cb	−0.034***	0.040***	−0.036***	0.567***	1.000					
Shole	−0.011**	0.005***	−0.003***	0.490**	0.424***	1.000				
Cr10	−0.018***	0.003**	−0.032**	0.026***	−0.006**	−0.030**	1.000			
Roa	0.051**	−0.031**	0.069*	0.007**	−0.027**	0.016*	0.268*	1.000		
TbQ	0.120*	−0.139**	0.101**	0.023**	0.014**	−0.024**	0.051*	0.028	1.000	
Size	−0.124**	0.188*	−0.066**	0.135*	0.097*	0.021*	−0.044*	−0.079*	−0.485*	1.000
Age	−0.074*	0.100*	−0.047	−0.127*	0.093*	−0.040*	0.065*	−0.009	0.119*	0.141*

注：***、**、*分别代表在1%、5%、10%的置信水平上显著。

4.3 多元回归分析

每家企业的情况或多或少存在差异，对所有企业进行统一混合回归，也许会在很大程度上忽视了个体效应。因此，需要判断应该使用混合回归还是固定效应模型。通过 F 检验，发现 $p = 0.0000$，拒绝原假设"H_0：all $U_i = 0$"，即固定效应模型优于混合回归模型。此外，鉴于个体效应不仅可能与不随时间而变化的遗漏变量有关，还可能与随机变量有关。针对此猜想，通过 Huausman 检验，发现 p 值为 0.0000，强烈拒绝原假设"H_0：U_i 与 $X_{i,t}$、Z_i 不相关"，即固定效应模型优于随机效应模型。

基于以上判断，本文构建固定效应模型展开各网络特征对企业投资效率影响的关系探究，结果见表 4。从表 4 中可以看出：点度中心度、中介中心度及结构洞指数都与投资效率偏误呈显著负相关关系，即单个企业在连锁股东网络中的点度中心度越大、中介中心度越大、结构洞位置优势越明显，则企业投资越有效。进一步将投资效率区分为投资过度和投资不足两类，各特征值与投资过度负相关，而与投资不足成正相关关系，印证了假设H1。由于回归系数值中结构洞指数>中介中心度>点度中心度，可见结构洞位置特征对于企业投资效率的提高具有较大的促进作用。

表 4　　　　　连锁股东网络特征与企业投资效率关系回归结果

	Eff			Overinv			Undinv		
Cd	-0.026**			-0.028**			0.022**		
	(-2.30)			(-2.38)			(2.41)		
Cb		-0.048**			-0.158***			0.056***	
		(-2.54)			(-2.79)			(2.60)	
Shole			-0.150***			-0.126**			0.141*
			(-2.95)			(-2.37)			(1.89)
Cr10	-0.018***	-0.018***	-0.018***	-0.015*	-0.015**	-0.015*	-0.004*	-0.004**	-0.004**
	(-3.11)	(-3.18)	(-3.17)	(-1.84)	(-2.02)	(-1.84)	(-1.95)	(-2.38)	(-2.05)
Roa	0.020**	0.020**	0.021**	0.031*	0.032**	0.032**	-0.006**	-0.006	-0.006*
	(2.36)	(2.38)	(2.38)	(1.95)	(2.03)	(2.04)	(-2.00)	(-1.83)	(-1.93)
TbQ	0.149***	0.143***	0.143***	0.230***	0.225***	0.222***	-0.086***	-0.081**	-0.082**
	(3.78)	(3.69)	(3.69)	(3.01)	(3.03)	(2.99)	(-2.39)	(-2.29)	(-2.30)
Age	-0.141***	-0.136***	-0.137***	-0.180***	-0.170***	-0.174***	-0.129***	-0.125***	-0.126***
	(-7.23)	(-7.18)	(-7.22)	(-4.55)	(-4.55)	(-4.54)	(-6.86)	(-6.74)	(-6.93)
常数项	5.007***	4.936***	5.048***	5.861***	5.749***	5.844***	-3.897***	-3.840***	-3.942***
	(13.11)	(12.99)	(12.46)	(7.68)	(7.65)	(6.86)	(-9.69)	(-9.57)	(-9.76)
F 值	15.24***	15.16***	15.25***	7.25***	7.32***	7.28***	11.33***	11.65***	12.18***

注：括号内为 t 值，其中 ***、**、* 分别代表在 1%、5%、10%的置信水平上显著。

另外，资产回报率、托宾 Q 值与投资效率和投资过度分别在 1%、5% 的置信水平上显著正相关。即，前期资产回报率越高，企业市值越大，利益相关者倾向于形成高预期，管理层也可能盲目自信，进而导致企业投资过度、盲目投资。但是，资产回报率和托宾 Q 值与投资不足分别在 5%、10% 的置信水平上负相关，这一点与预期有所出入。究其缘由，尽管前期股东回报率高，但是融资渠道有限，或者管理层保守，抑或是企业缺乏有效的激励机制，导致管理层止于现状，未能乘胜追击。此外，股东占比越大，企业市龄越长，企业则较少出现投资过度或者投资不足的问题。一方面，十大股东总股占比越大，股东参与投融资决策的积极性越强，投资效益与自身经济利益越密切，越偏好稳健型投资政策；另一方面，企业市龄较长，发展模式较为稳定，因而较少出现投资过度，反而更容易出现过度谨慎、投资不足问题。

4.4 制度环境的调节作用

鉴于企业的投融资及经营状况与其所处的制度环境息息相关，本文进一步考量不同的制度环境下，连锁股东网络特征与企业投资效率的关系，结果见表 5。

表 5 综合市场化程度指数的调节作用

	Eff		
mdx	−0.0147** (−2.30)	−0.001** (−2.31)	−0.067** (−2.41)
cd	−0.078* (−1.90)		
cb		−0.270* (−1.86)	
shole			−0.338* (−1.77)
Mdx×cd	0.007* (1.91)		
Mdx×cb		0.029** (2.33)	
Mdx×shole			0.066* (1.86)
Cr10	−0.018*** (−3.13)	−0.018*** (−3.15)	−0.018*** (−3.14)
Roa	0.020** (2.36)	0.020** (2.38)	0.020** (2.37)

	Eff		
TbQ	0. 149 ***	0. 143 ***	0. 141 ***
	(3. 76)	(3. 65)	(3. 59)
age	−0. 148 ***	−0. 137 ***	−0. 141 ***
	(−3. 50)	(−3. 36)	(−3. 43)
常数项	4. 999 ***	4. 946 ***	4. 608 ***
	(7. 38)	(7. 25)	(5. 65)
F 值	11. 10 ***	11. 05 ***	11. 19 ***

注: 括号内为 t 值, 其中 ***、**、* 分别代表在 1%、5%、10%的置信水平上显著。

综合市场化程度指数的系数为负, 且在 5%的置信水平上显著, 可知在市场化程度高的地区, 资源市场配置合理、行业竞争自由、信息传递流畅, 因此企业整体投资效率较高, 投资偏误较小。而市场化程度高, 意味着连锁股东网络的位置优势不再明显, 其对网络特征值与投资效率偏误之间的反向关系具有负调节作用。正如回归结果所示, 点度中心度、中介中心度、结构洞指数与企业投资效率偏误负相关, 而三者和综合市场化指数的交互项都与投资偏误正相关, 说明市场化程度高, 意味着连锁股东网络的位置优势不再明显。在此情况下, 市场化削弱了网络中心度对投资绩效的促进作用, 基本印证了假设 H2。此外, 由于综合市场化程度与网络位置特征都对企业投资效率有显著的促进作用, 说明社会网络与制度环境之间是互为补充而非替代关系。

基于以上结论, 进一步将投资绩效偏误划分为投资不足和投资过度两类, 并分别考虑各地区政府干预程度、要素市场发育程度、中介市场发育和法律环境程度三类制度环境指标对于网络特征指标点度中心度与投资效率之间的关系的调节作用。如表 6 所示, 模型 1 和模型 4 考量的是政府干预程度指数的调节作用。政府干预程度越高, 企业发生投资过度的可能性越强, 即投资趋向于低效, 符合猜想。但是, 点度中心度与投资过度的回归系数为正, 与预期有所出入。将点度中心度与投资不足利用模型 4 进行回归分析, 发现两者呈正相关关系, 即点度中心度高的企业, 其投资不足的程度较弱, 整体投资效率较高。并且, 政府干预程度与点度中心度的交互项系数为正, 说明存在正向调节作用, 基本印证了假设 H2a。

表 6　　　　　　　　　　　　　　　制度环境指标的调节作用

	Overinv			Undinv		
	(1)	(2)	(3)	(4)	(5)	(6)
Cd	0. 051 ***	−0. 036 **	−0. 033 ***	0. 111 **	0. 045 *	0. 073 **
	(3. 28)	(−2. 34)	(−3. 46)	(2. 40)	(1. 96)	(2. 37)

	Overinv			Undinv		
Gdx	0.259** (2.08)			0.056** (2.22)		
Fdx		-0.056* (-1.91)			0.061* (1.88)	
Mldx			-0.056** (2.18)			0.026* (1.93)
Gdd	0.011** (2.50)			0.012* (1.95)		
Fdd		0.001** (2.05)			-0.005* (-1.83)	
Mldd			0.001** (2.05)			-0.008** (-2.05)
Cr10	-0.016** (-2.01)	-0.016 (-1.35)	-0.015** (-2.13)	0.003 (1.40)	0.003* (1.91)	0.004** (2.06)
Roa	0.031*** (2.78)	0.031*** (2.97)	0.031*** (2.69)	-0.006 (-0.74)	-0.006* (-1.85)	-0.006** (-2.08)
TbQ	0.217*** (2.81)	0.227*** (2.92)	0.228*** (2.95)	-0.087** (-2.41)	-0.091** (-2.52)	-0.090** (-2.52)
Age	-0.155*** (-3.59)	-0.201*** (-3.07)	-0.216*** (-3.79)	0.133*** (6.90)	0.110*** (3.65)	0.124*** (4.95)
常数项	3.756** (2.33)	5.853*** (7.18)	5.93*** (7.51)	-4.337*** (-6.05)	-3.970*** (-9.96)	-4.046*** (-10.04)
F 值	5.54***	5.20***	5.28***	8.76***	8.73***	8.61***

注：括号内为 t 值，其中 ***、**、* 分别代表在 1%、5%、10% 的置信水平上显著。

模型 2 和模型 5 探究要素市场发育程度指数的调节作用。点度中心度与要素市场发育程度指数的交互项系数显著为正，且点度中心度与投资过度显著负相关，说明要素市场发育程度指数具有反向调节作用。即，要素市场发育程度高，弱化了核心位置的资源优势，进而对点度中心度与投资效率之间的正向关系产生反作用。引入模型 5，进一步证实了假设 H2b。

模型 3 和模型 6 则是针对假设 H2c，论证中介市场发育和法律环境程度的调节作用。中介市场发育和法律环境程度指数与投资过度负相关，与投资不足正相关，因此与投资绩效呈显著正相关关系。交互项系数与点度中心度系数正负相反且高度显著，说明中介市场发育和法律环境程度具有反向调节作用。

4.5 稳健性检验

在 Richardson 残差模型中,当残差在 0 附近时,容易产生系统性偏误。因此,进一步将投资不足和投资过度样本组按照残差值大小各自分为 5 组,分别剔除残差邻近 0 的 1 组,并重新对模型 8 进行回归分析,发现:企业连锁股东网络特征与企业投资偏误存在高度显著的负相关关系,验证了前文中的实证结果"连锁股东网络中的位置优势能够显著提升企业投资效率,降低非效率投资"。考虑制度环境的影响,相关研究结果也与前文中的结论一致。

5. 结语

5.1 研究结论

本文基于短面板数据对连锁股东网络特征与企业投资效率之间的关系进行实证探究,并探讨不同的制度环境对两者之间关系的影响。研究发现:

其一,连锁股东网络的点度中心度、中介中心度及结构洞特征值与企业投资效率正相关,与投资效率偏误负相关。即,企业在连锁股东网络中占据的位置优势,既能缓解投资不足,也能抑制投资过度,进而促进企业投资效益。

其二,综合市场化程度指数对于两者之间关系具有反向调节作用,在要素市场发育程度、中介市场发育和法律环境较高的地区,网络位置优势对于投资效率的促进作用会减弱,而在政府对市场干预程度高的地区则会增强。

5.2 研究启示

本文的研究结论对于企业投资效率和社会资源配置的实践也提供了一些启示。首先,我国民营企业连锁股东网络整体而言对于企业投资效率具有促进作用,虽然股东合谋转移企业资产等不良现象增多,但尚不足以否定构建连锁股东网络的重要性;其次,在研究中发现,现阶段我国民营企业投资不足多于投资过度,因此,民营企业应基于所处的市场环境、行业类型,有意识地提升自身在社会网络中的中心性或中介性,通过占据网络优势位置,拓展信息及其他资源获取渠道,进而实现企业投资效率的提升;最后,制度环境对于连锁股东网络与企业投资效率有影响,为了实现企业价值创造和社会资源的高效配置,各省(市)政府在制定宏观政策、营造区域性市场环境时也应该充分考虑相应企业的社会网络,减少对市场和企业干预,提升要素市场发育程度、中介市场和法律发育程度的同时,促进民营企业社会网络的凝聚度,进而形成发展合力。

◎ 参考文献

[1] 曹向,匡小平. 制度环境与商业信用融资有效性 [J]. 当代财经,2013(5).
[2] 陈爽英,井润田,龙小宁,邵云飞. 民营企业家社会关系资本对研发投资决策影响的

实证研究 [J]．管理世界，2010(1)．

[3] 陈运森，谢德仁．网络位置、独立董事治理与投资效率 [J]．管理世界，2011(7)．

[4] 段莎．制度环境、信息披露质量与银行债务融资相关性分析 [J]．财会通讯，2016(21)．

[5] 傅代国，夏常源．网络位置、公司控制权与管理层薪酬激励 [J]．财经论丛，2014(3)．

[6] 李善民，黄灿，史欣向．信息优势对企业并购的影响——基于社会网络的视角 [J]．中国工业经济，2015(11)．

[7] 卢欣韵，苏宁，孙凤娥．代理成本融资约束与非效率投资初探 [J]．管理观察，2017(8)．

[8] 罗超亮，符正平，刘冰．网络特征、战略导向与创业企业绩效 [J]．珞珈管理评论，2015(2)．

[9] 罗党论，唐清泉．政治关系、社会资本与政策资源获取：来自中国民营上市公司的经验数据 [J]．世界经济，2009(7)．

[10] 柳建华，魏明海，郑国坚．大股东控制下的关联投资："效率促进"抑或"转移资源" [J]．管理世界，2008(3)．

[11] 马磊．连锁董事网：研究回顾与反思 [J]．社会学研究，2014(1)．

[12] 沙浩伟，曾勇．交叉持股、网络位置与公司绩效的实证研究 [J]．管理科学，2014(1)．

[13] 孙倩，徐璋勇．制度环境、信贷市场行为及经济绩效——基于文献综述的分析 [J]．生产力研究，2017(12)．

[14] 唐建新，卢剑龙，余明桂．银行关系、政治联系与民营企业贷款——来自中国民营上市公司的经验证据 [J]．经济评论，2011(3)．

[15] 王飞绒，胡祝琳，李亦晨．影响小微企业社会网络构建因素的实证研究 [J]．中国科技论坛，2014(9)．

[16] 王理想，姚小涛，吴瀚．从连锁董事资本到企业资本的转化：机制、动机与影响因素 [J]．经济管理，2016(6)．

[17] 王涛，罗仲伟．社会网络演化与内创企业嵌入——基于动态边界二元距离的视角 [J]．中国工业经济，2011(12)．

[18] 王小鲁，樊纲，余静文．中国分省份市场化指数报告(2016) [M]．北京：社会科学文献出版社，2017．

[19] 姚铮，胡梦婕，叶敏．社会网络增进小微企业贷款可得性作用机理研究 [J]．管理世界，2013(4)．

[20] 俞红海，徐龙炳，陈百助．终极控股股东控制权与自由现金流过度投资 [J]．经济研究，2010(8)．

[21] 张立民，邢春玉，李琰．持续经营审计意见、管理层自信与投资效率 [J]．审计研

究，2017(1).

[22] Chen, H. L. , Hsu, W. T. , Chang, C. Y. Independent directors' human and social capital, firm internationalization and performance implications: An integrated agency-resource dependence view [J]. *International Business Review*, 2016, 25(4).

[23] Deutsch, Y. , Keil, T. , Laamanen, T. A dual agency view of board compensation: the joint effects of outside director and CEO stock options on firm risk [J]. *Strategic Management Journal*, 2011, 32(2).

[24] Granovetter, M. S. The strength of weak ties [J]. *American Journal of Sociology*, 1973 (78).

[25] Koka, B. R. , Prescott, J. E. Designing alliance networks: the influence of network position, enviromental change, and strategy on firm performace [J]. *Strategic Management Journal*, 2008(29).

[26] Jensen, M. "Agency costs of free cash flow, corporate finance, and takeovers" [J]. *American Economic Review*, 1999, 76(2).

[27] Li, D. , Ferreira, M. P. Institutional environment and firms'sources of financial capital in central and eastern Europe [J]. *Journal of Business Research*, 2011(64).

[28] Richardson, S. Over-investment of free cash flow[J]. *Review of Accounting Studies*, 2006 (11).

[29] Wasserman, S. , Faust, K. *Social network analysis: methods and applications* [M]. Cambridge: Cambridge University Press, 1994.

[30] Yang, H. , Lin, Z. J. , Lin, Y. L. A multilevel framework of firm boundaries: firm characteristics, dyadic differences, and network attributes [J]. *Strategic Management Journal*, 2010(32).

Characteristics of Interlocking Shareholders, Institutional
System and Efficiency of Investment
— Based on Empirical Data of Listed Private Firms in China

Wang Jiangna[1]   Xu Zongling[2,5]   Liu Xiaoyan[3]   Lin Jiali[4]

(1, 2, 3, 4 School of Business, Shantou University, Shantou, 515063; 5 Research Institute for Guangdong-Taiman Business Cooperation, Shantou University, Shantou, 515063)

Abstract: Up to now, the academia mainly focuses on the research of interlocking directors network and entrepreneur cluster network, while ignoring related research of interlocking shareholders network. This paper studies the relationship among characteristics of interlocking shareholders, institutional environment and enterprise investment performance based on the data of private enterprises of Chinese listed companies from 2007 to 2016. The empirical analysis shows that (1) it is verified that the degree centrality, betwenness centrality and structural hole of the interlocking shareholders are directly related to the investment efficiency of private enterprise; (2) What is more, the index of factor market development, the index of development of intermediary market and the legal environment reversely weaken the positive influence that the network location advantage kick in investment performance. Meanwhile, the degree of market intervention by the government is positive to enhance this empirical relationship.

Key words: Interlocking Shareholders; Institutional System; Efficiency of Investment

专业主编：陈立敏

影响跨国并购绩效的关键因素：
一个 META 分析[*]

● 马鸿佳[1]　唐思思[2]　肖　彬[3]　郭　薇[4]
（1，2，3 吉林大学管理学院　长春　130022；4 吉林大学中日联谊医院　长春　130031）

【摘　要】跨国并购已然成为企业日益普遍的国际扩张模式，关于跨国并购绩效影响因素的实证研究层出不穷，但是这些实证研究的结果呈现出了较大的异质性。为了减弱这种争议，本文采用 Meta 分析方法，对 39 项实证研究进行分析，探究并购经验、持股比例、业务相关性这三个关键因素对跨国并购绩效的影响。研究结果表明，并购经验、持股比例与业务相关性与跨国并购绩效存在显著的正相关关系。此外，以文化距离为调节变量的研究发现，文化距离负向调节并购经验与跨国并购绩效的关系，文化距离负向调节业务相关性与跨国并购绩效的关系得到部分支持，文化距离对并购方的持股比例与跨国并购绩效的关系不具有调节作用。研究还发现变量关系存在调节变量解释不足的问题。研究结果对于全面、深入认识影响跨国并购绩效的前因机制具有重要的启发意义。鉴于跨国并购的不确定因素太多，更多影响跨国并购的因素变量值得进一步研究。

【关键词】跨国并购　Meta 分析　并购经验　持股比例　业务相关性

中图分类号：F271　　　　　　文献标识码：A

1. 引言

过去二十年中，跨境兼并和收购（M&A）已成为渴望触及全球优质资源的大公司日益普遍的国际扩张模式。跨国并购能使母公司获取新市场商业情报和拓展产业规模，并且不用承受从头开始设立子公司的风险，在当今动态的环境中，并购提供了一项重要的增长战略（Gaur & Zhu，2013）。由于拥有资本市场上能够动用的雄厚资金池以及长年积累并不断发展的企业管理理念，发达国家一直是跨国并购业务的主力军。因此，各国学者研究的并

＊ 基金项目：国家自然科学基金面上项目"新创企业惯例多层级动态模型及演化机理研究"（项目批准号：71972084）；国家自然科学基金面上项目"即兴行为、创业学习对企业能力层级体系影响机理研究"（项目批准号：71672072）。

通讯作者：郭薇，E-mail：865845601@ qq. com。

购案例以及数据分析也主要来自西方发达国家，而对于迫切寻求机遇与改变的发展中国家的关注度俨然不足(邵新建等，2012)。其中，令人瞩目的当属在海外投融资市场上大展拳脚的中国。海外并购为中国企业迅速获得自身最为缺乏的产品研发技术、具有影响力的国际品牌以及开发国际市场提供了一条"捷径"，许多并购旨在利用并购方和目标之间潜在的协同效应，但因为诸多原因，有时并购并不能为并购方带来长期价值(Huang et al.，2017)。并购绩效是衡量企业跨国并购是否成功的重要指标，通过对国内外相关文献进行回顾后，可以发现企业在进行跨国并购时有诸多影响因素，这些因素影响着企业在跨国并购后绩效的变化。其中并购经验(Dynah，2015；刘飒等，2016)、持股比例(罗群，2013；Du & Boateng，2015)与业务相关性(Lim & Lee，2016)是最为常见的几个影响跨国并购绩效的前置因素，而且与绩效的关系也存在较大争议。这一争议影响了学术界对跨国并购绩效影响因素的深入探讨，而且也使企业在进行跨国并购时对如何应对这些影响因素存在疑惑。

基于上述理由，本文试图综合已有的关于并购经验、持股比例、业务相关性与企业跨国并购绩效之间关系定量研究的数据信息，就企业跨国并购绩效与这三个常见的影响因素之间关系以及并购双方的文化距离对这种关系程度的调节作用进行定量的 Meta 分析，我们试图在以下三个方面做出贡献：

首先，通过理论上的划分和实证研究，确定跨国并购绩效与其三个常见影响因素之间关系的总体方向和程度，有助于减少跨国并购研究中存在的异质性。由于影响跨国并购绩效的因素较多，以及从数据获得的难易程度考量，我们选择了并购经验、持股比例、业务相关性这三个变量。我们在解释跨国并购绩效与其影响因素关系的差异时提供了更详细的观点。

其次，通过从理论上建立和实证验证文化距离对跨国并购绩效与其影响因素关系的调节作用，从而为跨国并购文献做出贡献。虽然，先前的研究经常关注影响跨国并购绩效的因素，但没有系统地考虑调节影响(Stahl & Voigt，2008)。并购后企业的各类活动将来自不同文化的员工带入密切接触的氛围，但文化冲突往往会阻碍有效的互动和成功的融合。因此，在跨国并购成为流行的国际化战略的同时，"文化冲突"也成为收购方的一个非常棘手的问题。故探究文化对跨国并购绩效的影响至关重要。

最后，我们通过 Meta 分析综合跨国并购文献来贡献于现有的知识。各种文献综述提供了有关跨国并购研究现状的系统概述。据我们所知，Meta 分析可以确定总体方向和效应强度，特别是当研究领域的现有研究结果是不确定的时候(Schmidt & Hunter，2004)。鉴于跨国并购绩效研究中许多相关研究的异质性(Dynah et al.，2015；Finkelstein & Haleblian，2002)，Meta 分析特别适用，而且它也允许通过主观编码来考虑调节因素并概念化这些潜在的调节关系(Schwens et al.，2017)。总的来说，我们的研究方法为正确理解跨国并购绩效与其三个影响因素之间的关系提供了有益启示。

2. 理论分析和研究假设

2.1 并购经验与跨国并购绩效

并购经验一般可分为国内并购经验与跨国并购经验，因为数据局限性，本文不予区分，均归为并购经验。在组织学习文献中，企业被视为基于惯例的系统，Barkema 和 Schijven（2008）在回顾现有关于并购（M&A）中组织学习的文献时，讨论了收购方如何从后来的交易所获得的收购经验中学习。企业通过并购可以积累影响企业战略和相关绩效的知识（Argote & Miron-Spektor，2011），因为跨国并购所面临的陌生环境增加了经营风险和运营成本，企业在进行并购决策时，往往会利用之前的经验（桑子轶和郭健全，2017）。正如 Haleblian 等（2006）指出，先前的并购经验为收购方提供了重要的反馈信息，有助于未来的交易。而且并购经验增强了企业的吸收能力，这有助于收购企业更有效地吸收与被收购企业相关的信息，也有利于收购方评估被收购方的价值，从而提高了跨国并购绩效。也有学者从微观的层面入手，揭示了跨国并购绩效与并购经验的关系。在跨国并购谈判中，并购经验为收购方提供了心理上的优势。有先前的并购经验的收购方学习了后续谈判中可以利用的策略和技能，特别是当被收购方缺乏类似谈判技能时，双方经验不对称可能会决定并购结果（Cuypers et al.，2017）。此外，先前的并购经验增加了谈判者以对手的视角看待对手的能力，并可以获得关于另一方偏好但未明确披露的信息（Thompson，2013）。Cuypers 等（2017）提出了收购方面临的信息不对称与并购经验之间会存在相互作用。这是因为信息不对称使并购交易中评估被收购方和谈判过程变得复杂。并购经验可以更好地克服并购中的信息不对称，并有可能利用它获取更多有利的谈判条款。并购文献主要集中在收购方一侧，认为在信息不对称的情况下并购前的经验能转化为减轻风险的能力（Reuer & Ragozzino，2008），拥有并购经验的收购方更有可能将收购方的风险转移到被收购方。故本文提出如下假设：

H1：收购方的并购经验与跨国并购绩效正相关。

2.2 持股比例与跨国并购绩效

持股比例，在其他并购相关文献中又被称为所有权参与（Ownership participation），定义为收购方拥有被收购方股份的程度。持股比例的选择是并购过程中的一个重要问题，不合理的选择可能会导致资源投入不足或过高，从而加大并购风险（桑子轶和郭健全，2017）。不同程度的持股比例所带来的收益和风险可以决定收购公司的成功和生存（Contractor et al.，2014）。一般情况下，学者们将完全收购界定为收购方获得国外被收购公司的 100%股权，部分收购则是获得低于 100%的股权。部分收购与完全收购决策涉及不同的战略考虑，对绩效的影响也各不相同。通常根据收购不同程度股份所涉及的优势和成本来分析跨国并购中最优持股比例，这主要取决于信息不对称导致的风险和不确定性的程度（Chari & Chang，2009）。根据经济学中交易成本的观点，学者将持股比例解释为对目标公司的控制，并认为合理利用它可以缓解目标公司的机会主义行为，因为在过分分散的股权结构下，股东可能会"用脚投票"（Dhanaraj & Beamish，2004）。当目标公司的控制水平提高时，收购公司与目标公司之间的冲突会减少，因为大多数收购方可以轻松做出决策（Killing，1983）。因此，高持股比例允许收购公司实施所期望的组织变革和战略，并实现协同效应以实现长期经济目标（Zhu et al.，2011）。高持股比例还表明收购公司对控制和管理其目标公司的强烈决心，随着承诺的不断增加，管理层关注度的提高可能会提高公司的绩效（Yang，2015）。

综上，与部分收购相比，完全收购涉及单一收购目标公司，并使收购公司能够获得对投资资产和收益的完全控制权。因为跨国收购方需要了解目标公司及其所在国家环境的各种问题，不仅需要评估目标的财务状况，还需要评估可能嵌入当地环境的无形资源（Angwin，2001），所以并购中存在严重的信息不对称问题（Shimizu et al.，2004）。较高的持股比例意味着控制权的提升，有利于及时应对当地复杂的状况，缓解信息不对称所带来的问题。实际上，Chari 等（2010）发现，当来自发达市场的公司获得了新兴市场公司的较高持股比例时，收购公司的股票价格在经济上有很大的增长。故本文提出如下假设：

H2：收购方对目标公司持股比例与跨国并购绩效正相关。

2.3 业务相关性与跨国并购绩效

一般来说，当企业进行并购时，如果收购公司与被收购公司（水平收购）已经处于同一业务中，或者被收购公司的业务处于收购公司（垂直收购）的买方或供应商行业，则收购被分类为相关程度高的收购。所有其他收购被归类为不相关的收购（Datta et al.，1995）。

有关跨国并购绩效与业务相关性的研究由来已久。起初是企业多元化战略管理的文献中强调了收购相关业务的重要性。跨国并购中的协同效应往往被认为并购交易中的重要考量，横向并购有助于实现规模经济，而纵向并购可以减少搜寻和谈判成本，节约物流成本，保障原材料供应，从而使公司能够确保成本优势（宋淑琴和代淑江，2015）。类似地，通过业务相关的收购，公司间的知识转移提升并购双方的管理与技术能力，促使双方实现专业化（通常是互补的）资源的组合，从而有助于提升跨境收购中的绩效。同样，并购企业的主要动机是增加市场份额、实现多元化战略、获得先进的技术和资源（孙淑伟等，2017），这在并购双方是同一产业时尤为明显。例如，一家在国外市场寻求竞争优势的公司，同一产业下的被收购公司可能拥有的当地市场条件的特殊知识与顾客资源，足以成为收购方快速开拓当地市场的有力支撑。

此外，也有学者从信息不对称的角度出发，解释业务相关收购与跨国并购绩效的关系。并购公司通常因信息不对称程度较低而具有较高的知识和理解水平，可以在有限的时间内收集关键信息，掌握被收购公司的未来潜力，并利用现有的知识进行有效的谈判。当在时间限制和竞争压力下进行收购交易时，这些优势尤为重要。此外，收购公司为相关业务公司支付更高溢价的趋势加速了被收购公司对交易条件的接受（Gondhalekar et al.，2004）。Lim 等（2016）基于风险决策的管理观点，进行了实证研究，发现了相关并购对跨境并购完成的可能性产生正向影响。从收购方的角度来看，管理者必须在某些情况下承担风险并避免未知因素的存在，从而最大限度地降低风险，如联想（收购 IBM）和吉利(收购沃尔沃)进行国际化战略的时候,都选择了业务关联企业或部门作为目标方,一方面是中方初涉跨国并购小心地试探,另一方面业务相关能使双方的优势资源快速有效地整合。

综上,多元化与信息不对称的研究阐述了相关和不相关的并购与跨国并购绩效的正向关系。尽管实证研究结果取决于诸如数据和测量方法等因素而造成了不同的结果,但大多数学者认为业务相关收购比无关能产生更多正向的影响(Gondhalekar et al.,2004;宋淑琴和代淑江,2015;Lim et al.,2016)。因此,本文提出如下假设:

H3:并购业务相关性与跨国并购绩效正相关。

2.4 文化距离的调节作用

国家文化差异给跨国并购带来了巨大挑战(Denison et al.,2011)。由于并购后企业活动涉及拥有不同文化员工的密切交流,文化差异往往会阻碍有效的互动和成功的融合。因此,在跨国并购成为流行的国际化战略的同时,文化距离作为度量文化差异的重要变量,其对企业管理和绩效的影响日益成为国际商务研究的重点(Huang et al.,2017)。而一些研究认为,国家间的文化距离实际上调节了其他因素和并购后绩效之间的关系(孔德议,2017)。

刘璐和杨蕙馨(2018)认为并购后的理解偏差和沟通困难源于文化差异,会降低资源配置效率,跨国公司将需要更多的时间和精力来学习正式制度与非正式制度需求的具体内容,包括不同的文化价值观和信仰。并购双方的文化距离具体体现在两个国家人民的价值观、思维方式、社会惯例的差异。首先,在跨境并购的背景下,当收购方和目标公司面临较高的国家文化距离时,公司组织设计、新产品开发和管理等方面的规范、惯例会存在较大差异(Dikova & Sahib,2013)。吕梦成和李健(2019)认为在不相似文化里,企业之间较大的差异使得有限的并购经验难以起到较大作用,会大大降低并购交易成功的可能性,企业过去所累积的并购经验在高文化距离下对并购绩效的促进作用会降低。其次,在实证研究中,Barkema 和 Vermeulen(1998)发现,相对于完全收购(100%收购)而言,更大的文化距离与部分收购倾向有关,因为双方的文化距离,收购方拥有较低的持股比例仅需要较少的资源承诺,以减轻与高不确定性相关的风险(Chen & Hennart,2004)。在新兴市场的样本中,Contractor 等(2014)发现,当收购涉及较高不确定性规避时,全部收购的可能性就会降低,因而当文化距离较大时,企业的持股比例过高会使得企业面临的不确定性与文化整合风险提高,从而不利于企业绩效。最后,并购双方的文化距离增加了并购后文化整合的难度,会显著影响跨国并购业务相关性与企业成长的关系(杜晓君和刘赫,2010)。在双方文化距离较大的情况下,文化冲突会增多,公司管理层对东道国市场的了解较少,这增加了与监管海外业务相关的协调成本,在收购时对公司的市场价值产生不利影响,即使是收购相关的业务,也有可能降低收购公司的绩效。基于上述理由,提出以下三个假设:

H4a:文化距离负向调节并购方的并购经验与跨国并购绩效的关系。

H4b:文化距离负向调节并购方的持股比例与跨国并购绩效的关系。

H4c:文化距离负向调节被收购方的业务相关性与跨国并购绩效的关系。

3. 研究方法及数据分析

本文将采用 Meta 分析的统计方法对上述假设进行实证检验。Meta 分析法是一种通过对以往的实证研究结果进行综合分析与评价的定量研究方法。相对于其他定量分析，Meta 分析在以下三方面具有明显优势：第一，Meta 分析使我们能够系统地综合现有的经验结果，与基于实证的研究方法相一致。因此，Meta 分析提供了变量之间直接影响的方向和强度。第二，它使研究人员能够评估各主要研究的效应大小的异质性，进而研究调节变量的作用。第三，Meta 分析集成了多个研究，避免了单个研究的影响和潜在的统计不足（Hunter & Schmidt，2004）。

3.1 献检索

论文检索的时间设定自 1995 年至 2018 年的所有文献，以电子数据库检索为主，并辅以人工检索。首先，笔者以 Acquisition experience 和 Relatedness、Ownership participation、Cross-border M & A 等关键词在 Elsevier ScienceDirect、Wily Online Library、Springer Link 外文文献网站进行外文检索，而以并购经验、持股比例、业务相关性、跨国并购绩效等关键词在中国知网（CNKI）、中国期刊全文数据库（CJFD）、万方数据知识服务平台等中文数据库进行文献检索；其次，笔者对搜索到的文献进行了初步筛选，筛选要遵从文章是研究跨国并购及相关变量的原则。然后经过筛选，初步确定了 115 篇相关论文。但由于 115 篇文章也包含文献综述、案例研究等，还有一些实证文章没有报告相关系数、样本量等重要信息，排除了不可用于元分析的 73 篇概念性文章和案例研究（例如，姚战琪，2011；谢洪明等，2016）。从剩余的 42 项定量实证研究中，我们只选择那些包括并购经验、持股比例、业务相关性、并购绩效作为分析变量的因素，并为元分析提供了必要的统计资料（样本量和相关系数）。总之，最后的样本包括 36 个定量的实证文章。根据统计理论，在样本量足够大的情况下（不少于 30 个）（姚山季等，2009），各研究效应量的抽样分布服从抽样方差已知的正态分布，因而本研究中的效应量个数满足 Meta 分析的基本条件。

为了验证本文所提出的研究假设，本文按照假设的内容对 39 篇文献进行了逐一回顾，在整理后发现，可以进行假设 H1 检验的文献一共有 23 篇，可以进行假设 H2 检验的文献有 18 篇，可以进行假设 H3 检验的文献有 22 篇。

3.2 变量度量与编码

（1）因变量

跨国并购绩效。为了测量跨国并购绩效影响，我们以盈利能力作为主要的测量。盈利性衡量指标包括 Tobin's Q，ROE（净资产收益率），ROA（资产收益率）或 EBIT（息税前利润）（如 Yu et al.，2011），以及 ROS（主营业务利润率）（胡德婷，2016）、CARs（收购公司股东的累计超额收益）（Yang，2015；Huang et al.，2017）等客观数据。也有部分研究以问卷的形式来测量绩效，也将其纳入本文研究中（Ahammad & Glaister，2011）。

（2）自变量

持股比例。持股比例在各个文章中基本都以收购方收购后所拥有权益的百分比作为度量依据（Yang，2015）；

业务相关性。以收购方与被收购方之前有无相关业务的契合或者是否在同一产业为度量依据，相关为1，不相关为0（Datta & Puia，1995；Lim & Lee，2016）；

并购经验。关于并购经验的测量，本文搜集的文献大多依照并购经验研究文献的惯例（Dynah，2015；胡德婷，2016），用样本企业以前的并购活动次数来表示并购经验，样本期间是自企业第一次并购到本次样本事件之间。

（3）调节变量

文化距离。本文采用两种方法对于文化距离度量。比较常见的是使用 Hofstede 的五个文化维度（Berry，Guillén & Zhou，2010）以及 GLOBE 报告中的文化实践和文化价值观维度（刘璐和杨蕙馨，2018）这两种衡量文化距离的方法。本文通过记录各个研究中的文化距离的平均值，并将其进行 Meta 回归。同时利用样本文化距离的均值进行文化距离高低的区分，测量文化距离的调节作用。

（4）控制变量

收购方公司规模。各关键因素与跨国并购绩效可能受到调节变量以外变量的影响（Stahl & Voigt，2008），收购方公司规模可能不仅会影响企业绩效，还会影响收购后的整合（Ellis et al.，2011），故将收购方公司规模也视为控制变量，并加入 Meta 分析当中予以控制，大部分研究使用员工数量（及对数转换）或收购方总资产来度量收购方公司规模。本文搜集的内容中这两种方法均有文章采用，并以是否大于所有样本的平均值进行哑变量编码。

结合上述讨论，本文提出概念模型如图1所示。

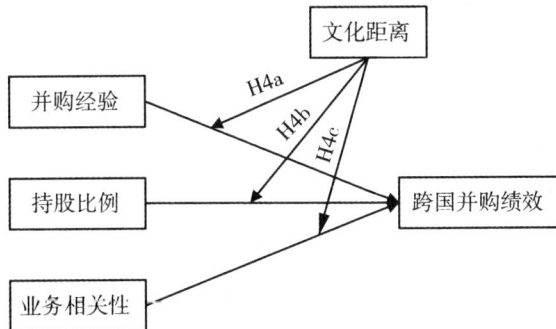

图 1　本研究概念模型图

最后，进行编码后，搜集的相关研究信息如表1所示：

表1 相关文献总汇

文献作者	时间	样本量	数据来源（主观量表or客观数据库）	并购经验与跨国并购相关系数	持股比例与跨国并购相关系数	业务相关性与跨国并购相关系数	文化距离值	收购规模
Bauer 等	2018	203	主观	0.051				0.016
齐朝顺和杜晓君	2018	120	客观	0.072	0.109		3.478	8.080
Bogdanova& Pussnig,	2017	117	客观		-0.034		58.64	0.159
Cheng 和 Yang	2017	214	主观	-0.010		0.250	2.04	3.39
Huang 等	2017	2115	客观		0.020	0.100	38.06	7.59
孔德议	2017	337	主观	0.100			2.44	2.18
刘烨等	2017	73	客观		0.052			24.31
孙淑伟等	2017	295	客观		0.041	-0.006	29.488	
徐晓慧	2017	506	客观			0.060	55.40	
夏赟	2017	115	客观			0.039		8.502
Ahammada 等	2016	65	主观	0.310				2.49
Guo 等	2016	450	客观		0.083			
Li 等	2016	367	客观	0.112		-0.071	2.680	13.615
Lim 和 Lee	2016	492	客观	0.030	0.050	0.040		5.26
Kedia 和 Reddy	2016	1120	客观	0.066	0.019	0.020		
Reus 等	2016	99	主观	0.150	-0.270		0.80	5.27
曹莉华	2016	78	主观	0.158		0.176		4.231
李诗和吴超鹏	2016	283	客观	-0.052		0.032		32.30
刘飒和李元旭	2016	331	客观	0.020	-0.090	0.060		
凌志雄	2016	111	客观		0.076			
苏娜	2016	181	客观		0.103		0.210	1.020
Basuil 和 Datta	2015	222	客观	0.050		0.120	4.98	2.20
Dua 和 Boateng	2015	468	客观	0.081		-0.040	2.01	9.5159
Yang	2015	1358	客观	0.230	0.130	0.030		9
王宛秋和吴文玲	2015	142	客观		0.108		2.415	
Ahammad 等	2014	798	客观	0.130		0.500	0	2.49
Hegbrant 等	2014	151	客观	0.040		0.005		
徐明霞	2014	123	客观		0.221			21.44

文献作者	时间	样本量	数据来源（主观量表 or 客观数据库）	并购经验与跨国并购相关系数	持股比例与跨国并购相关系数	业务相关性与跨国并购相关系数	文化距离值	收购规模
Dikova 和 Sahib.	2013	1223	客观	-0.060		0.020	1.39	14.45
杜晓君和朱园园	2013	55	客观	0.141			69.248	11
罗群	2013	67	主观		0.213		4.433	5.748
Ahammad 和 Glaister	2011	65	主观	0.300			1.45	2.49
Bhagat 等	2011	377	客观			0.140		
杜晓君和刘赫	2010	47	客观	0.306				
Chari 和 Chang.	2009	730	客观	0.130	-0.050		0.955	6.93
Zhu	2008	468	客观			0.037	1.699	
Uhlenbruck	2004	132	客观	0.14		0.03	2.54	3.48
Singh 等	1998	51	客观			0.168		
Markides 和 Ittner	1995	276	客观		-0.013	0.197		

3.3　偏倚检验与同质性检验

由于不可能找出所有与企业并购研究主题相关的研究，发表偏倚可能是一个严重的问题，遵循 Geyskens 等（2009）的建议，进行 Meta 分析之前，首先必须进行偏倚性检验。本文所检索到的文献发表漏斗图如图 2 所示，这些文献处于一种相对较为对称的平衡分布状态。另外，我们将对相应文献进一步分类，发现本文所检索到的文献在发表偏倚水平方面是可以接受的。表 2 显示并购经验、持股比例与业务相关性变量与跨国并购绩效效应值的失安全数（Nfs）都足够大，说明发表偏倚很小，Meta 分析结果非常稳定。

4. 实证分析

4.1　Meta 分析

本文使用了 Hedges 和 Olkin（1985）提出的技术来分析数据且为了避免产品相关系数矩阵的不良统计特性，使用了 Fischer'Z 变换（Wilson & Lipsey，2001）。本文按照影响跨国绩效的关键因素进行划分，分别采用固定效应模型和随机效应模型，计算了各关键因素与跨国并购绩效之间的整体效应值，结果如表 2 所示。

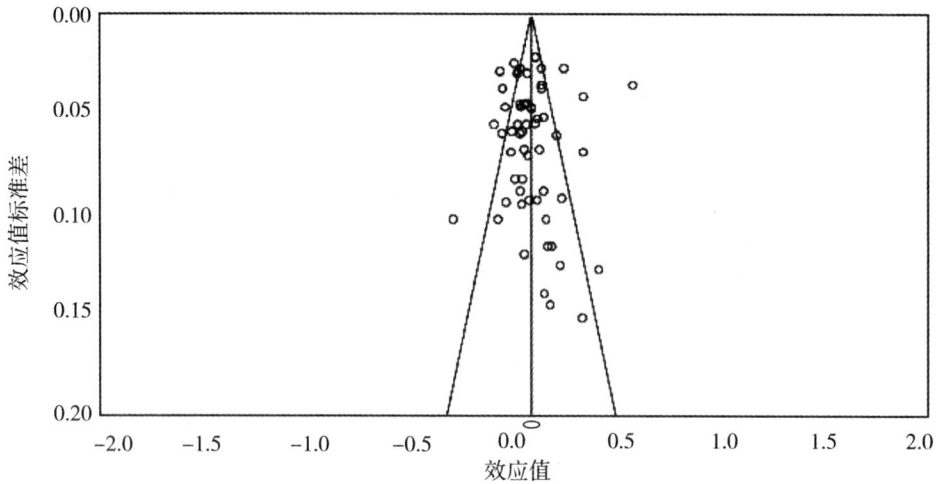

图 2　检索论文漏斗图

表 2 　　　　　　　　　　关键因素与跨国并购绩效的 Meta 分析结果

变量	方法	效应值（ES）	95%的置信区间		Z	Q	Nfs	文献个数
			下限	上限				
并购经验	固定效应	0.086***	0.067	0.104	9.026	123.088***	434	23
	随机效应	0.095***	0.047	0.144	3.836			
持股比例	固定效应	0.041***	0.019	0.063	3.687	44.316***	37	18
	随机效应	0.044*	0.002	0.086	2.047			
业务相关性	固定效应	0.093**	0.075	0.112	9.878	219.265***	433	22
	随机效应	0.093**	0.029	0.156	2.837			

注：因变量均为跨国并购绩效，其中 ES 为经过信度修正的加权平均相关系数效应值；Z 值是加权平均效应值的显著性检验值；Q 值为研究效应值的同质性统计量；Nfs 为效应值在 p 为 0.01 时的失安全数；*** 表示 $p<0.001$；** 表示 $p<0.01$；* 表示 $p<0.05$。

表 2 中的结果表明，利用固定效应可以得到各关键因素与跨国并购绩效之间的显著正向关系，但是同质性检验的结果显示，各关键影响因素变量的 Q 值都显著，表明各研究间存在异质性，相关性在不同研究之间变化，并且可能存在解释这些变化的潜在调节变量（Wilson & Lipsey，2001）。因此，我们应该选择随机效应模型进行 Meta 分析以校正异质性所带来的影响。由表 2 列出的 Meta 分析结果可得，并购经验对企业跨国并购绩效有显著的正向影响（ES=0.095，$p<0.001$），假设 H1 成立。而持股比例对企业跨国并购绩效有显著的正向影响（ES=0.044，$p<0.05$），假设 H2 成立。业务相关对企业跨国并购绩效有显著的正向影响（ES =0.093，$p<0.01$），假设 H3 成立。因而可以认为并购经验、持股比例与业务相关性对跨国并购绩效具有正向影响。

4.2 Meta 二元异质性检验

异质性检验显著，表明三个影响因素与企业绩效之间的关系受到某些潜在调节变量的影响。为了更加全面、准确地探寻各关键因素与跨国并购绩效之间的研究结论存在显著差异的原因，我们将利用二元异质性检验方法对并购经验、持股比例、业务相关性与跨国并购绩效之间的关系进行进一步检验。Meta 分析中的潜在调节变量是指分析中包括的能够解释或帮助阐释更多方差变异的任何变量，即它依据理论判断和其对两变量之间方差变异的解释能力得以确定和编码。我们根据样本特征找出调节变量文化距离和控制变量收购方公司规模，将其纳入二元异质性检验中，具体检验结果如表 3 所示。

表 3 二元异质性检验

变量		分组	ES	95%的置信区间		n	Z	Q_B
				下限	上限			
并购经验	调节变量 CD	高 CD	0.102*	0.007	0.194	7	2.109	15.608***
	CD	低 CD	0.109**	0.029	0.188	10	2.660	
	控制变量	高 SIZE	0.084*	0.008	0.160	11	2.174	20.710***
	SIZE	低 SIZE	0.140**	0.043	0.234	7	2.818	
持股比例	调节变量	高 CD	0.066	−0.07	0.138	6	1.766	4.723
	CD	低 CD	0.013	−0.091	0.117	5	0.249	
	控制变量	高 SIZE	0.035	−0.049	0.119	5	2.374	1.344*
	SIZE	低 SIZE	0.070*	0.006	0.134	7	2.169	
业务相关性	调节变量	高 CD	0.060**	0.020	0.100	6	2.925	20.248***
	CD	低 CD	0.139	−0.080	0.358	6	1.243	
	控制变量	高 SIZE	0.040*	0.007	0.073	5	2.374	137.825***
	SIZE	低 SIZE	0.247*	0.024	0.470	9	2.169	

注：CD 为收购与被收购国家间的文化距离，其中 CD 值高于样本平均值的设为高文化距离(1)，反之为低文化距离(0)；SIZE 为收购方的公司规模，其中 SIZE 值高于样本平均值的设为高 SIZE(1)，反之为低 SIZE(0)；QB 为由定类变量解释(组间)的同质性统计量；*** 表示 $p<0.001$；** 表示 $p<0.01$；* 表示 $p<0.05$。

从表 3 能看出，在不同的文化距离下，并购经验对于跨国作用的影响存在显著的差异以及显著的组间效应（$Q_B=15.608***$）；在高文化距离（$ES=0.102$，$p<0.01$）背景下的相关系数小于低文化距离（$ES=0.109$，$p<0.05$），这表明国家间的文化距离负向调节并购经验与跨国并购绩效的关系，假设 H4a 得到证实。其次，在不同的文化距离的背景下，持股比例对跨国并购绩效的影响没有显著的差异，也没有显著的组间效应（$Q_B=4.723$），这说明以文化距离高低进行亚组分析并不能调节两者间的关系，也无法减少研究的异质性，

拒绝假设 H4b。而最后,在不同的文化距离下,业务相关性对跨国并购绩效存在显著的差异以及显著的组间效应(QB=20.248***),但不同文化距离下仅有部分显著;高文化距离结果显著(ES=0.060,$p<0.01$)且相关系数低于整体的相关系数(0.093),表明两国间的文化距离值较高时业务相关性与跨国并购绩效之间的关系减弱,但是在文化距离较低的背景下,两者的关系并不显著,假设 H4c 得到部分验证。

控制变量的二元异质性分析(见表3)表明,在收购方公司规模较低时,并购经验、业务相关性对跨国并购绩效的作用更强了(QB=20.710***;QB=137.825***)。在规模较低的收购方公司中,持股比例对于跨国并购绩效的影响显著增强了(ES=0.070,$p<0.05$),但规模较大的公司却呈现没有这种关系(ES=0.035,n.s.)。

表4　　　　　　　　　　　　　　　Meta 回归检验

自变量		模型1			模型2		
		Coef	95%CI	Std. err	Coef	95%CI	Std. err
并购经验	常数项	0.156***	(0.079, 0.234)	0.036	0.263***	(0.139, 0.387)	0.055
	控制变量						
	公司规模	−0.007ᵗ	(−0.014, 0.001)	0.034	−0.017*	(−0.031, 0.002)	0.006
	调节变量						
	文化距离				−0.035ᵗ	(−0.078, 0.008)	0.019
	F					5.13*	
	I^2		79.67%			61.22%	
	Adj R^2		18.97%			57.46%	
	τ^2		0.007473			0.004426	
	效应值个数		18			12	
持股比例	常数项	0.005	(−0.122, 0.133)	0.057	−0.014	(−0.439, 4.667)	0.163
	控制变量						
	公司规模	0.006	(−0.007, 0.019)	0.006	0.000	(−0.044, 0.067)	0.024
	调节变量						
	文化距离				−0.0003	(−0.09, 0.009)	0.009
	F					0	
	I^2		68.58%			74.43%	
	Adj R^2		10.12%			−150.83%	
	τ^2		0.006687			0.02265	
	效应值个数		12			7	

自变量		模型 1			模型 2		
		Coef	95%CI	Std. err	Coef	95%CI	Std. err
业务相关性	常数项	0.137*	(0.008, 0.265)	0.059	0.292ᵗ	(−0.070, 0.655)	0.140
	控制变量						
	公司规模	−0.003	(−0.010, 0.004)	0.003	−0.025	(−0.073, 0.023)	0.019
	调节变量						
	文化距离				−0.000	(−0.016, 0.015)	0.006
	F					0.92	
	I^2		93.52%			93.63%	
	Adj R^2		−1.48%			−1.52%	
	τ^2		0.02479			0.04212	
	效应值个数		14			8	

注：＊＊＊表示 $p<0.001$；＊表示 $p<0.05$；t 表示 $p<0.1$；F 表示模型整体检验；Adj R^2 表示研究间方差可解释比例；I^2 表示异质性导致的残差变异百分比；τ^2 表示研究间方差的 REML 估计。

从上文的 Meta 分析可以看出，本文所检索到文献的并购经验、持股比例和业务相关性对跨国并购绩效影响的检验结果是显著的，这种影响效应还可能受到调节变量文化距离的重要影响。那么，文化距离对于并购经验、持股比例和业务相关性与跨国并购绩效之间的关系影响有多大呢？Meta 回归方法允许存在其他变量时研究各变量的相对解释能力，我们对上述分析出的显著的调节效应做 Meta 回归，本部分分别以并购经验、持股比例、业务相关性为自变量进行 Meta 回归，而以文化距离为调节变量，以收购方公司规模为控制变量。具体回归检验结果如表 4 所示。

Meta 回归中普遍出现显著性水平较低的情况，结合诸多学者在 Meta 分析中以 90%置信水平为下限，认为在 α 为 0.1 的情况下通过的结论是可以接受的做法（Stahl & Voigt，2008；Saeed et al.，2014），本文也以此为基础探讨 Meta 分析中系数的显著性。表 4 所示的以并购经验作为自变量的结果中，模型 2 在加入文化距离这一变量之后，τ_2 减少了，Adj R^2 增加了 38.49%，表明文化距离作为调节变量模型拟合良好。I_2 从 79.67%下降到 61.22%，表明模型 2 中的研究间异质性导致剩余变化较少，低于 75%的值被认为是适度的剩余残差，可得文化距离是并购经验与绩效关系之间重要的相关调节变量，但仍然存在未被解释的变化。表 4 中的 Meta 回归结果表明，交易双方在文化距离较高时，并购经验与跨国并购绩效的关系减弱（$\beta=-0.035$，$p<0.1$），H4a 再次得到证明。

表 4 中的 Meta 回归结果表明，在不同的文化距离下，持股比例、业务相关性与跨国并购绩效之间的关系没有显著差异，拒绝 H4b、H4c 假设。但是，H4c 假设在前面的二元异质分析中是获得部分支持的。为了解决这一矛盾，遵循 Saeed 等（2014）的观点，当通过二元异质性分析和 Meta 回归分析均支持原假设时，表明完全证实了假设，因此，假设

H4a 被证实。当通过二元异质性分析和至少一个 Meta 回归分析时，表明部分证实了该假设，因此假设 H4c 得到部分证实。而结果表明在不同文化距离下，持股比例与跨国并购绩效之间的关系均不显著，假设 H4b 不成立。具体假设验证情况如表 5 所示。

表 5 　　　　　　　　　　　二元异质性与 Meta 回归假设验证

		二元异质性检验	Meta 回归检验	假设结论
假设 H4a	文化距离负向调节并购方的并购经验与跨国并购绩效的关系	支持	支持	支持
假设 H4b	文化距离负向调节并购方的持股比例与跨国并购绩效的关系	拒绝	拒绝	拒绝
假设 H4c	文化距离负向调节被收购方的业务相关性与跨国并购绩效的关系	部分支持	拒绝	部分支持

而亚组分析中结果表明控制变量公司规模可以影响并购经验、持股比例、业务相关性与跨国并购绩效之间的关系，在 Meta 回归中的进一步验证中，除了持股比例，并购经验、业务相关性与跨国并购绩效之间的关系受到了公司规模的影响，结合以上两点，可以认为公司规模可能会影响跨国并购关键因素与其绩效的关系，在探究相关调节变量对其关系的影响时应对公司规模的影响予以控制。

5. 结论与局限

本文从大量文献中总结影响跨国并购的三个关键因素，采用 Meta 分析技术对现有的国内外实证研究进行总结，研究了并购经验、持股比例与业务相关性对跨国并购绩效的影响，具有以下发现：

（1）Meta 分析的结果表明，并购经验、持股比例、业务相关性与企业跨国并购绩效显著正相关。然而，在解释 Meta 分析结果时，所得到的平均效应值一直很小。并购经验、业务相关性平均效应值均为 0.09 左右，持股比例更是只有 0.04，这意味着并购经验、持股比例与业务相关性仅影响跨国并购绩效变化的一小部分。但是 King 等（2004）在对收购绩效研究的 Meta 分析中发现，在预测并购绩效时，最常研究的先行变量中没有一个是显著的。鉴于现有的实证研究未能确定影响参与并购活动的企业绩效的因素，即使是较小的效应值在理论上和实践上都是有意义的（Stahl & Voigt，2008）。遵循 Meta 分析的结果，企业在进行跨国并购时如若注重自身绩效的提升，应该积累自身的并购经验，在资金允许的情况下尽量获取较高股权，并选择与自己业务相关的企业进行并购。

（2）虽然 Meta 分析应用效应值和所解释的方差比例来解释结果，但要注意这种做法可能导致关于效应的显著性或强度的错误结论，因为当平均效应合并为总体估计时，正向和负向效应的大小可能会相互抵消。在这项 Meta 分析中，虽然主效应分析得出的平均效应值为正，但在主要研究中发现既有高度正相关，也有中度负相关。这清楚地表明并购经验、持股比例与业务相关性在跨国并购中很重要，但它们似乎呈现出"双刃剑"的效果。因此，并购经验、持股比例、业务相关性与跨国并购之间的关系可能受到其他影响因素的干扰。

（3）Meta 分析能够分解研究结果，并检测出在主要研究中不可检验的调节效应。亚组分析表明并购交易双方的文化距离会对并购经验和业务相关性与企业跨国并购绩效之间的关系产生负向调节影响，可见国家文化的差异给跨国并购带来了巨大的挑战。由于收购后的活动涉及不同文化个体的密切接触，文化冲突经常妨碍有效的互动和成功整合。跨国收购作为企业国际化战略中的重要环节，企业应在跨国并购时充分了解自身所面临的文化风险，并采取良好的措施以整合文化差异所带来的影响。本文采用 Meta 回归，进一步验证了文化距离对于并购经验与跨国并购绩效的负向调节作用，因此在实践中，针对文化距离较大的国家的并购，自身的并购经验的优势可能会被削弱。令人感到意外的是，文化距离并未对持股比例与跨国并购绩效的关系起到调节作用，可能是因为高持股比例增强了管理层的信心，使得文化整合更顺利，文化距离难以影响两者的关系。此外，本文还发现收购方公司的规模大小影响并购经验、持股比例、业务相关性对跨国并购绩效的关系，在未来学者进行进一步研究时应注意排除其对结果的干扰。

本文对跨国并购的关键影响因素进行了 Meta 分析。然而，仍然存在诸多限制。首先，鉴于 Meta 分析的性质，我们不得不从分析中排除定性的案例研究和概念性论文，我们的元分析范围比过去的定性评价更有限。其次，我们只搜集同行评审的期刊文章和博士论文，不包括书籍、会议论文等。与此限制相关的是，该研究可能受到发表偏倚的影响，为此可以进一步纳入书籍、会议论文中的相关数据。最后，我们的 Meta 分析表明仍然有潜在调节跨国并购绩效与并购经验、业务相关性的关系的变量，而我们在所搜集的跨国并购文献中未能筛选出其他的潜在变量。因此，我们无法控制其他的影响变量，如制度距离、国有控制、知识转移等（Dua & Boateng，2015）——这些因素值得在未来进一步研究。

◎ **参考文献**

[1] 杜晓君，刘赫. 跨国并购战略类型、组织因素与企业成长——基于中国海外上市公司的实证研究[J]. 国际贸易问题，2010(6).

[2] 李诗，吴超鹏. 中国企业跨国并购成败影响因素实证研究——基于政治和文化视角[J]. 南开管理评论，2016，19(3).

[3] 刘飏，李元旭. 我国企业跨国并购绩效影响因素的研究[J]. 国际商务：对外经济贸易大学学报，2016(3).

[4] 齐朝顺，杜晓君. 政治关联对中国企业国际并购绩效影响研究[J]. 当代财经，2018(1).

[5] 邵新建，巫和懋，肖立晟，等. 中国企业跨国并购的战略目标与经营绩效：基于 A 股市场的评价[J]. 世界经济，2012(5).

[6] 宋淑琴，代淑江. 管理者过度自信、并购类型与并购绩效[J]. 宏观经济研究，2015(5).

［7］孙淑伟，何贤杰，赵瑞光，等．中国企业海外并购溢价研究［J］．南开管理评论，2017，20(3)．

［8］徐晓慧．金融危机影响中国企业跨国并购的实证研究［J］．国际贸易问题，2017(8)．

［9］姚山季，王永贵，贾鹤．产品创新与企业绩效关系之 Meta 分析［J］．科研管理，2009，30(4)．

［10］Ahammad M. F. , Glaister K. W. The double-edged effect of cultural distance on cross-border acquisition performance［J］. *European Journal of International Management*, 2011, 5(4).

［11］Ahammad M. F. , Tarba S. Y. , Liu Y. , et al. Knowledge transfer and cross-border acquisition performance: The impact of cultural distance and employee retention［J］. *International Business Review*, 2016, 25(1).

［12］Angwin D. Mergers and acquisitions across European borders: National perspectives on preacquisition due diligence and the use of professional advisers［J］. *Journal of World Business*, 2001, 36(1).

［13］Argote L. , Mironspektor E. Organizational learning: From experience to knowledge［J］. *Organization Science*, 2011, 22(5).

［14］Barkema H. G. , Schijven M. Toward unlocking the full potential of acquisitions: The role of organizational restructuring［J］. *Academy of Management Journal*, 2008, 51(4).

［15］Basuil D. A. , Datta D. K. Effects of industry- and region-specific acquisition experience on value creation in cross-border acquisitions: The moderating role of cultural similarity［J］. *Journal of Management Studies*, 2015, 52(6).

［16］Bauer F. , Schriber S. , Degischer D. , et al. Contextualizing speed and cross-border acquisition performance: Labor market flexibility and efficiency effects［J］. *Journal of World Business*, 2018, 53(2).

［17］Berry H. , Guillén M. F. , Zhou N. An institutional approach to cross-national distance［J］. *Journal of International Business Studies*, 2010, 41(9).

［18］Bhagat S. , Malhotra S. , Zhu P. C. Emerging country cross-border acquisitions: Characteristics, acquirer returns and cross-sectional determinants［J］. *Emerging Markets Review*, 2011, 12(3).

［19］Chari A , Ouimet P. P. , Tesar L L. The value of control in emerging markets［J］. *Review of Financial Studies*, 2010, 23(4).

［20］Chari M. D. , Chang K. Determinants of the share of equity sought in cross-border acquisitions［J］. *Journal of International Business Studies*, 2009, 40(8).

［21］Chen S. F. S. , Hennart J. F. A hostage theory of joint ventures: why do Japanese investors choose partial over full acquisitions to enter the United States? ［J］. *Journal of Business Research*, 2004, 57(10).

［22］Cheng C , Yang M. Enhancing performance of cross-border mergers and acquisitions indeveloped markets: The role of business ties and technological innovation capability［J］.

Journal of Business Research, 2017(81).

[23] Contractor F J, Lahiri S, Elango B, et al. Institutional, cultural and industry related determinants of ownership choices in emerging market FDI acquisitions[J]. *International Business Review*, 2014, 23(5).

[24] Cuypers I. R. P. , Cuypers Y. , Martin X. When the target may know better: Effects of experience and information asymmetries on value from mergers and acquisitions [J]. *Strategic Management Journal*, 2017, 38(3).

[25] Dhanaraj C. , Beamish P. W. Effect of equity ownership on the survival of international joint ventures[J]. *Strategic Management Journal*, 2004, 25(3).

[26] Dikova D. , Sahib P. R. Is cultural distance a bane or a boon for cross-border acquisition performance? [J]. *Journal of World Business*, 2013, 48(1).

[27] Du M. , Boateng A. State ownership, institutional effects and value creation in cross-border mergers & acquisitions by Chinese firms[J]. *International Business Review*, 2015, 24(3).

[28] Ellis K. M. , Ranft A. L. Transfer effects in large acquisitions: How size-specific experience matters[J]. *Academy of Management Journal*, 2011, 54(54).

[29] Gaur A. S. , Zhu P. Acquisition announcements and stock market valuations of acquiring firms' rivals: A test of the growth probability hypothesis in China [J]. *Social Science Electronic Publishing*, 2013, 34(2).

[30] Geyskens I. , Krishnan R. , Steenkamp J. B. E. M. , et al. A review and evaluation of meta-analysis practices in management research[J]. *Journal of Management*, 2009, 35 (2).

[31] Guo W. , Clougherty J. A. , Duso T. Why are Chinese MNES not financially competitive in cross-border acquisitions? The role of state ownership[J]. *Long Range Planning*, 2016, 49(5).

[32] Haleblian J. , Kim J. Y. , Rajagopalan N. The influence of acquisition experience and performance on acquisition behavior: Evidence from the U. S. commercial banking Industry[J]. *Academy of Management Journal*, 2006, 49(2).

[33] Huang Z. , Zhu H. , Brass D. J. Cross-border acquisitions and the asymmetric effect of power distance value difference on long-term post-acquisition performance[J]. *Strategic Management Journal*, 2017, 38(4).

[34] Kedia B. L. , Reddy R K. Language and cross-border acquisitions: An exploratory study [J]. *International Business Review*, 2016, 25(6).

[35] Li J. , Li P. , Wang B. Do cross-border acquisitions create value? Evidence from overseas acquisitions by Chinese firms[J]. *International Business Review*, 2016, 25(2).

[36] Lim M. H. , Lee J. H. The effects of industry relatedness and takeover motives on cross-border acquisition completion [J]. *Journal of Business Research*, 2016, 69(11).

[37] Markides C. C. , Ittner C. D. Shareholder Benefits from Corporate International Diversification: Evidence from U. S. International Acquisitions[J]. *Journal of International*

Business Studies, 1994, 25(2).

[38] Reuer J. J. , Ragozzino R. Adverse selection and M&A design: The roles of alliances and IPOs[J]. *Journal of Economic Behavior & Organization*, 2008, 66(2).

[39] Reus T. H. , Lamont B. T. , Ellis K. M. A darker side of knowledge transfer following international acquisitions[J]. *Strategic Management Journal*, 2016, 37(5).

[40] Saeed S. , Yousafzai S. Y. , Engelen A. On cultural and macroeconomic contingencies of the entrepreneurial orientation-performance relationship [J]. *Entrepreneurship Theory & Practice*, 2014, 38(2).

[41] Schwens C. , Zapkau F. B. , Bierwerth M. , et al. International Entrepreneurship: A Meta-Analysis on the Internationalization and Performance Relationship [J]. *Entrepreneurship Theory & Practice*, 2017(1).

[42] Shimizu K. , Hitt M. A. , Vaidyanath D. , et al. Theoretical foundations of cross-border mergers and acquisitions: A review of current research and recommendations for the future[J]. *Journal of International Management*, 2004, 10(3).

[43] Stahl G. K. , Voigt A. Do cultural differences matter in mergers and acquisitions? A tentative model and examination[J]. *Organization Science*, 2008, 19(1)

[44] Uhlenbruck K. Developing acquired foreign subsidiaries: The experience of MNEs in transition economies[J]. *Journal of International Business Studies*, 2004, 35(2).

[45] Yang M. Ownership participation of cross-border mergers and acquisitions by emerging market firms[J]. *Management Decision*, 2015, 53(1).

[46] Zhu P. C. , Jog V. , Otchere I. Partial acquisitions in emerging markets: A test of the strategic market entry and corporate control hypotheses[J]. *Journal of Corporate Finance*, 2011, 17(2).

Key Factors in Cross-border M&A Performance: A Meta-Analysis

Ma Hongjia[1] Tang Sisi[2] Xiao Bin[3] Guo Wei[4]

(1, 2, 3 School of Management, Jilin University, Changchun, 130022;

4 China-Japan Friendship Hospital, Jilin University, Changchun, 130031)

Abstract: Cross-border M&A has become an increasingly common pattern of international expansion for companies. There are many empirical researches on the factors which influence M&A performance. However, the results of these empirical studies show a great deal of heterogeneity. In order to weaken this controversy, the paper uses Meta-analysis method to analyze 39 independent empirical studies. Exploring the influence of the three key factors—M&A experience, relatedness and ownership participation—in cross-border M&A performance. The results show that M&A experience, ownership participation and relatedness have a significant positive impact on cross-border M&A performance. In addition, the study using cultural distance as a moderator finds that, the relationship between M&A experience and cross-border M&A performance is negatively moderated by the culture distance; the relationship between relatedness and cross-border M&A performance is negatively moderated by the culture distance. The paper also finds that there are other unknown explanatory moderators in the relationship between variables. Given the uncertainties in cross-border M&A, the factors that affect cross-border M&A are worthy of further study.

Key words: Cross-border M&A; Meta-analysis; M&A experience; Ownership participation; Relatedness

专业主编：陈立敏

珞珈管理评论［2020 年卷 第 1 辑（总第 32 辑）］ Luojia Management Review No. 1, 2020(Sum. 32)

角色冲突如何导致反生产行为？探讨心理契约破裂和领导政治技能的影响[*]

● 常崇江[1] 赵 君[2] 赵书松[3]

（1，2 中南财经政法大学公共管理学院 武汉 430073；3 中南大学公共管理学院 武汉 410083）

【摘 要】本文通过对 340 名员工的问卷调查，基于资源保存理论探讨了角色冲突对反生产行为的影响机制，研究发现：角色冲突正向影响反生产行为；心理契约破裂在角色冲突与反生产行为之间具有中介作用；领导政治技能负向调节角色冲突对心理契约破裂的影响；领导政治技能与角色冲突的交互作用透过心理契约破裂中介影响反生产行为。最后，讨论了研究贡献及局限性。

【关键词】角色冲突 反生产行为 心理契约破裂 领导政治技能

中图分类号：C939 文献标识码：A

1. 引言

良好的雇佣关系是企业保持竞争优势的关键。然而随着社会经济发展，工作时间愈灵活且工作环境愈复杂，员工承担的角色内涵也不断多元化，诸多原因使得有关角色冲突的研究越来越广泛。以往研究认为，角色冲突能造成明显的压力（Kahn et al.，1964），使员工产生疲劳感（Schaubroeck et al.，1989），甚至情绪耗竭（Colbert et al.，2004）。另外，元分析也表明角色冲突会损耗员工的情绪资源，使得其在工作中产生工作撤回行为（Mesmer，Magnus & Viswesvaran，2005）。

反生产行为是指在组织中有意识地伤害或潜在伤害组织或个人，或违背组织利益的行为（Spector & Fox，2005）。鉴于角色冲突与反生产行为可能存在的理论联系，本文将探讨角色冲突是如何导致反生产行为的。根据心理契约理论，员工与组织的契约关系不仅仅是一纸合同，还包括大量明确或含糊的心理承诺（Rousseau，2001）。当员工面临角色冲突

---

* 基金项目：国家自然科学基金面上项目"上梁正下梁就正吗？领导者道德影响力下行效应的阻抑机制研究"（项目批准号：71972183）；湖北省高等学校优秀中青年科技创新团队计划"地方公务员能力建设研究"（项目批准号：T201722）；湖北省教育厅哲学社会科学研究项目"中国文化情境下绩效考核政治结构特征及影响路径研究"（项目批准号：19G017）。

通讯作者：赵君，zhjun_521@126.com。

时，由此产生的压力感与不安全感会对员工认知造成负面影响，使员工认为组织并未遵循应有的承诺，于是心理契约破裂随之发生，进而采取反生产行为作为回应。

政治技能是指运用恰当的知识理解他人或组织，并影响说服他人采取行动以实现组织或者个人目标（Ferris et al.，2007）。领导政治技能的高低会影响员工对压力源的评估，高水平的领导政治技能可以改善认知过程（Treadway et al.，2004）。另外，以往研究也主张深入探讨领导政治技能的作用机制（刘军，2010）。因此，本文尝试探讨领导政治技能在角色冲突与反生产行为之间的调节机制，以期丰富和完善领导政治技能研究。

资源保存理论认为，个人总是试图吸收、维持、保护自身所珍视的资源（Hobfoll，1989）。本研究将基于资源保存理论，探究角色冲突对反生产行为的影响机制。角色冲突需消耗员工大量的宝贵资源，领导政治技能能影响员工对资源的补充和吸收。当自身资源难以得到有效补充时，员工对自身的约束能力就会降低，进而激发反生产行为的发生。具体而言，本研究将探讨角色冲突对反生产行为的影响，以及心理契约破裂的中介作用和领导政治技能的调节作用。

2. 理论基础与假设提出

2.1 角色冲突与反生产行为

在 20 世纪 60 年代，Kahn 提出了角色情节理论（Role Episode Paradigm）。该理论认为，人们通常会采取一种与其所处角色相匹配的行为方式，并指出角色模糊、角色冲突及角色负载是角色压力的重要来源（Kahn et al.，1964）。以往研究表明，角色冲突是心理压力的重要来源（Kahn et al.，1964），而这些压力源对反生产行为有着巨大影响。角色冲突会增强员工的压力感，使员工在工作中面临一系列困难，进而实施反生产行为。

根据资源保存理论，人们总是积极地维持、保护、建立他们认为宝贵的资源，而这些资源的潜在或实际损失也是一种威胁（Hobfoll，1989）。当员工处于角色冲突状态时，他们不仅无法维持自身的资源平衡，而且会消耗资源以应对复杂环境。此时，人们仍需要资源以维持自我控制，但自身资源又难以得到有效补充，于是员工就会选择减少自我约束，进而实施反生产行为加以应对。鉴于此，研究提出以下假设：

H1：角色冲突正向影响反生产行为。

2.2 心理契约破裂的中介作用

心理契约是建立在彼此忠诚、相互信任的基础之上，其核心就是基于彼此的相互承诺（Rousseau，1995；申学武、聂规划，2007）。环境动荡使得组织对员工的承诺很难完全兑现，于是员工产生心理契约破裂（Turnley et al.，2003）。当员工的角色内容不断增加，面临无所适从的困境，这会产生强烈的压力感，消耗大量的心理资源。此时，员工认为组织是造成困境的重要原因，同时也感受不到组织对自己的支持与关心（Jawahar et al.，2007），于是就不相信组织会承担相应的责任和义务。由此，角色冲突使员工认为组织不能满足他们的利益需求，难以获得强有力的支持，进而引起心理契约破裂。

心理契约破裂会影响员工的认知过程,并对契约未履行进行分析,即为什么会出现该种情况(Robinson & Morrison,2000)。Rousseau(1995)认为,员工情感也会对归因结果进行反应,当员工觉得是组织不愿意履行契约时,就会引发消极情绪(Turnley et al.,2003)。心理契约破裂可能会使员工对组织心生不满,因为付出的努力并未得到预期回报,进而触发反生产行为(Fox et al.,2007)。

根据资源保存理论,个人需要消耗自身珍视的资源以完成组织要求的任务。当面临角色冲突时,员工需要消耗更多的资源来完成工作任务,此时员工的自身资源遭受外界因素威胁。由于资源过分损耗,员工会认为组织并没有关心自己的利益与福利,从而使得员工产生心理契约破裂。心理契约破裂又使得员工认为自己为组织付出了资源,而资源的过度消耗使得个人的自我约束力下降,进而引发反生产行为。鉴于此,研究提出以下假设:

H2:心理契约破裂在角色冲突与反生产行为之间具有中介作用。

2.3 领导政治技能的调节作用

政治技能是指在社会关系中,运用恰当的知识来理解他人或组织,并使得他人采取必要的行动以实现组织或个人目标的能力(Ferris et al.,2007)。以往研究认为,组织中大量行为都可以用政治来解释(Ferris et al.,2005),政治技能差异会导致不同的结果。良好的政治技能会有效引导组织内其他员工的政治知觉方向和程度,使他人的政治知觉朝着期望的方向转变,进而获得预期效果(Treadway et al.,2004)。

根据资源保存理论,资源是对个体认为有价值的东西(Hobfoll,1989)。其中,条件性资源是指能够为个体获取关键资源创造条件,决定着个体或群体的抗压能力(Hobfoll,1989)。对员工而言,领导毫无疑问是一种宝贵的条件性资源,领导的支持程度是员工能否获取物质性资源的关键。高政治技能的领导能创造出一种重视员工贡献且关心员工利益的环境(Treadway et al.,2004)。该环境能显著维护并增加员工的宝贵资源,有效避免资源的不当流失。对于面临角色冲突的员工,高政治技能的领导能利用人际网络和社会资源提供帮助(Mintzberg,1983),此时员工的资源损耗可以得到及时补充,维护了员工自身资源的平衡,从而遏止心理契约破裂。反之,低政治技能的领导不仅不能维护员工的资源库存,而且当员工面临角色冲突时,他们也无法从领导那里获得足够的资源支持。自身资源处于失衡状态的员工无法管控自身的情绪和行为,从而促使心理契约破裂(Shoss et al.,2013)。

H3:领导政治技能在角色冲突与心理契约破裂之间具有负向调节作用,即在高领导政治技能情况下,角色冲突对心理契约破裂的正向影响会被削弱;而在低领导政治技能情况下,角色冲突对心理契约破裂的正向影响会被增强。

人的行为是个体特征与情境特征的交互函数(Ashforth et al.,2007)。以往研究认为,角色冲突会造成心理资源的损失(Turnley et al.,2003),而领导的政治技能作为一种有效的资源弥补来源,可以有效地缓解由角色冲突所带来的不利影响。前文 H2 论述了心理契约破裂扮演了中介角色,同时我们结合 H3 和 H4 推导出角色冲突与领导政治技能的交互作用可以透过心理契约破裂间接影响反生产行为。

H4:心理契约破裂中介领导政治技能的调节作用,即领导政治技能与角色冲突的交互效应通过心理契约破裂中介影响反生产行为。

本文的研究模型如图 1 所示。

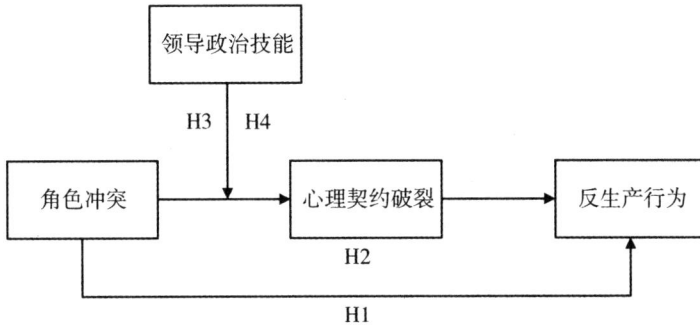

图 1　研究模型

3. 研究设计

3.1　数据采集

本次调研选取了武汉、襄阳和广州的三家企业，共发放调查问卷 500 套，回收 447 套，回收率为 89.4%。问卷回收后进行筛选，剔除无效问卷和数据缺失问卷 107 套，最后共回收有效问卷 340 套，有效回收率为 68%。数据采集分为三个时间点完成，每次间隔一个月：第一次采集人口统计学变量、自变量(角色冲突)和调节变量(领导政治技能)；第二次采集中介变量(心理契约破裂)；第三次采集因变量(反生产行为)。

本次问卷调查的人口统计学特征如下：在性别上，男性 180 人(占 52.9%)，女性 160 人(占 47.1%)；在年龄上，25 岁以下 68 人(占 20.3%)，25~30 岁 116 人(占 34.1%)，30~35 岁 57 人(占 16.8%)，35~45 岁 68 人(占 20.0%)，45 岁以上 30 人(占 8.8%)；在受教育程度上，高中/中专及以下 49 人(占 14.4%)，大专 103 人(占 30.3%)，本科 162 人(占 47.6%)，硕士及以上 26 人(占 7.6%)；在工作年限上，1 年以下 14 人(占 4.1%)，1~3 年 93 人(占 27.4%)，3~5 年 66 人(占 19.4%)，5~10 年 65 人(占 19.1%)，10 年以上 102 人(占 30.0%)。

3.2　研究工具

为了确保测量工具的信度和效度，本研究尽量采用国内外研究使用过的成熟量表。对于国外量表，我们遵从翻译-回译程序，由研究生分别进行英汉互译，形成初始量表，然后请两位专家加以评价，在此基础上形成最终量表。

角色冲突采用的量表包含 Rizzo(1970)等人编制量表的 5 个题项，典型题项如"我常常从两人或多人那里接受相互矛盾的任务""我必须做一些内容不同的工作"等。经检验，该量表的内部一致性系数 Cronbach's α 为 0.792。

心理契约破裂采用的是 Robinson 和 Morrison(2000)编制的量表,分为心理契约违背和心理契约破裂两个维度,共 9 个题项,典型题项如"在我被雇佣期间,雇主几乎完全没有遵守他的承诺""对于奖励我工作贡献的承诺,雇主没有完全兑现"等。经检验,该量表的内部一致性系数 Cronbach's α 为 0.868,且模型拟合指标 $\chi^2/df = 2.87$、TLI = 0.97、CFI = 0.98、RMSEA = 0.07。

领导政治技能采用的是 Ferris 和 Treadway(2005)编制的量表,分为社会机敏、人际影响、人际网络和外显真诚四个维度,共 18 个题项,典型题项如"我擅长与工作中有影响力的人物建立联系""我擅长利用人际关系网来处理工作中的事情"等。经检验,该量表的内部一致性系数 Cronbach's α 为 0.855,且模型拟合指标 $\chi^2/df = 2.50$、TLI = 0.91、CFI = 0.95、RMSEA = 0.07。

反生产行为采用 Bennett 和 Robinson(2000)编制的量表,分为组织指向反生产行为和个人指向反生产行为两个维度,共 18 个题项,典型题项如"故意放慢工作速度""诽谤或嘲笑同事"等。经检验,该量表的内部一致性系数 Cronbach's α 为 0.971,且模型拟合指标 $\chi^2/df = 3.14$、TLI = 0.96、CFI = 0.97、RMSEA = 0.08。

另外,本研究选择性别、年龄、教育程度和工作年限等人口统计学变量作为控制变量,因为它们对反生产行为的影响已得到反复证实(Fox et al., 2001;Spector & Fox, 2005)。

研究采用 Harman 单因素检验以检验共同方法偏差。结果表明,单因素模型的拟合效果是最差的,四因素模型的拟合效果明显优于单因素模型,这表明本研究不存在严重的共同方法偏差。

研究采用 AMOS17.0 软件进行验证性因子分析。对于心理契约破裂、领导政治技能和反生产行为等多维度量表,我们将各维度作为构念的显变量指标(Zhang & Bartol, 2010)。如表 1 所示,四因素模型的拟合效果($\chi^2/df = 2.83$,TLI = 0.92,CFI = 0.97,RMSEA = 0.07)明显优于其他模型,这说明本研究的四个变量具有良好的区分效度。

表 1　　　　　　　　　　　　　　　验证性因子分析

模型	因子结构	χ^2/df	TLI	CFI	RMSEA
四因素模型	角色冲突;心理契约破裂;领导政治技能;反生产行为	2.83	0.92	0.97	0.07
三因素模型	角色冲突+心理契约破裂;领导政治技能;反生产行为	4.26	0.86	0.93	0.10
二因素模型	角色冲突+心理契约破裂;领导政治技能+反生产行为	4.37	0.85	0.93	0.10
单因素模型	角色冲突+心理契约破裂+领导政治技能+反生产行为	4.61	0.84	0.91	0.10

4. 数据分析与假设检验

4.1 描述性统计分析

研究采用 SPSS 20 软件对数据进行分析，各变量的均值、标准差和相关系数如表 2 所示。

表 2　　　　　　　　　　　　变量的均值、标准差和相关系数

变量	1	2	3	4	5	6	7	8
均值	1.47	2.63	2.49	3.44	2.65	2.24	2.60	1.87
标准差	0.50	1.25	0.83	1.28	0.86	0.77	0.49	0.86
1 性别	—							
2 年龄	0.20**	—						
3 受教育程度	0.06	-0.01	—					
4 工作年限	0.13*	0.79**	-0.01	—				
5 角色冲突	-0.04	0.10	0.11**	-0.04	—			
6 心理契约破裂	0.19**	0.09	-0.06	0.04	0.53**	—		
7 领导政治技能	0.04	0.17**	0.15**	0.27**	-0.09	0.27	—	
8 反生产行为	-0.10	-0.03	-0.04	0.10	0.27**	0.40**	-0.06	—

注：* 表示 $p < 0.05$，** 表示 $p < 0.01$。

4.2 假设检验

如表 3 中 M6 所示，角色冲突对反生产行为具有显著正向影响（$\beta = 0.33$，$p < 0.01$），故 H1 得到验证。根据 M7 所示，心理契约破裂对反生产行为的正向影响显著（$\beta = 0.34$，$p < 0.01$），且角色冲突对反生产行为的正向影响也显著（$\beta = 0.14$，$p < 0.05$），故心理契约破裂在角色冲突与反生产行为之间具有部分中介作用，H2 得到验证。然后，依据 Mackinnon 等人（2002）的中介效应检验法，运用 MPLUS 7.0 软件进行拔靴法（Bootstrap = 2000）分析，心理契约破裂的中介效应为 0.16，95% 的置信区间为 [0.12, 0.21]，即角色冲突通过心理契约破裂影响反生产行为的中介效应显著，故 H2 再次得到支持。

根据 M4 所示，角色冲突与领导政治技能交互项对心理契约破裂具有显著影响（$\beta = -0.14$，$p < 0.05$），这说明领导政治技能对角色冲突与心理契约破裂之间的关系具有显著调节作用。然后，我们运用 MPLUS 7.0 软件进行简单斜率检验，结果表明高、低领导政治技能的效应差为 -0.11，95% 的置信区间为 [-0.15，-0.06]，这表明领导政治技能负向调节了角色冲突与心理契约破裂之间的关系，故 H3 得到验证。为了进一步刻画领导政治

技能的调节作用，我们用简单回归法示意上述变量关系(见图2)，并对自变量和调节变量均做了中心化处理。在图2的横坐标中，低和高分别代表了一个负标准差和一个正标准差。

表3

层次回归分析

变量	心理契约破裂				反生产行为		
	M1	M2	M3	M4	M5	M6	M7
控制变量							
性别	-0.22^{**}	-0.17^{**}	-0.17^{**}	-0.18^{**}	-0.08	-0.06	0.00
年龄	0.21^{*}	0.02	0.02	0.01	-0.27^{**}	-0.38^{**}	-0.39^{**}
受教育程度	-0.05	-0.11^{*}	-0.10^{*}	-0.10^{*}	-0.03	-0.07	-0.03
工作年限	-0.10	0.07	0.06	0.07	0.32^{**}	0.42^{**}	0.40^{**}
自变量							
角色冲突		0.54^{**}	0.54^{**}	0.52^{**}		0.33^{**}	0.14^{*}
中介变量							
心理契约破裂							0.34^{**}
调节变量							
领导政治技能			0.04	0.03			
交互项							
角色冲突×领导政治技能				-0.14^{**}			
R^2	0.06	0.33	0.33	0.35	0.05	0.15	0.23
ΔR^2	0.06^{**}	0.27^{**}	0.00	0.02^{**}	0.05^{**}	0.10^{**}	0.08^{**}

注：* 表示 $p<0.05$，** 表示 $p<0.01$。

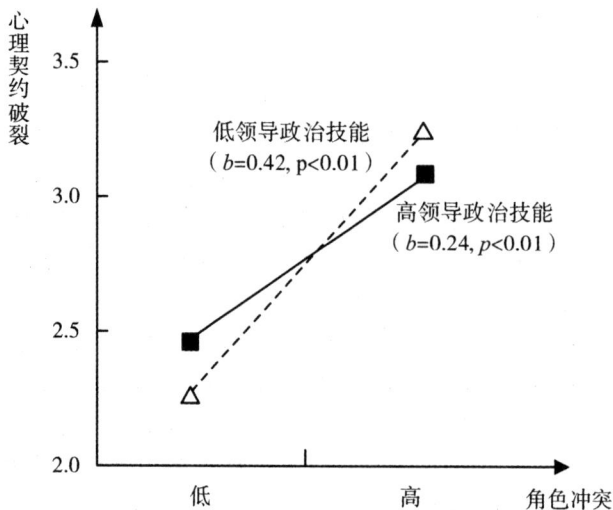

图2　领导政治技能的调节作用示意图

另外，研究运用 MPLUS 7.0 软件进行拔靴法（Bootstrap ＝2000）分析，结果表明在高领导政治技能条件下，心理契约破裂的间接效应为 0.13，95% 的置信区间为［0.09，0.17］，在低领导政治技能条件下，心理契约破裂的间接效应为 0.16，95% 的置信区间为［0.12，0.21］，且心理契约破裂的间接效应差为−0.03［−0.04，−0.02］，即领导政治技能与角色冲突的交互作用透过心理契约破裂中介影响反生产行为，故 H4 得到验证。

5. 研究结论与局限性

本研究从资源保存理论出发，探究了角色冲突对反生产行为的影响机制，主要结论如下：首先，角色冲突对反生产行为具有正向影响。当员工处于角色冲突时，会造成个人资源的严重损耗，此时损失的资源难以得到有效补充，为此员工可能通过反生产行为进行弥补，该结论与以往主流观点类似（Mesmer-Magnus & Viswesvaran, 2005）。其次，心理契约破裂具有中介作用。当员工面临角色冲突时，组织未觉察或置之不理，将消耗员工大量的心理资源。组织不关心或不愿意履行承诺，将使员工产生心理契约破裂，进而导致反生产行为。再次，领导政治技能具有调节作用。对于角色冲突所产生的资源损耗，领导政治技能可以有效补充，这为员工的资源平衡提供了良好来源，于是可以有效地管控心理契约破裂。最后，研究还构建了一个有中介的调节效应模型，即角色冲突与领导政治技能的交互作用是透过心理契约破裂中介影响反生产行为的。

本研究的理论贡献表现如下：第一，从资源保存理论的视角，解释了角色冲突激发反生产行为的行为机制，并发现心理契约破裂在这两者之间具有中介作用。角色冲突等工作压力源经常被视为消极反应的触发源，但这一影响路径为何，其理论背景是什么，一直是学术界所关注的热门话题。本研究基于资源保存理论提供了一种可能的解释，这增进了人们对于角色冲突与反生产行为关系的理解。第二，研究发现领导政治技能是一种拓展员工心理资源的有效手段，即领导政治技能可以很好地促进员工资源的形成和补给，保持心理资源的平衡，从而削弱角色冲突可能带来的不利影响。该结论也表明，政治技能不仅对领导自身具有重要意义，同时对于下属的员工与组织都具有重要价值。另外，本研究也有一定的管理实践意义。首先，组织应当注重与员工的心理契约关系。环境剧变促使角色不断变换，这给员工心理带来了不小的负担。组织应当加强对员工需求的了解，通过恳谈、讨论等多种形式给予辅导和支持。其次，领导在管理活动中应加强政治技能水平。本研究的结论表明，政治技能可以充当润滑剂和缓冲器，从而恢复或促进员工的积极心理资源。它对于舒缓员工心理压力，提升其工作绩效具有良好效用。

当然，本研究不可避免也存在一定局限性：首先，研究模型的所有变量都采用自测法，尽管我们分三个时间点来采集，但数据的同源误差依然存在，希望未来研究通过配对法采集数据再次验证本模型的可靠性。其次，领导政治技能是团队层变量，应当由领导的上级评价或由员工评价以团队为单位聚合而成，但我们因条件限制仅仅由员工自评，这在数据采集方法上存在不严谨。最后，本研究仅从资源保存理论视角解释了角色冲突与反生产行为之间的关系，建议未来研究积极拓展理论视角，如从社会学习视角解释反生产行为是如何在群体内传播的，以及反生产行为在组织纵向结构中的涓滴效应等。

◎ 参考文献

[1] 刘军, 吴隆增, 许浚. 政治技能的前因与后果[J]. 管理世界, 2010, 26(11).

[2] 申学武, 聂规划. 电子商务情境中的心理契约及其测量[J]. 武汉理工大学学报(信息与管理工程版), 2007, 29(1).

[3] Ashforth, B. E., Sluss, D. M., Saks, A. M. Socializationtactics, proactive behavior, and newcomer learning: integrating socialization models [J]. *Journal of Vocational Behavior*, 2007, 70(3).

[4] Bennett R. J., Robinson S. L. The development of a measure of workplace deviance [J]. *Journal of Applied Psychology*, 2000, 85(3).

[5] Colbert, A. E., Mount, M. K., Harter, J. K., et al. Interactive effects of personality and perceptions of the work situation on workplace deviance [J]. *Journal of Applied Psychology*, 2004, 89(4).

[6] Ferris, G. R., Treadway, D. C., Kolodinsky, R. W., et al. Development and validation of the political skill inventory[J]. *Journal of Management*, 2005, 31(1).

[7] Ferris, G. R., Treadway, D. C., Perrewe, P. L., et al. Political skill in organization [J]. *Journal of Management*, 2007, 33(3).

[8] Fox, S., Spector, P. E., Goh, A., Bruursema, K. Doesyour coworker know what you're doing? convergence of self-reports and peer-reports of counterproductive work behavior [J]. *International Journal of Stress Management*, 2007, 14(1).

[9] Fox, S., Spector, P. E., Miles, D. Counterproductivework behavior (CWB) in response to job stressors and organizational justice: some mediator and moderator tests for autonomy and emotions [J]. *Journal of Vocational Behavior*, 2001, 59(3).

[10] Hobfoll, S. E. Conservation of resources—A new attempt at conceptualizing stress [J]. *American Psychologist*, 1989, 44(3).

[11] Jawahar, M., Thomas, H., Stone Jennifer, L. K. Role conflict and burnout: The direct and moderating effects of political skill and perceived organizational support on burnout dimensions [J]. *International Journal of Stress Management*, 2007, 14(2).

[12] Kahn, R. L., Wolfe, D. M., Quinn, R. P., et al. *Organizational stress: studies in role conflict and ambiguity* [M]. New York: Wiley, 1964.

[13] Mackinnon, D. P., Lockwood, C. M., Hoffman, J. M., et al. A comparison of methods to test mediation and other intervening variable effects [J]. *Psychological Methods*, 2002, 7(1).

[14] Mesmer-Magnus, J. R, Viswesvaran, C. Convergence betweenmeasures of work-to-family and family-to-work conflict: A meta-analytic examination [J]. *Journal of Vocational Behavior*, 2005, 67(2).

[15] Mintzberg, H. *Power in and around organizations* [M]. Englewood Cliffs, NJ: Prentice-

Hall, 1983.

[16] Rizzo, J. R. , House, R. J. , Lirtzman, S. I. Roleconflict and ambiguity in complex organizations [J]. *Administrative Science Quarterly*, 1970, 15(2).

[17] Robinson, S. L. , Wolfe Morrison, E. The development of psychological contract breach and violation: A longitudinal study [J]. *Journal of Organizational Behavior*, 2000, 21 (5).

[18] Rousseau, D. M. *Psychological contracts in organizations: Understanding written and unwritten agreements* [M]. Thousand Oaks, Sage Publications, 1995.

[19] Rousseau, D. M. Schema, promise and mutuality: The building blocks of the psychological contract [J]. *Journal of Occupational and Organizational Psychology*, 2001, 74(4).

[20] Schaubroeck, J. , Cotton, J. L. , Jennings, K. R. Antecedents and consequences of role stress: A covariance structure analysis [J]. *Journal of Organizational Behavior*, 1989, 10 (3).

[21] Shoss, M. K. , Eisenberger, R. , Restubog, S. L. D. , et al. Blaming the organization for abusive supervision: The roles of perceived organizational support and supervisor's organizational embodiment [J]. *Journal of Applied Psychology*, 2013, 98(1).

[22] Spector, P. E. , Fox, S. *The stressor-emotion model of counterproductive work behavior. counterproductive work behavior: Investigations of actors and targets* [M]. Washington, DC: American Psychological Association, 2005.

[23] Treadway, D. C. , Hochwarterb, W. A. , Ferrisb, G. R. Political will, political skill, and political behavior [J]. *Journal of Organizational Behavior*, 2005, 26(3).

[24] Treadway, D. C. , Hochwarterb, W. A. , Ferrisb, G. R. , et al. Leader political skill and employee reactions [J]. *The Leadership Quarterly*, 2004, 15(4).

[25] Turnley, W. H. , Bolino, M. C. , Lester, S. W. , et al. The impact of psychological contract fulfillment on the performance of in-role and organizational citizenship behaviors [J]. *Journal of Management*, 2003, 29(2).

How Does Role Conflict Lead to Counterproductive Work Behaviors: The Impact of Psychological Contract Breach and Leader Political Skill

Chang Chongjiang[1] Zhao Jun[2] Zhao Shusong[3]

(1, 2 School of Public Administration, Zhongnan University of Economics and Law, Wuhan, 430073;

3 School of Public Administration, Central South University, Changsha, 410083)

Abstract: Taking a sample of 340 employees, the paper explored the influence of role conflict on counterproductive work behaviors based on the conservation of resources theory. The results were as follows: role conflict had a positive effect on counterproductive work behaviors; psychological contract breach played a mediating role in the relationship between role conflict and counterproductive work behaviors; leader political skill negatively moderated the relationship between role conflict and psychological contract breach; the interaction between leader political skill and role conflict effected counterproductive work behaviors through psychological contract breach. Finally, research contributions and limitations were discussed.

Key words: Role Conflict; Counterproductive Work Behavior; Psychological Contract Breach; Leader Political Skill

专业主编：杜　旌

CEO 和 CFO 任期交错是否降低
企业投资效率[*]

● 杨　筝[1]　李　彤[2]　范文林[3]

(1 武汉纺织大学管理学院　武汉　430200；2 郑州大学商学院　郑州　450000；
3 华中师范大学经济与工商管理学院　武汉　430079)

【摘　要】本文选取 2009—2015 年沪深 A 股上市企业为研究样本，研究
CEO 和 CFO 任期交错对企业投资效率的影响。研究发现：CEO 与 CFO 任期交错
降低企业的投资效率；两者任期交错的时间越长，该影响越大；上述结果不受
CEO 任职时间早于还是晚于 CFO 的影响；两者合作时间越长，任期交错对投资
效率的负面影响越小。进一步研究表明，CEO 权力、机构投资者持股和分析师
跟踪在一定程度上会对 CEO 和 CFO 任期交错对投资效率的影响产生调节作用：
当 CEO 权力较大时，两者任期交错对企业投资效率的影响程度有所增加；机构
投资者持股和分析师跟踪缓解 CEO 和 CFO 任期交错对投资效率的影响。

【关键词】任期交错　任期异质性　投资效率　CEO　CFO

中图分类号：F831.4　　　　　文献标识码：A

1. 引言

投资作为企业最重要的经济活动之一，对企业参与市场竞争具有决定性作用。而在现
实经济中，投资过度、投资不足等非效率投资现象普遍存在，影响着企业的持续经营与发
展。长期以来，投资效率领域的高管视角相关文献更多关注企业管理者、董事对投资效率
的影响（侯巧铭等，2017；代昀昊和孔东民，2017）。这些研究为我们理解高管成员对企
业投资效率的影响提供了重要的理论及经验证据，然而从管理者个人特征等方面考察其对
企业投资的影响，忽视了投资决策的复杂性、管理者有限理性以及高管团队在企业投资决
策过程中的重要作用（Bromiley & Rau，2016；Hambrick，2007）。实际上，不同职务的高

＊ 基金项目：湖北省高等学校人文社会科学重点研究基地-企业决策支持研究中心重大项目"大数据
与智能情景下决策知识获取与信息资源"（项目批准号：DSS20180204）；湖北金融发展与金融安全研究
中心 2018 年重点课题"利率市场化对我国实体企业投资结构选择影响研究"（项目批准号：2018Z002）。

通讯作者：杨筝，E-mail：yangzheng704@ gmail. com。

管成员掌握不同的信息、拥有不同的专业知识和技能，在企业投资决策中发挥着不同的作用。其中，CFO 作为企业财务会计工作的最高领导者（Friedman，2014），直接负责企业财务信息，对企业投资等财务决策有着重要影响（向锐，2015；Chava & Purnanandam，2008）。而以往关于投资效率的研究更多关注 CEO 或董事，对 CFO 与企业投资效率之间的关系缺乏系统深入的考察。此外，在 CEO 和 CFO 共同决定企业投资决策的过程中，任期异质性的存在可能给两者之间的信息交换和交流沟通带来负面影响，进而对投资效率产生一定程度的作用。高管团队成员中，CEO 作为决策者，CFO 作为直接掌握企业财务信息的财会活动领导者，两者任期异质性即任期交错是否会影响企业投资决策，现有文献对此缺乏深入研究。因此，CEO 和 CFO 的任期异质性是否阻碍两者的信息交换和交流沟通，进而对企业投资效率产生负面作用？如果存在负面作用，CEO 和 CFO 的任职年限及任职时间差异会给这种作用带来什么影响？这种作用在什么条件下会发生变化？这些都是亟待回答的问题。基于此，本文聚焦于 CEO 和 CFO，从企业投资角度考察 CEO 和 CFO 的任期异质性对企业投资效率的影响，进而为考察高管团队特征和企业绩效之间的关系提供一个新的视角。

基于以上分析，本文利用 2009—2015 年上市企业数据，实证检验了 CEO 和 CFO 任期交错对投资效率的影响，考察 CEO 和 CFO 的任职年限及任职时间带来的差异，并进一步研究 CEO 权力大小与机构投资者持股、分析师跟踪的调节作用。

本文的研究贡献为：第一，相比于以往高管团队成员背景特征领域的研究，本文基于投资决策者 CEO 和财务信息负责人 CFO 任期交错视角，考察高管团队成员信息沟通、交流合作对投资效率的影响，深化了高管团队任期异质性和团队沟通、企业绩效的相关研究，丰富了高阶梯队理论；第二，已有研究表明 CEO 和 CFO 的变更、任期等因素会影响企业投资效率，本文从 CEO 和 CFO 任期交错角度分析企业内在投资决策过程，拓展了投资效率领域的研究，为高管变更及任期对投资效率的影响提供了新的证据；第三，基于人口学特征的已有研究对实践的意义有限，企业难以干预高管团队成员的人口背景特征，本文的研究结论对如何提高企业投资效率，以及企业 CEO 和 CFO 的任命等人力资源管理实践具有一定的现实指导意义，使高阶梯队理论对实践的指导意义更强。

本文后续内容安排如下：第二部分介绍 CEO 和 CFO 任期交错影响企业投资效率的理论分析并提出研究假设；第三部分说明样本选择和研究设计；第四部分实证检验 CEO 和 CFO 任期交错对投资效率的影响，同时区分 CEO 权力大小、机构投资者持股和分析师跟踪；第五部分是全文总结。

2. 理论分析与研究假设

近年来，人们逐渐关注高管团队成员的背景特征对团队信息交流及企业绩效的影响。随着高阶梯队理论的发展，学者们认为高管团队成员的背景特征反映其认知和价值观，影响着他们对信息和决策的判断，进而影响企业绩效和战略选择（Hambrick & Mason，1984；Wu et al.，2017）。因此，已有研究以人口统计学特征（如年龄、任期、教育背景等）代理个性、认知、价值观等心理特征（Díaz-Fernández et al.，2015），研究高管团队成员人口统计学特征与企业绩效的关系。就高管团队成员的任期异质性对团队信息交流及企业绩效的影响来看，一般认为高管团队成员的任期异质性是一把"双刃剑"（Certo et al.，2010；姜付秀等，2013）。其中一方面，高管团队任期异质性会导致成员之间的相互不信任和冲突（Smith et al.，1994；姚振华和孙海法，2010），降低凝聚力，影响团队合作及成员之间的协作（Jackson et al.，1991），导致交流沟通不畅（顾予湘等，2015），信息交换困难（Ancona & Caldwell，1992），并导致离职率上升（Boone et al.，2004），阻碍企业创新，不利于企业适应市场环境的改变和提高绩效。另一方面，存在任期异质性的高管团队中，团队成员更敢于改变现状，表达不同观点（Fauth et al.，2013），并且任期异质性有利于抑制高管合谋，缓解企业盈余管理行为（姜付秀等，2013；何威风，2015）。通过对已有文献的分析可以看出，高管团队任期异质性会影响高管行为和企业决策（郭葆春和刘艳，2015；Ndofor et al.，2015）。投资作为一项重要的企业财务决策，与企业价值直接相关，研究其与高管团队任期异质性的关系对企业的经营发展具有重要的现实意义。基于此，本文从 CEO 和 CFO 任期交错视角，对高管团队任期异质性如何对企业投资行为产生影响进行理论分析和实证检验，并进一步分析 CEO 权力大小与机构投资者持股、分析师跟踪在 CEO 和 CFO 任期异质性与企业投资效率之间关系中的调节作用。

2.1 CEO 和 CFO 任期交错对投资效率的影响

在企业决策过程中 CEO 发挥着至关重要的作用，作为高层经营管理者之首的 CEO 肩负着战略决策的职责，其个人行为影响着高管团队的集体决策（Sariol & Abebe，2017；Adams & Ferreira，2005），对企业绩效产生重要的影响。基于短期限决策（李培功和肖珉，2012）、声誉与职业生涯考虑（曹国华等，2017）、过度自信等原因，CEO 存在着扭曲企业投资行为的动机，管理者权力（Li，2016）、管理知识与技能也对 CEO 的投资决策产生影响。同时，直接负责企业财务信息的 CFO 对企业投资决策具有同样重要的作用。以往的研究较少关注 CFO 与企业投资决策之间的关系，将 CFO 视为 CEO 的代理人（Graham & Harvey，2001）。CFO 作为高管成员之一，全面负责企业财务会计工作，直接掌握与企业投资决策相关的高质量、完整全面的财务会计信息和系统完备的财务信息的分析和处理能力（王福胜和程富，2014）。由于环境的不确定性和决策的复杂性，决策者需要对大量相关的财务和非财务信息进行综合分析（Peysakhovich & Karmarkar，2016），CEO 进行关乎企业价值和未来增长的投资决策的过程越来越依赖充分互动、集体智慧、团队论证和信息共享（李卫宁和吴荻，2014）。而高管团队的沟通频率、氛围、非正式沟通等的质量会对决策过程和效率产生影响，高质量的沟通会产生高效率的决策（束义明和郝振省，2015）。当 CEO 和 CFO 存在任期交错时，任期异质性会造成两者相互排斥（Singh & Ho，2011）、相互不信任并产生冲突，进而造成信息交换困难（Ancona & Caldwell，1992），交流沟通不畅（顾予湘等，2015），影响两者的协作（Jackson et al.，1991）。基于此，当 CEO 进行投资决策时，CFO 配合提供相关财务信息的意愿会下降，两者信息交流不充分，降低投资决策程序的执行效率，进而可能导致企业投资效率降低。而当 CEO 和 CFO 任职同期履职时，他们的交流更频繁且更容易达成一致（姜付秀等，2013），当 CEO 进行投资决策时，CFO 更愿意提供有助于投资决策的信息，从而可能提高企业投资效率。基于以上分析，提出如下假设：

H1：CEO 和 CFO 任期交错会降低企业投资效率。

2.2 CEO 权力对 CEO 和 CFO 任期交错与投资效率关系的影响

作为高管团队领导者，CEO 权力与其他高管成员不对称（姚振华和孙海法，2011），其在企业决策过程中发挥关键作用。CEO 对高管团队决策过程和组织绩效有重要影响（王永伟，2017；Colbert et al.，2008），CEO 权力大小在其影响团队决策和组织绩效的过程中扮演重要角色。CEO 权力越大，其个人决策对群体决策影响越大，一方面 CEO 拥有更多信息与资源，更依赖自身整合资源（Eggers & Kaplan，2009）；另一方面，CEO 更不易于与其他高管成员相妥协，在高管团队的决策意见出现分歧时，权力较大的 CEO 甚至可以促使其个人决策替代群体决策（赵毅等，2016）。因此当 CEO 权力较大时，CEO 个人意志对高管团队及企业经营管理、决策控制产生较大影响（Ishida & Asao，2012；Chen 等，2015），CEO 可能忽略 CFO 提供的与投资决策相关的财务信息及意见，投资决策更多体现其个人目标（Sah & Stiglitz，1986）。在这种情况下，CEO 的独断专行可能增加其与 CFO 之间的矛盾，使其与 CFO 的交流沟通进一步减少，导致投资决策相关财务信息不能及时有效传达。当 CEO 权力较小时，CEO 行为受到更多监督约束，为避免离职变更等风险，其有动机增加与 CFO 沟通交流，做出最优投资决策。进一步地，本文认为 CEO 和 CFO 任期交错对投资效率的作用会受到 CEO 权力大小的影响。据此本文假设：

H2：CEO 权力越大，CEO 和 CFO 任期交错对投资效率的负面作用越显著。

2.3 机构投资者持股和分析师跟踪对 CEO 和 CFO 任期交错与投资效率关系的影响

机构投资者和分析师拥有强大的信息资源和信息优势，在信息传递过程中扮演重要角色，也在对管理层的监管约束及高管团队成员之间的信息沟通过程中发挥间接作用。机构投资者掌握较多的行业及企业相关信息，其广泛的关系网络能够促进信息交流传播（唐松莲等，2015），有利于缓解企业内外部信息不对称。分析师作为信息中介，为企业信息披露与信息传播提供条件，有利于改善企业信息环境，能够进一步减小企业的信息不对称程度。分析师跟踪人数越多，表示企业相关信息更多被交流传播，企业内外部可获得的信息总量越多（赵康生，2016）。根据前文分析，当企业 CEO 与 CFO 之间存在任期异质性时，会出现两者不信任、沟通不畅等情况，造成 CEO 与 CFO 之间信息不对称，CEO 无法完全获得企业内外部的财务信息，从而有可能造成投资决策失误，降低投资效率。然而，机构投资者持股比例和分析师跟踪人数代表着企业私有信息被获得并传播的程度，机构投资者和证券分析师所扮演的信息中介角色可以有效地缓解高管团队沟通不畅所导致的决策武断，有助于缓解 CEO 与 CFO 因沟通不畅所导致的信息不对称的局面，从而做出正确的投资决策，提高投资效率。从另一方面来看，机构投资者持股与分析师跟踪能够有效履行外部监督作用（宋常和刘司慧，2010；王化中和薛颖，2018），企业内部 CEO 与 CFO 为了向外部传达利好消息，可能会积极主动地进行沟通交流、分享信息，使得高管层能够做出有利于企业的投资决策，提高投资效率。因此，本文认为机构投资者持股与分析师跟踪可以有效缓解 CEO 与 CFO 之间存在的信息不对称情况，同时促使两者进行信息交流，做出恰当的投资决策，缓解任期交错的负面作用，进而提高企业的投资效率。从这一逻辑出发，本文提出以下假设：

H3：机构投资者持股和分析师跟踪缓解 CEO 和 CFO 任期交错对投资效率的负面影响。

3. 研究设计

3.1 样本选择与数据来源

本文选取我国沪深两市 2009—2015 年的 A 股上市企业为研究样本，选择 2009 年作为样本起点主要考虑了 2008 年前后发生了全球范围内的经济大萧条，上市公司的相关数据受到经济危机的冲击，变化较大，可比性较差，所以本文排除了 2009 年以前的样本数据。行业按中国证监会 2001 年颁布的《上市公司行业分类指引》进行分类，其中 CEO 和 CFO 背景特征数据来源于 CSMAR 数据库，其余数据全部来源于 CCER 数据库。本文对样本进行如下筛选：(1)剔除金融保险行业上市企业；(2)剔除当年 IPO 的企业；(3)提出数据缺失的样本；(4)剔除退市、ST、＊ST 的样本，最终包含 12290 个观测值。为消除极端值的影响，对于所使用到的主要连续变量，按 1% 和 99% 水平进行缩尾处理。

3.2 主要变量界定

本文借鉴(Biddle et al.，2009)模型估算企业投资效率，用残差值的绝对值说明投资效率(INEF)，该值越大，则投资效率越低，具体见后文模型(1)。为衡量 CEO 和 CFO 任期交错，任期交错本文借鉴姜付秀等(2013)的衡量方式，分别设置哑变量(Dumtenure)和连续变量(Abstenure)两个指标，任期交错哑变量衡量 CEO 和 CFO 是否存在任期交错，任期交错连续变量衡量两者任期交错的程度，即任职年限之差。本文还根据 CEO 任职时间是否早于 CFO，设计了不同方向的任期交错差异变量 Dumtenure_CEO 和 Dumtenure_CFO，当 CEO 任职时间早于 CFO 时，Dumtenure_CEO 为 CEO 任职年限与 CFO 任职年限之差，否则 Dumtenure_CEO = 0；当 CEO 任职时间晚于 CFO 时，Dumtenure_CFO 为 CFO 任职年限与 CEO 任职年限之差，否则 Dumtenure_CFO = 0。同时，本文还设置 Group 变量衡量 CEO 和 CFO 任期交错后的合作时间，当 CEO 和 CFO 合作时间为 0-1 年，$Group_1 = 1$，否则为 0；当 CEO 和 CFO 合作时间为 2-3 年，$Group_2 = 1$，否则为 0；当 CEO 和 CFO 合作时间为 4-5 年，$Group_3 = 1$，否则为 0；当 CEO 和 CFO 合作时间为 5 年以上，$Group_4 = 1$，否则为 0。为进一步检验 CEO 权力、机构投资者持股和分析师跟踪对 CEO 和 CFO 任期交错与投资效率关系的影响，本文引入哑变量第一大股东持股比例(Power)、机构投资者持股比例(Institution)与分析师跟踪人数(Analyst)作为调节变量。此外，本文控制如下影响投资效率的企业特征变量，包括企业规模(Size)、现金比(Cash)、资产负债率(Lev)、托宾 Q(TobinQ)、资产收益率(ROA)、固定资产(PPE)、资本性支出(Capital)与产权性质(Priv)。同时，用行业(Industry)和年度(Year)哑变量来控制宏观经济环境、制度变迁等固定因素对结果的影响。变量说明如表1所示。

表1　　　　　　　　　　　　　　　　变量说明表

变量类型	变量名称	变量符号	变量描述
因变量	投资效率	INEF	模型(1)残差的绝对值
自变量	任期交错哑变量	$Dumtenure_i$	CEO和CFO任职年限不同取值为1，否则为0
自变量	任期交错连续变量	$Abstenure_i$	CEO和CFO任职年限之差取绝对值
自变量	任期交错差异变量	Dumtenure_CEO/CFO	CEO任职年限与CFO任职年限之差
自变量	CEO与CFO合作时间	$Group_i$	CEO和CFO任期交错后的合作时间
调节变量	第一大股东持股比例	Power	第一大股东持股比例小于50%取值为1，否则为0
调节变量	机构投资者持股比例	Institution	机构投资者持股比例高于平均值取值为1，否则为0
调节变量	分析师跟踪人数	Analyst	分析师跟踪人数高于平均值取值为1，否则为0
控制变量	企业规模	Size	年末总资产的自然对数
控制变量	现金比	Cash	年末货币资金/总资产
控制变量	资产负债率	Lev	年末负债总额/年末总资产
控制变量	托宾Q	TobinQ	所有者权益和负债的市场价值与公司账面总资产的比值
控制变量	资产收益率	ROA	资产报酬率，为当年净利润/年末总资产
控制变量	固定资产	PPE	固定资产/总资产
控制变量	资本性支出	Capital	资本性支出/总资产
控制变量	产权性质	Priv	国有企业取值为1；非国有企业取值为0

3.3　实证模型

由于Biddle等(2009)提出的模型能够较为准确地度量投资效率，为检验本文提出的假设，本文首先使用Biddle等(2009)提出的模型估计企业预期投资，用模型的残差绝对值表示企业的投资偏离度(INEF)，该值越大，则投资效率越低。模型(1)中$Invest_{i,t+1}$为$t+1$年资本投资，等于现金流量表中购建固定资产、无形资产和其他长期资产所支付的现金与处置固定资产、无形资产和其他长期资产所收回的现金净额之差除以总资产；$Sales\_Growth_{i,t}$为企业t年的销售收入增长率。

$$Invest_{i,t+1} = \alpha_0 + \alpha_1 Sales\_growth_{i,t} + \varepsilon_{i,t+1} \tag{1}$$

为考察 CEO 和 CFO 任期交错对投资效率的影响，本文首先建立模型(2)，其中 INEF 为模型(1)中企业投资效率偏离度的绝对值。本文控制变量用向量组 Control 来表示。

$$INEF_{i,t} = \beta_0 + \beta_1 Dumtenure_{i,t}/Abstenure_{i,t} + Control_{i,t} + \sum Year_{i,t} + \sum Industry_{i,t} + \varepsilon_{i,t} \quad (2)$$

其次建立模型(3)研究 CEO 的任职时间早于或者晚于 CFO 是否对投资效率产生不同影响。

$$INEF_{i,t} = \beta_0 + \beta_1 Dumtenure\_CEO/CFO_{i,t} + Control_{i,t} + \sum Year_{i,t} + \sum Industry_{i,t} + \varepsilon_{i,t} \quad (3)$$

最后建立模型(4)检验 CEO 和 CFO 任期交错对投资效率的影响是否会因两者合作时间而不同。

$$INEF_{i,t} = \beta_0 + \beta_k \sum_{k=1}^{4} Group_{i,k} + Control_{i,t} + \sum Year_{i,t} + \sum Industry_{i,t} + \varepsilon_{i,t} \quad (4)$$

为进一步研究 CEO 权力、机构投资者持股和分析师跟踪对 CEO 和 CFO 任期交错与投资效率关系的影响，本文在模型(2)的基础上，分别加入第一大股东持股比例(Power)、机构投资者持股比例(Institution)与分析师跟踪人数(Analyst)的哑变量与任期交错的交乘项。

4. 实证结果及分析

4.1 描述性统计

表 2 是 CEO 和 CFO 任期交错与投资效率的描述性统计结果。企业投资效率平均值为 0.194，标准差为 0.423。任期交错哑变量(Dumtenure)的均值为 0.341，，即 CEO 和 CFO 任期交错的样本占总样本的 34.1%。CEO 和 CFO 任期交错连续变量(Abstenure)的平均值为 0.906，标准差为 1.715，说明 CEO 和 CFO 任职年限的差异不足一年。第一大股东持股比例的平均值为 0.239，即第一大股东持股比例低于 50%的企业占总样本 23.9%。机构投资者持股比例与分析师跟踪人数的平均值分别为 0.321、0.212。

表 2   描述性统计

变量名	最小值	中位数	最大值	平均值	标准差	样本量
Dumtenure	0	0	1	0.341	0.474	12290
Abstenure	0	0	16	0.906	1.715	12290
Power	0	0	1	0.239	0.427	10890
Institution	0	0	1	0.321	0.467	10890
Analyst	0	0	1	0.212	0.409	6617
Size	18.775	21.418	25.022	21.534	1.207	12290
Cash	0.004	0.136	0.622	0.172	0.132	12290

变量名	最小值	中位数	最大值	平均值	标准差	样本量
Lev	0.056	0.505	1.871	0.514	0.270	12290
TobinQ	0.678	1.291	8.078	1.681	1.164	12290
ROA	−0.268	0.053	0.295	0.056	0.078	12290
PPE	14.974	19.856	24.202	19.877	1.616	12290
Capital	0	0.043	0.277	0.061	0.059	12290
Priv	0	1	1	0.546	0.498	12290

4.2 CEO 和 CFO 任期交错对投资效率的影响

CEO 和 CFO 任期交错对投资效率影响的回归结果如表 3 所示，分别以 CEO 和 CFO 任期交错哑变量 Dumtenure 和两者任职年限差异的绝对值 Abstenure 作为解释变量，分析两者任期交错对投资效率的影响。

从表 3 的实证检验结果来看，在 OLS 模型 1 和 OLS 模型 2 中，CEO 和 CFO 任期交错哑变量和连续变量系数分别为 0.027、0.012，在 1% 的水平上显著为正，表明 CEO 和 CFO 任期交错时投资偏离度较大，投资效率较低。面板固定效应模型 3 和模型 4 与 OLS 回归结果高度一致，CEO 和 CFO 任期交错哑变量和连续变量系数分别为 0.016 和 0.009，且在 1% 的水平下显著；同时该结果进一步表明，随着两者任期交错时间的增大，企业投资效率逐渐降低，验证了假设 H1。

表 3 　　　　　　　　　　　CEO 和 CFO 任期交错对投资效率的影响

	模型 1	模型 2	模型 3	模型 4
	OLS	OLS	Panel	Panel
Dumtenure	**0.027***		**0.016***	
	(0.007)		**(0.006)**	
$Abstenure_i$		**0.012***		**0.009***
		(0.003)		**(0.003)**
$Priv_i$	0.015***	0.015***	0.014***	0.014***
	(0.004)	(0.004)	(0.005)	(0.005)
ROA_i	−0.0690	−0.0710	0.235***	0.234***
	(0.046)	(0.046)	(0.039)	(0.039)

	模型 1	模型 2	模型 3	模型 4
	OLS	OLS	Panel	Panel
Lev	0.214***	0.215***	0.169***	0.166***
	(0.014)	(0.014)	(0.017)	(0.017)
$Cash_i$	0.0310	0.0320	0.0260	0.0280
	(0.029)	(0.029)	(0.030)	(0.030)
PPE	−0.037***	−0.037***	−0.017***	−0.017***
	(0.004)	(0.004)	(0.004)	(0.004)
Size	−0.118***	−0.118***	−0.159***	−0.159***
	(0.005)	(0.005)	(0.007)	(0.007)
TobinQ	0.089***	0.088***	0.068***	0.068***
	(0.004)	(0.004)	(0.003)	(0.003)
Capital			0.0250	0.0260
			(0.048)	(0.048)
Cons	2.885***	3.107***	3.853***	3.844***
	(0.083)	(0.086)	(0.133)	(0.133)
Industry & Year	Yes	Yes	No	No
N	12290	12290	12290	12290
R^2	0.383	0.383	0.209	0.209
F	190.7	190.8	130.1	130.3

注：括号内为 p 值，*** 表示在1%的水平上显著。

4.3 CEO 和 CFO 任期交错对投资效率的影响：区分任职年限差异方向

将 CEO 和 CFO 任期交错按两者任职时间划分为 CEO 任职早于或晚于 CFO 分别进行回归，以研究 CEO 和 CFO 在职位上存在的差异可能产生的异质性影响。基于此，本文分别建立 CEO 和 CFO 任职年限差异变量 Dumtenure_CEO 和 Dumtenure_CFO，以分析不同方向的任期交错对投资效率的影响，具体结果如表4所示。

通过表4可以看出，在 OLS 模型1和 OLS 模型2中，CEO 任职早于和晚于 CFO 时的变量 Dumtenure_CEO 和 Dumtenure_CFO 系数分别为0.013、0.023，在1%的水平上显著为正，即不同方向的任期交错均对投资效率产生负面影响。面板固定效应模型 3 和模型 4 的估计结果显示，任期交错的系数均在 1%水平上显著为正，分别为 0.025 和 0.020，表示无论 CEO 任职早于和晚于 CFO，两者任期交错时企业投资偏离度较大，投资效率较低，进一步验证假设 H1。且两组结果的系数之间没有显著差异，说明无论 CEO 任职早于和晚于 CFO，两者任期交错对投资效率的影响没有显著差异。CEO 和 CFO 任期交错对企业投资效率的作用不受 CEO 任职早于和晚于 CFO 的影响。

表4　　　　　CEO 和 CFO 任期交错对投资效率的影响：区分任期交错方向

	模型 1	模型 2	模型 3	模型 4
	OLS	OLS	Panel	Panel
Dumtenure_CEO	0.013***		0.025***	
	(0.006)		(0.006)	
Dumtenure_CFO		0.023***		0.020***
		(0.004)		(0.006)
Control	Yes	Yes	Yes	Yes
Industry	Yes	Yes	Yes	Yes
Year	Yes	Yes	Yes	Yes
Cons	2.872***	3.029***	2.488***	2.616***
	(0.082)	(0.090)	(0.115)	(0.120)
N	11006	11535	11006	11535
R^2	0.406	0.407	0.137	0.171
F	168.4	172.1	160.8	201.4

注：括号内为 p 值，***、**分别表示在 1%、5%的水平上显著。

4.4　CEO 和 CFO 任期交错对投资效率的影响：CEO 来源差异

为了进一步验证 CEO 与 CFO 之间任期交错导致信息沟通不畅进而导致投资效率较低，本文将从 CEO 来源考量视角出发进一步提供有利于支撑理论分析的证据。从国泰安数据库下载总经理变更的数据，从中获得 CEO 来自企业内部晋升还是外部招聘的信息。对两种类型的公司分组检验因果关系的差异性。回归结果如表 5 所示，结果发现当企业外部聘入的 CEO 与 CFO 存在任期交错时，对企业投资效率的不利影响更强更显著，结论对任期交错的虚拟变量和任期交错程度都是适用的，进一步证明信息沟通机制的合理性。

表 5 因果关系的分组回归：基于 CEO 的来源

	内源 CEO	外源 CEO	内源 CEO	外源 CEO
	（1）	（2）	（3）	（4）
Dumtenure	**0.049**	**0.095*****		
	（1.120）	**（2.598）**		
Abstenure			**0.015**	**0.020****
			（1.581）	**（2.318）**
Control	Yes	Yes	Yes	Yes
Industry	Yes	Yes	Yes	Yes
Year	Yes	Yes	Yes	Yes
Cons	6.882***	6.705***	5.792***	7.481***
	（13.412）	（14.150）	（8.696）	（12.871）
N	6253	5844	4249	4092
R^2	0.166	0.171	0.180	0.156
F	35.621	10.821	26.029	6.830

注：括号内为 p 值，***、** 分别表示在 1%、5%的水平上显著。

4.5 CEO 和 CFO 任期交错对投资效率的影响：CEO 财务经历

姜付秀等(2016)研究发现信息发布者所具有的财务工作经验，会提高企业在信息发布中财务透明度，进而能对企业融资活动提供良好的信息环境。同样地，当 CEO 具有财务工作的经历时，更能够精准地整合分析企业财务信息，专业领域的接近也会使 CEO 与 CFO 之间较快地形成工作默契和顺畅的交流。因而，当 CEO 与 CFO 存在任期交错时，CEO 具有财务工作经验可以缓解由于 CFO 所提供财务信息不充分、CEO 不具备信息分析能力所产生的信息鸿沟阻碍，低效率投资可有效地缓解。基于以上分析，参考姜付秀等(2016)对高管财务工作经理的界定，本部分设置 CEO 具有财务工作经历的分组与不具有财务工作经历的分组。即当 CEO 曾经担任会计主管、财务负责人、财务总监、总会计师、证券部经理、投资部经理、基金经理人、证券分析师、资本运作部门经理等职务(或副职)，本部分则认定 CEO 具有财务相关的工作经历，否则不具有。分组回归的结果如表 6 所示。第一列 Dumtenure 的系数为 0.103，在 1%的水平显著，表明在 CEO 不具有财务工作经验的公司，CEO 与 CFO 的任期交错导致显著的投资效率损失。第二列报告了 CEO 有财务经历的分组回归结果，系数无法满足 10%的显著性水平要求，进一步支撑了信息沟通逻辑的合理性。第三、四列结果的对比分析同样能获得一致的结论。

表 6   因果关系的分组回归：基于 CEO 财务经历

	CEO 非财务经历	CEO 有财务经历	CEO 非财务经历	CEO 有财务经历
	(1)	(2)	(3)	(4)
Dumtenure	**0.103*****	**−0.026**		
	(3.173)	(−0.439)		
Abstenure			**0.026*****	**−0.001**
			(3.355)	(−0.052)
Control	Yes	Yes	Yes	Yes
Industry	Yes	Yes	Yes	Yes
Year	Yes	Yes	Yes	Yes
Cons	6.793***	6.553***	6.703***	6.291***
	(16.746)	(9.120)	(13.361)	(6.847)
N	9367	2730	6368	1973
R^2	0.159	0.167	0.151	0.178
F	49.064	15.902	33.147	12.331

注：括号内为 p 值，*** 、** 分别表示在 1%、5% 的水平上显著。

4.6　CEO 和 CFO 任期交错对投资效率的影响：动态效应

CEO 与 CFO 任期交错阻碍两者信息交换与协作配合，当 CEO 和 CFO 任职年限相同、不存在任期交错时，他们信息交换更充分且更容易达成合作，进而有利于提高企业投资效率。那么，CEO 和 CFO 合作时间对两者任期交错与投资效率的关系是否产生影响？本文根据 CEO 和 CFO 合作时间长短，建立 Group 变量考察其对两者任期交错与投资效率关系的影响。

表 7 以变量 $Group_{i,k}$ 作为解释变量，检验 CEO 和 CFO 合作时间对两者任期交错与投资效率关系的影响。从表 7 回归结果来看，在 OLS 模型和面板固定效应模型中，$Group_{i,1}$ 系数在 1% 的水平下显著为正，$Group_{i,4}$ 系数均不显著，且 $Group_{i,1}$ ~ $Group_{i,4}$ 系数显著性逐渐降低，说明 CEO 和 CFO 合作时间的增加缓解了两者任期交错对投资效率关系的负面影响。

表 7   CEO 和 CFO 任期交错对投资效率的影响：动态效应

	模型 1	模型 2	模型 3	模型 4
	OLS	OLS	PANEL	PANEL
$Group_{i,1}$	0.050***	0.028***	0.020***	0.017***
	(0.009)	(0.008)	(0.006)	(0.006)

	模型 1	模型 2	模型 3	模型 4
	OLS	OLS	PANEL	PANEL
$Group_{i,2}$	0.063**	0.0340	0.041**	0.023
	(0.025)	(0.023)	(0.018)	(0.018)
$Group_{i,3}$	0.065	0.0260	0.061	0.017
	(0.064)	(0.058)	(0.044)	(0.045)
$Group_{i,4}$	-0.044	0.009	0.045	-0.002
	(0.094)	(0.084)	(0.065)	(0.065)
Control	Yes	Yes	Yes	Yes
Industry	No	Yes	No	Yes
Year	No	Yes	No	Yes
Cons	2.405***	3.070***	2.803***	3.688***
	(0.088)	(0.090)	(0.124)	(0.141)
N	10778	10778	10778	10778
R^2	0.228	0.393	0.155	0.179
F	264.2	173.8	135.2	91.97

注：括号内为 p 值，***、**分别表示在1%、5%的水平上显著。

4.7 CEO 和 CFO 任期交错对投资效率的影响：区分 CEO 权力、机构投资者持股和分析师跟踪

当第一大股东持股比例较高时，控股股东的存在会增加对 CEO 的监督力度，进而降低 CEO 权力。以第一大股东持股比例衡量 CEO 权力，当第一大股东持股比例小于 50%时，$Power_{i,t}=1$，否则为 0。通过第一大股东持股比例 $Power_{i,t}$ 和任期交错 $Abstenure_{i,t}$ 的交乘项 $Abstenure_{i,t} \times Power_{i,t}$，来比较不同 CEO 权力下 CEO 和 CFO 任期交错对企业投资效率的影响是否具有显著差异，具体结果如表 8 所示。从表 8 可以看出，交乘项 $Abstenure_{i,t} \times Power_{i,t}$ 系数为 0.019，显著为正，说明 CEO 和 CFO 任期交错对投资效率的影响在 CEO 权力不同的情况下有显著差异，CEO 权力越大，任期交错对投资效率的负面作用越大，表明 CEO 权力强化了任期交错对投资效率的负面影响，H2 得到证实。

表8　　　　　　　　调节变量作用下 CEO 和 CFO 任期交错对投资效率的影响

	模型 1	模型 2	模型 3
	OLS	OLS	OLS
Abstenure	0.017***	0.031***	0.011**
	(0.004)	(0.006)	(0.004)
Power	0.048**		
	(0.025)		
Institution		−0.103***	
		(0.020)	
Analyst			−0.0002
			(0.002)
Abstenure×Power	0.019**		
	(0.007)		
Abstenure×Institution		−0.025***	
		(0.007)	
Abstenure×Analyst			−0.012**
			(0.0052)
Control	Yes	Yes	Yes
Industry	Yes	Yes	Yes
Year	Yes	Yes	Yes
Cons	3.073***	3.082***	1.964***
	(0.090)	(0.090)	(0.121)
N	10890	10890	6617
R^2	0.386	0.386	0.328
F	170.7	175.2	79.77

注：括号内为 p 值，***、**、*分别表示在1%、5%、10%的水平上显著。

　　本文进一步设置交乘项 $\text{Abstenure}_{i,t} \times \text{Institution}_{i,t}$ 与 $\text{Abstenure}_{i,t} \times \text{Analyst}_{i,t}$，考察机构投资者持股和分析师跟踪对 CEO 和 CFO 任期交错和投资效率关系的影响。通过表8可以看出，交乘项 $\text{Abstenure}_{i,t} \times \text{Institution}_{i,t}$ 与 $\text{Abstenure}_{i,t} \times \text{Analyst}_{i,t}$ 分别为−0.025、−0.012，均显著为负，说明在机构投资者持股和分析师跟踪的企业中，CEO 和 CFO 任期交错对投资效率的负面影响减小，表明机构投资者和分析师的外部治理效应，弱化了任期交错对投资效率的负面影响，H3 得到证实。

4.8 稳健性检验

为验证本文研究结论的稳健性，本文进一步进行了如下稳健性检验：（1）替换因变量，采用 $INEF_{i,t+1}$ 即 i 企业在 $t+1$ 年的投资效率，取代 $INEF_{i,t}$；（2）加入控制变量，将 $INEF_{i,t-1}$ 加入控制变量中；（3）采用中位数回归方法；（4）采用 Richardson（2006）对投资效率的衡量方式进行重新测算，结果如第 4 列所示，在控制了全部控制变量后，结论依然是符合预期的。表 9 中的检验结果表明，以上四种稳健性检验结果与实证分析一致，本文的研究结论是相对稳健的。

表 9   稳健性检验

	模型 1	模型 2	模型 3	模型 4
	OLS	OLS	Median regression	Alternative measure
$Dumtenure_{i,t}$	0.026***	0.016***	0.009**	0.059**
	(0.009)	(0.006)	(0.004)	(0.005)
$INEF_{i,t-1}$		0.720***		
		(0.008)		
Control	Yes	Yes	Yes	Yes
Industry	Yes	Yes	Yes	Yes
Year	Yes	Yes	Yes	Yes
Cons	3.408***	0.909***	1.044***	6.335***
	(0.104)	(0.073)	(0.040)	(0.001)
N	9033	9099	10777	9075
R^2	0.377	0.673		0.1733
F	151.0	504.8		82.510

注：括号内为 p 值，***、**、*分别表示在 1%、5%、10%的水平上显著。

5. 结论

本文以 2009—2015 年中国 A 股上市企业为样本，实证检验了 CEO 和 CFO 任期交错对投资效率的影响，结果显示 CEO 和 CFO 任期交错降低企业投资效率，且任期交错时间越长，企业投资效率越低。通过考察 CEO 和 CFO 任期交错方向及两者合作时间，本文得出结论：CEO 和 CFO 任期交错对企业投资效率的影响不受 CEO 任职时间早于或晚于 CFO 的影响，两者合作时间的增加缓解了两者任期交错对投资效率关系的负面影响。在此基础上，本文进一步研究发现：当 CEO 权力较大时，CEO 和 CFO 任期交错对投资效率的负面影响增加；机构投资者持股和分析师跟踪能够缓解 CEO 和 CFO 任期交错对投资效率的负面作用。

本文研究提供了如下启示：（1）通过合理控制企业 CEO 和 CFO 任命等人力资源管理决策，促进高管团队成员之间的沟通交流与合作，充分利用不同职务高管成员的专业能力及信息资源为企业决策过程提供更多有用信息。（2）建立有效的公司治理机制，完善对管理者的激励与监督约束，避免管理者独断专行，防止集体决策成为个人决策，促使管理者从企业利益角度进行决策，提高投资效率与企业绩效。（3）积极引入机构投资者，鼓励分析师参与，营造良好的企业信息环境。

◎ 参考文献

[1] 曹国华，杨俊杰，林川. CEO 声誉与投资短视行为[J]. 管理工程学报，2017(4).

[2] 代昀昊，孔东民. 高管海外经历是否能提升企业投资效率[J]. 世界经济，2017(1).

[3] 顾予湘，樊重俊，束义明. TMT 异质性、团队沟通对决策绩效的影响[J]. 改革与开放，2015(16).

[4] 郭葆春，刘艳. 高管团队垂直对异质性与 R&D 投资行为研究——基于生物医药行业的实证分析[J]. 科技管理研究，2015 (21).

[5] 何威风. 高管团队垂直对特征与企业盈余管理行为研究[J]. 南开管理评论，2015 (1).

[6] 侯巧铭，宋力，蒋亚朋. 管理者行为、企业生命周期与非效率投资[J]. 会计研究，2017(3).

[7] 姜付秀，石贝贝，马云飙. 信息发布者的财务经历与企业融资约束[J]. 经济研究，2016(6).

[8] 姜付秀，朱冰，唐凝. CEO 和 CFO 任期交错是否可以降低盈余管理？[J]. 管理世界，2013(1).

[9] 李培功，肖珉. CEO 任期与企业资本投资[J]. 金融研究，2012(2).

[10] 李卫宁，吴荻. 基于 TMT 年龄和任期异质性调节效应的新任 CEO 显性特征与经营绩效关系研究[J]. 管理学报，2014(8).

[11] 束义明，郝振省. 高管团队沟通对决策绩效的影响：环境动态性的调节作用[J]. 科学学与科学技术管理，2015(4).

[12] 宋常，刘司慧. 信息披露、机构投资者持股与上市公司过度投资[J]. 商业研究，2010(11).

[13] 唐松莲，林圣越，高亮亮. 机构投资者持股情景、自由现金与投资效率[J]. 管理评论，2015(1).

[14] 王福胜，程富. 管理防御视角下的 CFO 背景特征与会计政策选择——来自资产减值计提的经验证据[J]. 会计研究，2014(12).

［15］王化中，薛颖．分析师跟踪、高管权力与非效率投资［J］．会计之友，2018(6)．

［16］王永伟．CEO 变革型领导行为对组织惯例更新的影响机制研究［J］．中国软科学，2017(6)．

［17］向锐．CFO 财务执行力与企业过度投资——基于董事会视角的分析［J］．会计研究，2015(7)．

［18］谢辰，应惟伟，彭梓倩．高管薪酬与资本结构动态调整［J］．经济评论，2019(1)．

［19］姚振华，孙海法．高管团队研究：从资源整合到过程整合［J］．商业经济与管理，2011(1)．

［20］姚振华，孙海法．高管团队组成特征与行为整合关系研究［J］．南开管理评论，2010(1)．

［21］张强，王明涛．上市公司的现金股利政策与机构投资偏好的研究——来自中国证券市场的实证分析［J］．江淮论坛，2019(3)．

［22］赵建，程睿智．中国经济波动被"熨平"了吗？——现明、机理与影响［J］．济南大学学报(社会科学版)，2019(2)．

［23］赵康生，赵玉洁．分析师跟进、政府干预程度与投资效率［J］．中国注册会计师，2016(5)．

［24］赵毅，戚安邦，乔朋华．强权 CEO 能更好地利用风险投资进行创新吗？［J］．科学学与科学技术管理，2016(9)．

［25］Adams，R. B.，Ferreira，D. Powerful CEOs and their impact on corporate performance［J］．*Review of Financial Studies*，2005，18(4)．

［26］Ancona，D. G.，Caldwell，D. F. Bridging the boundary：External activity and performance in organizational teams［J］．*Administrative Science Quarterly*，1992，37(4)．

［27］Biddle，G. C.，Hilary，G.，Verdi，R. S. How does financial reporting quality relate to investment efficiency? ［J］．*Journal of Accounting & Economics*，2009，48(2-3)．

［28］Boone，C.，Van Olffen，W.，et al. The genesis of top management team diversity：Selective turnover among top management team in Dutch newspaper publishing，1970-1994.［J］．*Academy of Management Journal*，2004，47(5)．

［29］Bromiley，P.，Rau，D. Social，behavioral，and cognitive influences on upper echelons during strategy process：A literature review［J］．*Journal of Management*，2016，42(1)．

［30］Certo，S. T.，Lester，R. H.，Dalton，C. M.，et al. Top management teams，strategy and financial performance：A meta-analytic examination［J］．*Journal of Management Studies*，2010，43(4)．

［31］Chava，S.，Purnanandam，A. CEOs versus CFOs：Incentives and corporate policies［J］．*Journal of Financial Economics*，2008，97(2)．

［32］Chen，L.，Yang，B.，Jing，R. Paternalistic leadership，team conflict，and TMT decision effectiveness：Interactions in the Chinese context［J］．*Management &*

Organization Review, 2015, 11(4).

[33] Colbert, A. E. , Kristof-Brown, A. L. , Bradley, B. H. , et al. CEO transformational leadership: The role of goal importance congruence in top management teams [J]. *Academy of Management Journal*, 2008, 51(1).

[34] Díaz-Fernández, M. C. , González-Rodríguez, M. R. , Simonetti, B. Top management teams' demographic characteristics and their influence on strategic change[J]. *Quality & Quantity*, 2015, 49(3).

[35] Eggers, J. P. , Kaplan, S. Cognition and renewal: Comparing CEO and organizational effects on incumbent adaptation to technical change[J]. *Organization Science*, 2009, 20 (2).

[36] Fauth,T. , Hattrup, K. , Mueller, K. , et al. Nonresponse in employee attitude surveys: A group-level analysis[J]. *Journal of Business & Psychology*, 2013, 28(1).

[37] Friedman, H. L. Implications of power: When the CEO can pressure the CFO to bias reports [J]. *Journal of Accounting & Economics*, 2014, 58(1).

[38] Graham, J. R. , Harvey, C. R. The theory and practice of corporate finance: Evidence from the field[J]. *Journal of Financial Economics*, 2001, 60(2).

[39] Hambrick, D. C. , Mason, P. A. Upper echelons: The organization as a reflection of its top managers. [J]. *Social Science Electronic Publishing*, 1984, 9(2).

[40] Hambrick, D. C. Upper echelons theory: An update[J]. *Academy of Management Review*, 2007, 32(2).

[41] Ishida, K, Asao, T. CEO relational leadership and strategic decision quality in top management teams: The role of team trust and learning from failure [J]. *Strategic Organization*, 2012, 10(1).

[42] Jackson, S. E. , Brett, J. F. , Sessa, V. I. , et al. Some differences make a difference: Individual dissimilarity and group heterogeneity as correlates of recruitment, promotions, and turnover[J]. *Journal of Applied Psychology*, 1991, 76(5).

[43] Li, F. Endogeneity in CEO power: A survey and experiment [J]. *Investment Analysts Journal*, 2016, 45(3).

[44] Ndofor, H. A. , Sirmon, D. G. , He, X. Utilizing the firm's resources: How TMT heterogeneity and resulting faultlines affect TMT tasks[J]. *Strategic Management Journal*, 2015, 36(11).

[45] Peysakhovich, A. , Karmarkar, U. R. Asymmetric effects of favorable and unfavorable information on decision making under ambiguity[J]. *Management Science*, 2016, 62(8).

[46] Richardson, S. Over-investment of free cash flow[J]. *Review of Accounting Studies*, 2006, 11(2-3).

[47] Sah, R. K. , Stiglitz, J. E. The architecture of economic systems: Hierarchies and

polyarchies[J]. *American Economic Review*, 1984, 76(4).

[48] Sariol, A. M., Abebe, M. A. The influence of CEO power on explorative and exploitative organizational innovation [J]. *Journal of Business Research*, 2017, 73.

[49] Singh, R., Ho, S. Y. Attitudes and attraction: A new test of the attraction, repulsion and similarity-dissimilarity asymmetry hypotheses[J]. *British Journal of Social Psychology*, 2011, 39(2).

[50] Smith, K. G., Smith, K. A., Olian, J. D., et al. Top management team demography and process: The role of social integration and communication. [J]. *Administrative Science Quarterly*, 1994, 39(3).

[51] Wu, T., Wu, Y., Tsai, H., et al. Top management teams' characteristics and strategic decision-making: A mediation of risk perceptions and mental models[J]. *Sustainability*, 2017, 9(12).

Does Tenure Heterogeneity of CEO and CFO Reduce Corporate Investment Efficiency

Yang Zheng[1]   Li Tong[2]   Fan Wenlin[3]

(1 School of Management, Wuhan Textile University, Wuhan, 430200;

2 School of Business, Zhengzhou University, Zhengzhou, 450000;

3 College of Economics & Business Management, Central China Normal University, Wuhan, 430079)

Abstract: Based on 2009-2015 panel data of A-share listed companies in China, this paper investigates the impacts of tenure heterogeneity of CEO and CFO on corporate investment efficiency. The results indicate that tenure heterogeneity of CEO and CFO reduces corporate investment efficiency significantly. Meanwhile, the correlation between the degree of tenure heterogeneity of CEO and CFO and corporate investment efficiency is also negative. The results are not affected by employment dates of CEO and CFO. Specially, the effect of cooperation between CEO and CFO is positive with corporate investment efficiency. Furtherly, results show that CEO power, institutional investors and analysts moderate the negative effects of tenure heterogeneity of CEO and CFO on corporate investment efficiency: greater CEO power aggravates the negative influences while the existing of institutional investors and analysts alleviates the negative effects.

Key words: Staggered tenure; Tenure heterogeneity; Inefficient investment; CEO; CFO

专业主编: 辛清泉

限时广告促销语的反抗效应[*]

——消费者产品知识的调节作用

● 姚　琦[1]　万秋艳[2]　崔常琪[3]　符国群[4]

（1 重庆交通大学经济与管理学院　重庆　400074；2 重庆师范大学涉外商贸学院　重庆　401520；
3 重庆大学经济与工商管理学院　重庆　400030；4 北京大学光华管理学院　北京　100871）

【摘　要】基于心理抗拒理论，文章探讨了产品类型（耐用品 vs. 非耐用品）和广告促销语类型（限时 vs. 非限时）的交互作用对消费者广告喜爱度和产品满意度的影响。通过三个实验研究发现，耐用品使用限时广告促销语会降低消费者的广告喜爱度和产品满意度，心理抗拒感中介了这一效应的发生，而非耐用品是否使用限时广告促销语对消费者的广告喜爱度和产品满意度均不产生显著影响。消费者产品知识（高水平 vs. 低水平）会对耐用品使用限时广告的反抗效应起到调节作用，当消费者产品知识水平低时，耐用品使用限时广告促销语会降低消费者的广告喜爱度和产品满意度，当消费者产品知识水平高时，无论广告促销语是否限时，对产品满意度和广告喜爱度的影响并无显著差异。

【关键词】广告促销语类型　产品类型　心理抗拒理论　消费者产品知识

中图分类号：F713.5　　　　　　文献标识码：A

1. 引言

在现实生活中，企业利用促销活动刺激消费需求屡见不鲜。促销活动中，为了唤起消费者的消费冲动和购买欲望，促使他们尽快购买某产品，企业常常利用一些广告语作为促销策略，如"不要犹豫，现在就来购买吧""机不可失，现在就来购买吧""Visit Us""Buy it Now"，等等。以往研究发现，通过广告语唤起消费者稀缺感，可以起到促进销售、提高销售利润的作用（Jung & Kellaris，2004；金立印，2008）。"现在不买，将来就后悔"的广

　　* 基金项目：国家自然科学基金重点项目：家庭购买决策过程与机制研究：基于"匹配"和"社会比较"的视角（项目批准号：71632001）；国家自然科学基金面上项目"权力感对消费者决策方式及产品选择的影响机制研究：情感–认知系统响应视角"（项目批准号：71772021）；教育部人文社会科学规划项目"权力感对消费者产品选择的影响机制研究——决策方式差异视角"（项目批准号：17YJA630122）；重庆市科技项目"权力感对消费者决策方式偏好的影响机制研究"（项目批准号：cstc2016jcyjA0173）。

通讯作者：万秋艳，E-mail：1084716342@ qq. com。

告带来的促销时间压力会使消费者"不买后悔"感知强烈，进而感知到更高的促销价值(卢长宝和黄彩凤，2014)，从而加速消费者购买，提高消费者购买可能性(Eisenbeiss et al.，2015)。限时促销广告语的积极效应使得企业普遍认为，这种带有明显建议性且暗含一定时间压力的广告语能起到良好的广告效果(Kocher et al.，2011)，从而使得该类型的促销语被企业广泛采用。但现实生活中，消费者却并不一定顺从企业的建议，甚至产生反感情绪(Edwards et. al.，2002)。那么，限时广告促销语的使用是否对不同涉入度的产品(Behe et al.，2015)都有积极效果？作为影响说服效果重要因素的信息接收者特征(如：消费者产品知识)(Wangenheim & Bayon，2004)在限时广告促销语的使用中扮演着什么样的角色？与以往研究不同的是，本文试图基于心理抗拒理论(Brehm，1966)，探讨限时促销广告语的负面效应并回答上述问题，同时，将限时广告促销语(Aggarwal，2011)的内涵拓展为没有明确时间限制，而只是暗含时间压力的"现在购买"的建议(Isenberg，1981)。

通过三个实验，本文分别验证了耐用品使用限时促销广告语的负面效应(实验1)，消费者心理抗拒感的中介作用(实验2)和消费者产品知识的调节作用(实验3)。研究发现，耐用品使用限时广告促销语会降低消费者的广告喜爱度和产品满意度，心理抗拒感中介了这一效应的发生，而非耐用品是否使用限时广告促销语对消费者的广告喜爱度和产品满意度均不产生显著影响；消费者产品知识(高水平 vs. 低水平)会对这种效应起到调节作用，当消费者产品知识水平低时，耐用品使用限时广告促销语会降低消费者的广告喜爱度和产品满意度，当消费者产品知识水平高时，无论广告促销语是否限时，对产品满意度和广告喜爱度的影响并无显著差异。本研究不仅在理论上剖析了耐用品和消费者低产品知识场景下限时促销广告语的负面效应，也对心理抗拒理论在时间维度上的应用进行了拓展和补充，研究结论对企业如何科学使用促销广告语的营销实践具有一定的指导意义。

2. 文献回顾

2.1 广告语类型及广告说服效果

广告语类型的划分在现有研究中尚未形成定论，不同的学者根据自身研究需要对广告语进行不同的划分(刘世雄等，2012)。根据广告语是否含有时间限制，本文将广告语分为限时广告和非限时广告。关于广告说服效果的研究有很多(Schudson，2013)，大量的广告研究表明，不同的广告促销语类型会对广告态度、广告说服力、广告联想等广告效果产生不同的影响(黄劲松等，2006)。企业使用类似"马上就购买"的广告语是希望能够让消费者产生稀缺感(Aggarwal et al.，2011)，从而说服消费者，按照广告建议的那样，尽快购买自己的产品。在合适的情境下，广告语能到起到促销的作用，对消费者有一定的说服力，但有时也达不到预期的效果，甚至有些广告语反而可能会使消费者对产品产生负面的评价，或者降低消费者对产品的偏好(Edwards et al.，2002；Koslow，2000；Mann & Ward，2001)。

2.2　产品类型与产品涉入度

现有研究按照产品是否耐用可将有形产品分为耐用品和非耐用品两种类型。耐用品是指能够长期使用的、价值较高的有形物品，而消费周期很短、容易消耗的有形物品为非耐用品（Erceg & Levin，2002）。产品涉入度是消费者对其所需购买商品的重视程度（Zaichkowsky，1985）。研究表明，高涉入的决策较低涉入是更为广泛、理性、复杂的选择过程，并且会花费更多的时间和认知努力（张锋，邹鹏和于渤，2016）。耐用品一般价格高昂，购买不频繁，购买时消费者要承担较大的决策风险（Vincent，1999），因此通常情况下，其购买决策过程比较复杂，消费者有通过更多途径收集丰富的产品和品牌信息的动机，在进行多次评估参考之后寻求最大期望满足点（Griffith et al.，2001），也就是说，有关耐用品的决策过程需要更多的产品涉入。Traylor（1981）在研究中也发现，非耐用消费品更多地会被被试列为低涉入产品类型，耐用品则会被更多地列为高涉入产品类型。

2.3　心理抗拒理论

抗拒（Reactance）是当人们感知到自由受到威胁或者限制时，被唤起的一种有动机的心理状态，人们试图通过一些行为重新获得自由或者降低对自由的威胁感知（Brehm，1966）。抗拒效应的产生需要人们原本拥有这种自由，认为这种自由比较重要，并且有能力产生抗拒（Wortman & Brehm，1975）。心理抗拒理论（Psychological Reactance Theory）被广泛应用于各种行为学及心理学的研究当中（Wright et al.，2004），比如说服效果和态度改变、个体之间与群体之间的关系、政治行为、医疗问题、消费者行为等（Fogarty & Youngs，2000；Knowles & Lynn，2004；Shoham et al.，2004；Kivetz，2005）。以往学者常常研究空间维度上的心理抗拒，当人们最舒适的物理空间距离受到了侵犯时，会感觉自由受到限制，为了重获自由感，这种物理空间上的拥挤或限制可能使人们更不愿意接受说服信息（Albert & Dabbs，1970）、更不愿意回答对方的问题（Underhill，2009）、更可能使消费者离开正在浏览的产品（Wicklund，1974）、进行更多样的选择（Levav & Zhu，2009）、降低消费者的满意度（Hui & Bateson，1991）等。也有研究表明，在时间维度上心理抗拒也存在，比如：当感知到远房亲戚来访的时间越来越近时，人们对亲戚来访这件事的感受更加负面（Hsee，2014）；随着决定时间的缩短，被试对两个备选项的偏好越发趋近，说明时间的限制让人们由于抗拒更不愿意做选择（Linder & Crane，1970）。

2.4　消费者产品知识

对产品属性或组合的认知，比如消费者产品知识，影响消费决策（姚琦和符国群，2017）。消费者产品知识包括主观知识（Subjective Knowledge）、客观知识（Objective Knowledge）和先前经验（Prior Experience）（Brucks，1985），也包含消费者情感（Emotion）（Dacin & Mitchell，1986）。消费者知识会提升决策质量（Swaminathan，2003）。已有研究表明，消费者产品知识会影响消费者的信息搜集和处理能力及方式（Alba & Joseph，1987），高产品知识的消费者更依赖于自己记忆中存储的内部知识，从而更多地进行内在搜索，倾向于处理具体的产品属性信息，因而会比较客观、理性地对待信息本身（Lim &

Quester，2010）；低产品知识的消费者在处理信息时多受外部因素的影响，比如接受更多关于购买的广告信息（吴剑琳等，2011），愿意处理易于理解的边缘信息（Alba & Joseph，1987），如产品包装，因而处理信息更加感性、主观（Lim & Quester，2010）。

3. 理论框架与研究假设

3.1 广告类型、产品类型和心理抗拒感对广告喜爱度和产品满意度的影响

在交易完成之前，消费者需要经历信息收集和信息评价等决策过程，最终形成购买，这样的做法可以降低消费者感知购买的不确定性，增强信心（孙毅等，2014）。对于高涉入特性的耐用品而言，购买时消费者需要承担较大的决策风险（Behe et al.，2015）。而"现在就购买"的广告语意味着购买时间的稀缺，是一种相对不合理的建议（Isenberg，1981），虽然不是强制发生的限制，但言语间却给了消费者一种潜在的时间限制，使消费者产生心理抗拒。根据心理抗拒理论，当人们感知到自己的自由受到了或者可能受到威胁时，会唤起一种心理抗拒的状态。这是一种有动机的状态，也称为"状态抗拒"（Silvia，2006），人们会相应地通过一些行为试图重新获得自由，或者降低对自由的威胁（Brehm，1966）。研究表明，呈现稀缺诉求时，消费者会产生如抗拒、后悔、满意等情绪反应（Inman 等，1997）。在耐用品场景下，"马上就购买"这种限时广告促销语带给消费者时间上的紧迫感，消费者为了重获自由，进而产生心理抗拒。

态度抗拒和行为抗拒是消费者抗拒的具体表现（Clee，1980）。研究表明，与物理空间受限一样，时间维度上的受限也会让人产生负面情绪（Hsee，2014），或者会产生一些反抗性行为（Mobbs et al.，2007），如：更不愿意接受说服信息（Albert and Dabbs，1970），满意度降低（Hui and Bateson，1991）等。另外，抗拒的强度取决于自由被威胁的程度，自由受到的威胁越大，人们对自由的期望越强烈，心理抗拒越强烈（Brehm，1981）。相对于非耐用品，在进行耐用品购买时消费者需要花费更多的时间和认知努力，当商家广告建议消费者现在就购买时，消费者感知自由被剥夺的威胁更大，通过不听从广告的建议，或表现出与广告建议相反的行为或反应来重获自由或增强自己对自由的感知。具体而言，这种相反的行为或反应可能表现为对广告喜爱度和产品满意度的降低。基于上述理由，本文提出如下假设：

H1：相对于非耐用品，耐用品使用限时广告促销语（vs. 非限时广告促销语）让消费者产生更低的广告喜爱度。

H2：相对于非耐用品，耐用品使用限时广告促销语（vs. 非限时广告促销语）让消费者产生更低的产品满意度。

H3：心理抗拒感中介了限时广告促销语和产品类型的交互对消费者广告喜爱度和产品满意度的影响。

3.2 消费者产品知识的调节作用

消费者在购买商品时经常通过对产品属性信息的关注和比较来形成购买决策（Dhar，

2003)。当消费者具备购买决策所需要的产品属性知识时，则可利用存储在记忆中的各种相关信息对产品以及消费行为进行评估(Aurier & Ngobo，1999)，他们有充足的理由相信自己的决策是有效的，不容易受到外界信息的影响，因而决策过程更加快速、自信(高敏和孙洪杰，2016)。所以，在消费者知识水平较高的情况下，对于耐用品的购买决策，消费者可以根据自身所存储的产品信息进行较快速的判断，"马上就购买"的促销广告语不容易对消费者产生干扰和影响，因而不会产生自由剥夺的感知，心理抗拒感小。而对于低产品知识的消费者来说，信息的缺失让他们需要花费更多的时间和精力寻求线索，做出推断，才能形成决策(Reimer，2005)。面对耐用品的"马上就购买"促销广告(vs. 非限时广告)，消费者将同时面临信息和时间的双重缺失，不自由感知更加强烈，所以心理抗拒感更高，随之带来较低的广告喜爱度和产品满意度。因此，本文提出如下假设：

H4：消费者产品知识(高水平 vs. 低水平)对耐用品的广告促销语(限时 vs. 非限时)起到调节作用。消费者产品知识高的情况下，耐用品广告是否限时对消费者的广告喜爱度和产品满意度不产生显著影响；消费者产品知识低的情况下，耐用品限时广告(vs. 非限时广告)让消费者产生较低的广告喜爱度和产品满意度。

3.3 理论研究框架

综上所述，本文提出如下研究模型(见图1)：

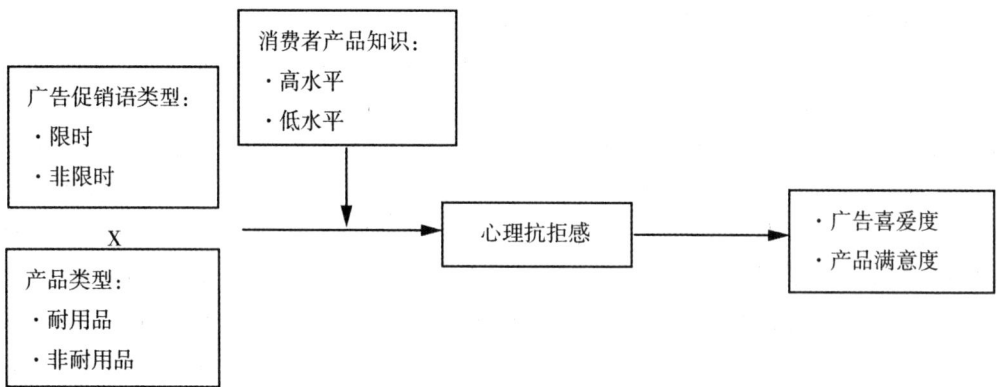

图 1　研究模型图

4. 实验过程

4.1　实验一：促销语类型和产品类型的交互对消费者广告喜爱度和产品满意度的影响

4.1.1　实验方法

实验一用于检验产品类型和促销语类型的交互作用是否影响消费者广告喜爱度和产品满意度，即通过一个 2(促销语类型：限时 vs. 非限时)×2(产品类型：耐用品 vs. 非耐用

108

品)的组间实验设计来验证消费者广告喜爱度和产品满意度的评价差异。本次实验共有108名在校本科学生参与,他们被随机分到4个实验小组。在刺激物的选择上,我们首先进行了预测试($N=30$)。根据预实验的结果,对于耐用品我们选择全自动洗衣机,非耐用品选择签字笔。被试进入实验室后得到一份我们提前设计好的问卷,其内容主要为产品(全自动洗衣机和签字笔)信息,包括产品图片和产品文字简介。对于限时促销语组,洗衣机和签字笔两组产品采用的广告语为"时不再来,不要犹豫!现在就来购买吧!";对于非限时促销语组,根据产品类型不同广告语分别为"机不可失,值得拥有!欢迎随时前来购买!"(洗衣机),"签手自信,值得拥有!欢迎随时前来购买!"(签字笔)。不同实验小组在阅读产品信息和广告语后,被试者基于有购买需要的前提下对两种产品的广告喜爱度和产品满意度进行评价(量表均采用7点李克特量表,"1"代表完全不同意,"7"代表完全同意)。为了避免被试之间的相互影响,我们要求被试在实验期间不得相互交流。接着,让被试通过回答"广告语会让我反感""广告语会让我感觉到购买时间紧迫""喜欢广告语"三个问项报告其广告喜爱度,回答"我对这款产品满意""我会喜欢这款产品""我会购买这款产品"三个问项报告其产品满意度。最后,获取被试有关人口统计学信息。

4.1.2 结果分析

我们采用 SPSS 22.0 统计分析软件对数据进行分析。经统计,108名被试中,剔除11份不完整或逻辑不当的问卷,获得有效问卷为97份,其中女生53名,男生44名。本实验控制了被试情绪和人口统计特征对实验结果的影响。

由于促销语类型和产品类型均为分类变量,在数据处理过程中我们首先将限时促销语编码为0,非限时促销语编码为1;非耐用品编码为0,耐用品编码为1。接着,采用方差分析探究促销语类型与产品类型的交互对消费者广告喜爱度和产品满意度的影响。

广告喜爱度。方差分析结果显示,促销语类型对广告喜爱度的影响显著($F(1,93)=6.29$,$p=0.014$),产品类型对广告喜爱度的影响不显著($p>0.1$),促销语类型与产品类型的交互对广告喜爱度的影响显著($F(1,93)=6.83$,$p<0.05$)。对于耐用品而言,限时促销语比非限时促销语的广告喜爱度更低($M_{限时}=3.23$,$M_{非限时}=3.62$),且存在显著差异($F(1,93)=14.16$,$p<0.001$)。对于非耐用品,限时促销语与非限时促销语的广告喜爱度不存在显著差异($M_{限时}=3.44$,$M_{非限时}=3.43$,$p>0.1$)。详见图2(左)。

产品满意度。方差分析结果表明,促销语类型对产品满意度的影响显著($F(1,93)=4.07$,$p<0.05$),产品类型对产品满意度的影响显著($F(1,93)=4.78$,$p<0.05$),促销语类型和产品类型的交互对产品满意度的影响显著($F(1,93)=4.64$,$p<0.05$)。具体到产品类型,对于耐用品,消费者对限时促销语比非限时促销语的产品满意度更低,且存在显著差异($M_{限时}=2.89$,$M_{非限时}=3.34$,$F(1,93)=9.40$,$p<0.01$),但是对于非耐用品,两种促销语类型对产品满意度没有显著影响($M_{限时}=3.36$,$M_{非限时}=3.35$,$F(1,93)=0.009$,$p>0.1$)。详见图2(右)。

4.1.3 相关讨论

实验一验证了产品类型与促销语类型的交互作用对消费者广告喜爱度和产品满意度的影响。实验结果表明,对于耐用品而言,限时促销语比非限时促销语让消费者产生更低的广告喜爱度和产品满意度,而对于非耐用品,促销语是否限时对消费者的广告喜爱度和产

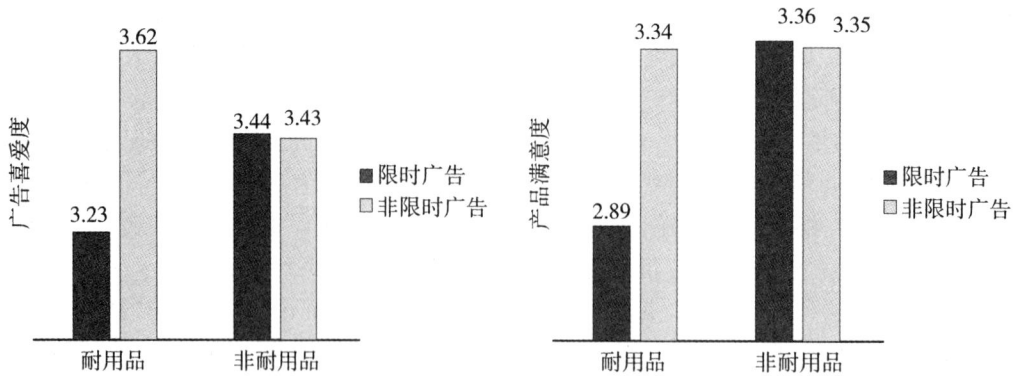

图 2 促销语类型与产品类型的交互对消费者广告喜爱度和产品满意度的影响

品满意度并不产生显著影响。那么，这种效应发生的具体机制是怎样的呢？

4.2 实验二：心理抗拒感的中介作用

4.2.1 实验方法

实验一验证了产品类型与促销语类型的交互作用对消费者广告喜爱度和产品满意度的影响，实验二则进一步探讨产生这种影响的内在机制。此项实验针对耐用品讨论促销语类型(限时 vs. 非限时)的不同效应，共 96 名学生参与实验。

在此次实验中，我们所选择的刺激物依旧是全自动洗衣机。实验设计过程与实验一基本类似，只是在实验一所设计的问卷内容里增加了 Gyudong 和 Won（2009）心理抗拒感的测量问项，分别为"广告语干扰了我对不同商品的综合比较""广告语妨碍了我的购买选择以试图达到其营销目的""广告语限制了我的购买自由"。被试被随机分配进入不同的实验组，在阅读问卷上的产品信息和广告语内容后，基于有购买需要的前提下对问项进行作答，让被试对两种产品的广告喜爱度和产品满意度进行评价(量表均采用 7 点李克特量表，"1"代表完全不同意，"7"代表完全同意)。然后，根据 Gyudong 和 Won 的心理抗拒感量表[51]，测量被试的心理抗拒感程度(量表均采用 7 点李克特量表，"1"代表完全不同意，"7"代表完全同意)。最后，收集人口统计学信息。

4.2.2 结果分析

心理抗拒感的中介效应。采用 Baron 和 Kenny(1986)提出的因果逐步回归分析方法，验证心理抗拒感的中介效应。首先，分别对促销语类型(限时 vs. 非限时)和产品类型(耐用 vs. 非耐用)进行中心化处理，中心化后的促销语类型和产品类型的乘积作为其交互项。当以广告喜爱度做因变量时，回归结果表明，促销语类型与产品类型的交互对广告喜爱度产生显著影响($b = 0.39$，$p < 0.05$)，促销语类型与产品类型的交互对心理抗拒感的影响显著($b = 0.89$，$p < 0.05$)，更重要的是，促销语类型与产品类型的交互和心理抗拒感同时对广告喜爱度做回归时，心理抗拒感对广告喜爱度的影响显著($b = 0.45$，$p < 0.001$)，交互项对广告喜爱度的影响不显著($b = -0.003$，$p > 0.05$)。按照同样的方法，以产品满意度为因变量做回归分析，结果表明，促销语类型与产品类型的交互对产品满意度产生显著影响（$b=0.46$，$p<0.05$），交互项和心理抗拒感同时对产品满意度做回归分析时，心理抗拒感对产品满意度的影响显著（$b=0.25$，$p<0.01$），促销语类型和产品类型的交互对产品满意度的影响不显著（$b=0.23$，$p>0.05$）。分别以广告喜爱度和产品满意度为因变量的中介效应如图3和图4所示。综上分析可知，心理抗拒感对促销语类型和产品类型的交互对广告喜爱度和产品满意度的影响起到完全中介作用。

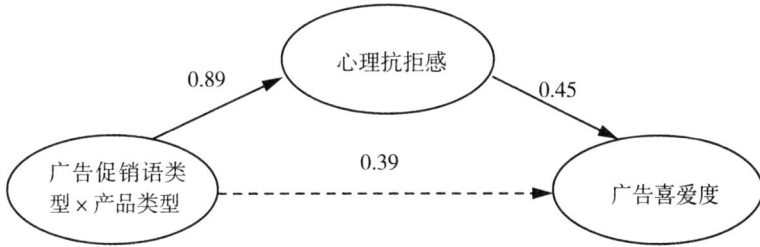

图3　广告喜爱度为因变量的中介效应

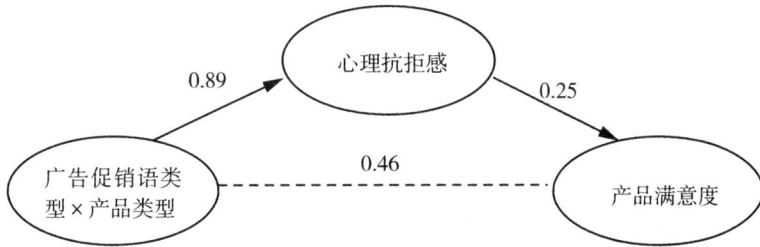

图4　产品满意度为因变量的中介效应

4.2.3　相关讨论

研究二证实了假设H3，即心理抗拒感在促销语类型和产品类型的交互对广告喜爱度和产品满意度的影响中起着中介效应，且都是完全中介。在接下来的研究中，我们将探讨限时促销语反抗效应的边界条件，消费者本身具有的产品知识对限时促销语的抗拒会产生调节作用。

4.3　实验三：消费者产品知识的调节作用

4.3.1　实验方法

通过实验一和实验二可知，在耐用品使用限时促销语的情况下，消费者会产生心理抗拒效应，而非耐用品情况下反抗效应不会发生。因此，本实验旨在探究耐用品情况下，促销语类型对消费者广告喜爱度和产品满意度影响的边界条件——消费者产品知识。实验中的刺激物被确定为笔记本电脑，66名被试者进入实验室后同时面对我们已设计好的问卷，问卷内容的表现形式与实验一和实验二相同，同时增加了测量消费者产品知识的量表。根据 Alba 和 Hutchinson（1987）的研究，消费者知识由消费者熟悉度（Familiarity）和消费者专业度(Expertise)两位维度构成，本研究同时参考 Victoria（2013）和 Eun-Jung（2016）两位学者的消费者产品知识的研究量表，问卷设计也从消费者熟悉度和消费者专业度展开，内容包括：熟悉度测量："我经常使用笔记本电脑""我对多个笔记本电脑品牌很了解""我拥有过不止一款笔记本电脑"；专业度测量："我很清楚笔记本电脑的产品参数和功能""对于购买笔记本电脑，我很自信"。广告喜爱度和产品满意度测量以及实验中其他变量控制与实验一和实验二相同(量表均采用7点李克特量表，"1"代表完全不同意，"7"代表完全同意)。最后，按照"高知识水平"和"低知识水平"分组，计算被试者的广告喜爱度和产品满意度。

4.3.2 结果分析

消费者产品知识的调节作用。利用 SPSS 22.0 统计分析软件对收集到的数据进行筛选和分析。首先，我们以均值为分界点，将连续变量消费者知识划分为高低水平知识的分类变量，并将"高水平"编码为1，"低水平"编码为0，"限时促销语"编码为0，"非限时促销语"编码为1。接着，我们分别检验消费者知识的调节效应和心理抗拒感的中介效应。

消费者产品知识的调节效应分析。通过方差分析，促销语类型对广告喜爱度和产品满意度的影响显著(广告喜爱度：$F(1, 65) = 6.29$，$p<0.05$；产品满意度：$F(1, 65) = 4.02$，$p<0.05$)，消费者产品知识对广告喜爱度和产品满意度的影响不显著($p>0.05$)，但促销语类型与消费者产品知识的交互对广告喜爱度和产品满意度的影响显著(广告喜爱度：$F(1, 65) = 11.18$，$p<0.05$；产品满意度：$F(1, 65) = 4.32$，$p<0.05$)。我们进一步分析了不同产品知识的消费者对于耐用品的不同促销语类型的广告喜爱度和产品满意度差异。结果表明，对于高产品知识水平的消费者，耐用品的促销语是否限时对他们的广告喜爱度($M_{限时} = 3.50$，$M_{非限时} = 3.53$，$p>0.05$)和产品满意度没有产生显著差异($M_{限时} = 4.30$，$M_{非限时} = 4.43$，$p>0.05$)。但对于低产品知识水平的消费者而言，耐用品使用限时广告促销语会让他们产生更低的广告喜爱度($M_{限时} = 4.4$，$M_{非限时} = 5.08$，$F(1, 65) = 26.66$，$p<0.05$)和产品满意度($M_{限时} = 3.35$，$M_{非限时} = 4.37$，$F(1, 65) = 12.99$，$p<0.05$)，且具有显著性。

中介效应分析。按照 Zhao 等(2010)提出的中介效应分析程序，参照 Preacher 和 Hayes(2004)提出的 Bootstrap 方法进行中介效应检验。样本量选择5000，在95%置信区间下，结果表明：以广告喜爱度为因变量时，心理抗拒感的中介效应显著(LLCI = -1.01，ULCI = -0.13)，该区间不包含0。以产品满意度为因变量时，心理抗拒感的中介效应依然显著(LLCI = -1.08，ULCI = -0.12)。综上可知，在有消费者产品知识的调节作用下，心理抗拒感的中介效应得到验证。

4.3.3 相关分析

实验三的分析结果证实了假设 H4。实验结果显示，相对于低知识水平消费者，高知识水平消费者受广告影响程度低，耐用品限时广告对其广告喜爱度和产品满意度的影响不显著。低知识水平消费者则表现出更加强烈的心理抗拒感，更低的广告喜爱度和产品满意度。

5. 结论与讨论

5.1　研究结论

本文深入探究了产品类型（耐用品 vs. 非耐用品）和广告促销语类型（限时 vs. 非限时）的交互作用对消费者广告喜爱度和产品满意度的影响及其作用机制。在实验一中，我们发现限时广告促销语确实会降低消费者对广告的喜爱度和产品的满意度，而且耐用品使用限时广告促销语时，这样的心理抗拒效应表现得尤其显著。在实验二中，我们验证了消费者心理抗拒感的中介作用，进一步解释了这种心理抗拒效应产生的内在机制。通过实验三，我们发现消费者产品知识会对广告促销语的心理抗拒效应起到调节作用，低知识水平消费者对耐用品限时广告会产生较强烈的心理抗拒感，而高知识水平消费者对于耐用品限时广告促销语不会产生强烈的心理抗拒感。在实验中我们还发现，非耐用品使用限时广告促销语并不会影响消费者对广告的喜爱度以及对产品的满意度。本文的研究结果对相关理论进行了完善和补充，对心理抗拒理论在时间维度上的应用进行了拓展。

5.2　理论贡献

首先，本研究在探讨限时促销广告语负面效应的同时，发现了使用限时广告促销语的边界条件。以往研究大多关注限时广告促销语对说服效果和营销绩效的积极效应，本文的研究发现，限时促销广告语对说服效果的影响会受到产品类型和消费者产品知识的调节，耐用品使用限时促销广告语会对消费者的产品满意度和广告喜好度产生负向影响，且耐用品使用限时广告促销语主要对产品知识水平较低的消费者有效。

其次，心理抗拒感的产生是限时广告促销语负面效应产生的内在机制。依据心理抗拒理论，暗含时间限制压力的促销广告语侵犯和威胁到了消费者在购买时间和选择上的自由度，进而使得消费者产生"心理状态抗拒感"，特别是产品知识水平低的消费者在进行耐用品购买决策时，由于产品涉入度高，消费者需要更多的时间和信息进行决策，而限时促销广告语却在一定程度上限制了决策信息搜寻的时间，从而通过心理抗拒感影响广告的说服效果。

5.3　营销启示

我们的研究对企业促销具有重要的启示，能够帮助企业更加深入地了解广告促销语的应用对消费者的广告喜爱度和产品满意度的影响，特别是具有时间限制的广告促销语的使用。具体来讲，企业在使用如"现在就购买"这种限时广告促销语时，不应该只是想给消费者提建议，让他们尽快来购买自己的产品，而不考虑其所带来的负面影响，在任何产品的促销活动中都随意使用。根据我们的研究，在通常情况下，相对于"现在就购买"，使用"随时前来购买"这样的广告促销语不易引起消费者的反抗心理，在促销场合下更为适宜。而且，对于耐用产品的促销，企业更应谨慎使用具有时间维度的限时广告，因为从我们的实验结果来看，消费者对耐用品的限时广告表现得尤其反感，产生了更强的心理抗拒。

5.4 研究局限及未来研究方向

由于实验环境和调研数据的可获得性、被试者心理因素等主客观原因的限制，本文仍存在不足之处，有待今后进一步的研究探讨。一是通过增加样本量，提高实验结果的外部效度，也可采用田野调查法对促销广告语的反抗效应进行再研究和再验证；二是加入其他影响广告效果的变量，如广告语的呈现方式等，对该问题进一步讨论。

◎ 参考文献

[1] 高敏，孙洪杰．产品知识对消费者属性同异选择的影响：感知风险的调节[J]．消费经济，2016(32)．

[2] 黄劲松，王高，赵平．品牌延伸条件下的广告说服——双中介影响模型的拓展[J]．心理学报，2006，38(6)．

[3] 金立印．促销活动效果比较研究——诱因类型、获得时机和条件限制对促销效果的影响[J]．管理评论，2008，20(8)．

[4] 刘世雄，梁秋平，姜凌．广告语言类型对广告态度之影响研究[J]．深圳大学学报(人文社会科学版)，2012，29(4)．

[5] 卢长宝，黄彩凤．时间压力、认知闭合需要对促销决策中"不买后悔"的影响机制[J]．管理科学与工程，2014，36(3)．

[6] 孙毅，吕本富，陈航，等．基于网络搜索行为的消费者信心指数构建及应用研究[J]．管理评论，2014(26)．

[7] 王鑫，袁祖社．绿色消费与美好生活内在耦合的实践与价值逻辑——现代性"消费社会"的深刻危机及破解[J]．湖北大学学报(哲学社会科学版)，2019(2)．

[8] 吴剑琳，代祺，古继宝．产品涉入度、消费者从众与品牌承诺：品牌敏感的中介作用——以轿车消费市场为例[J]．管理评论，2011，23(9)．

[9] 谢小平，傅元海．大国市场优势、消费结构升级与出口商品结构高级化[J]．广东财经大学学报，2018(4)．

[10] 姚琦，符国群．中国城镇家庭发展类文化消费决策行为的影响因素模型——基于扎根理论的探索性研究[J]．珞珈管理评论，2017，14(2)：88-102．

[11] 张锋，邹鹏，于渤．附属产品促销定价对消费者价格评估的影响：产品涉入度的调节作用[J]．管理评论，2016，28(10)．

[12] Aggarwal, P., Jun, S. Y., Huh, J. H. Scarcity messages[J]. *Journal of Advertising*, 2011(40).

[13] Albert, S., Dabbs, Jr. J. M. Physical distance and persuasion[J]. *Journal of Personality and Social Psychology*, 1970(15).

[14] Alba, Joseph, W. J., Wesley, H. Dimensions of consumer expertise[J]. *Journal of*

Consumer Research, 1987(13).

[15] Aurier, P. , Ngobo, P. V. Assessment of consumer knowledge and its consequences: a multi-component approach[J]. *Advances in Consumer Research*, 1999(26).

[16] Baron, R. M. , Kenny, D. A. The moderator-mediator variable distinction in social psychological research: conceptual, strategic and statistical considerations[J]. *Journal of Personality and Social Psychology*, 1986(51).

[17] Behe, B. K. , Bae, M. , Huddleston, P. T. The effect of involvement on visual attention and product choice[J]. *Journal of Retailing and Consumer Services*, 2015(24).

[18] Brucks, M. The effects of product class knowledge on information search behavior[J]. *Journal of Consumer Research*, 1985(129).

[19] Brehm,S. S. , Brehm, J. W. *Psychological reactance: a theory of freedom and control*[M]. New York: Academic Press, 1981.

[20] Brehm, J. W. *A theory of psychological reactance*[M]. New York: Academic Press, 1966.

[21] Clee, M. A. , Wicklund, R. A. Consumer behavior and psychological reactance [J]. *Journal of Consumer Research*, 1980(6).

[22] Dacin, P. A. , Mitchell, A. A. The measurement of declarative knowledge[J]. *Advances in Consumer Research*, 1986(13).

[23] Edwards, S. M. , Li, H. , Lee, J. H. Forced exposure and psychological reactance: antecedents and consequences of the perceived intrusiveness of pop-up ads[J]. *Journal of Advertising*, 2002(31).

[24] Eisenbeiss, M. , Wilken, R. , Skiera, B, et, al. What makes deal-of-the-day promotions really effective? The interplay of discount and time constraint with product type[J]. *International Journal of Research in Marketing*, 2015(32).

[25] Erceg, C. J. , Levin, A. T. Optimal monetary policy with durable and non-durable goods[J]. *Computing in Economics and Finance*, 2002(66).

[26] Eun-Jung, L. How perceived cognitive needs fulfillment affect consumer attitudes toward the customized product: the moderating role of consumer knowledge [J]. *Computers in Human Behavior*, 2016(64).

[27] Fogarty, J. S. , Youngs, G. A. Psychological reactance as a factor in patient noncomplicance with medication taking: a field experiment[J]. *Journal of Applied Social Psychology*, 2000(30).

[28] Griffith, D. A. , Krampf, R. F. , Palmer, J. W. The role of interface in electronic commerce: consumer involvement with print versus online catalogs [J]. *International Journal of Electronic Commerce*, 2001(4).

[29] Gyudong, L. , Won, J. L. Psychological reactance to online recommendation services[J]. *Information & Management*, 2009(46).

[30] Hui, M. K., Bateson, J. E. G. Perceived control and the effects of crowding and consumer choice on the service experience[J]. *Journal of Consumer Research*, 1991(18).

[31] Hsee, C. K., Tu, Y., Lu, Z. Y., et, al. Approach aversion: negative hedonic reactions toward approaching stimuli [J]. *Journal of Personality and Social Psychology*, 2014(106).

[32] Inman, J. J., Peter, A. C., Raghubir, P. Framing the deal: the role of restrictions in accentuating deal value[J]. *Journal of Consumer Research*, 1997(24).

[33] Isenberg, D. J. Some effects of time-pressure on vertical structure and decision-making accuracy in small groups [J]. *Organizational Behavior and Human Performance*, 1981 (27).

[34] Jung, J. M., Kellaris, J. J. Cross-national differences in proneness to scarcity effects: the moderating roles of familiarity, uncertainty avoidance, and need for cognitive closure[J]. *Psychology & Marketing*, 2004(21).

[35] Kivetz, R. Promotion reactance: the role of effort-reward congruity [J]. *Journal of Consumer Research*, 2005(31).

[36] Kocher, M., Pahlke, J., Trautmann, S. Tempus fugit: time pressure in risky decisions[J]. *Available at SSRN* 1809617, 2011 (13).

[37] Knowles, E. S., Lynn, J. A. *Resistance and persuasion*[M]. New Jersey: Erlbaum, 2004.

[38] Levav, J., Zhu, R. Seeking freedom through variety[J]. *Journal of Consumer Research*, 2009(36).

[39] Lim, A. L., Quester, P. Product involvement/brand loyalty: is there a link? [J]. *Journal of Product & Brand Management*, 2010(12).

[40] Linder, D. E., Crane, K. A. Reactance theory analysis of predecisional cognitive processes [J]. *Journal of Personality and Social Psychology*, 1970(15).

[41] Mann, T., Ward, A. Forbidden fruit: does thinking about a prohibited food lead to its consumption? [J]. *International Journal of Eating Disorders*, 2001(29).

[42] Mobbs, D., Petrovic, P., Marchant, J. L., et, al. When fear is near: threat imminence elicits prefrontal-periaqueductal gray shifts in humans [J]. *Science*, 2007 (317).

[43] Schudson, M. *Advertising, the uneasy persuasion(RLE Advertising): its dubious impact on american society*[M]. Routledge, 2013.

[44] Shoham, V., Trost, S. E., Rohrbaugh, M. J. *From state to trait and back again: reactance theory goes clinical*[M]. New Jersey: Erlbaum, 2004.

[45] Silvia, P. J. Reactance and the dynamics of disagreement: multiple paths from threatened freedom to resistance to persuasion [J]. *European Journal of Social Psychology*, 2006 (36).

[46] Swaminathan, V. The impact of recommendation agents on consumer evaluation and choice: the moderating role of category risk, product complexity, and consumer knowledge[J]. *Journal of Consumer Psychology*, 2003(13).

[47] Trope, Y., Liberman, N. Construal-level theory of psychological distance [J]. *Psychological Review*, 2010(117).

[48] Traylor, M. Product involvement and brand commitment [J]. *Journal of Advertising Research*, 1981(6).

[49] Underhill, P. *Why we buy: the science of shopping-updated and revised for the internet, the global consumer, and beyond*[M]. New York: Simon and Schuster, 2009.

[50] Vincent-Wayne, M. Consumer perceived risk: conceptualizations and models[J]. *European Journal of Marketing*, 1999(33).

[51] Victoria, Y. Y., Eric, H., Zhiling, G., et, al. Assessing the moderating effect of consumer product knowledge and online shopping experience on using recommendation agents for consumer loyalty[J]. *Decision Support Systems*, 2013 (55).

[52] Wangenheim, Florin, V., Tomas Bayon. The effect of word of mouth on services switching: measurement and moderating variables[J]. *European Journal of Marketing*, 2004(38).

[53] Wicklund, R. A. *Freedom and reactance*[M]. Potomac: Lawrence Erlbaum, 1974.

[54] Wortman, C. B., Brehm, J. W. *Responses to uncontrollable outcomes: an integration of reactance theory and the learned helplessness model* [M]. New York: Academic Press, 1975.

[55] Wright, R. A., Greenberg, J., Brehm, S. S. *Motivational analyses of social behavior: building on Jack Brehm's contributions to psychology* [M]. New York: Psychology Press, 2004.

[56] Zaichkowsky, J. L. Measuring the involvement construct[J]. *Journal of Consumer Research*, 1985(12).

Reactance Effect of the Time-limited Advertising Slogan

—the Moderating Role of Consumer Product Knowledge

Yao Qi[1]   Wan Qiuyan[2]   Cui Changqi[3]   Fu Guoqun[4]

(1 School of Economy and Management, Chongqing Jiaotong University, Chongqing 400074;

2 Foreign Trade & Business College of Chongqing Normal University, Chongqing 401520;

3 School of Economics and Administrations, Chongqing University, Chongqing 400030;

4 Guanghua School of Management, Peking University, Beijing, 100871)

Abstract: Based on psychological reactance theory, this study investigates the effects of the interaction of two kinds of different advertising (time-limited advertising vs. unlimited advertising) and product types (durable products vs. non-durable products) on consumers ' advertising preference and product satisfaction. Through three experiments, the study reveals that, if durable product uses time-limited advertising, consumers will have lower advertising preference and product satisfaction. Psychological reactance mediates this effect. However, whether non-durable product uses time-limited advertising do not have a significant influence on the consumer's advertising affection and product satisfaction. The study also finds that consumer product knowledge (high level vs. low level) moderates the reactance effect on durable products. Compared with consumers with high level of product knowledge, consumers with low level of product knowledge are easily affected by advertising, especially time-limited advertising for durable product.

Key words: Advertising types; Product types; Psychological reactance theory; Consumer product knowledge

专业主编：曾伏娥

全渠道中渠道协同与冲突影响渠道关系绩效吗？[*]

——消费者整合体验的中介效应

● 范庆基[1]　张　璞[2]　王承璐[3]

（1，2 扬州大学商学院　扬州　225127；3 美国纽黑文大学商学院　纽黑文　06516）

【摘　要】随着新技术和移动互联网的迅猛发展，全渠道营销被认为是未来企业的发展方向。越来越多的企业开始尝试通过全渠道整合来提升消费者购物体验，进而提高企业的渠道绩效。本研究从消费者的视角出发，运用实证研究的方法揭示了渠道关系对企业渠道关系绩效的影响，同时发现了消费者整合体验在这一关系中的中介作用。结果表明：全渠道情境下渠道协同正向影响企业的渠道关系绩效，渠道冲突对渠道关系绩效的影响不显著，消费者整合体验部分中介了渠道协同对渠道关系绩效的影响。最后，本研究依托研究结果探讨了其理论贡献和实践意义。

【关键词】渠道关系　渠道协同　渠道冲突　消费者整合体验　渠道关系绩效

中图分类号：C93　　　　　文献标识码：A

1. 引言

　　企业营销渠道是生产者和消费者的交互媒介，是产品和服务由生产商向消费者转移的过程中具体技术构成的消费路径（庄贵军，2004）。随着以移动互联网为核心的渠道整合革命的出现，零售企业在经历了单渠道向多渠道再向跨渠道营销之后，开始加快线上线下的渠道融合以实现全渠道营销，通过渠道间的高度整合协同满足消费者在购物各阶段随时随地购物、娱乐和社交的综合体验需求，并为消费者提供渠道间穿梭的无缝最佳购物体验（齐永智和张梦霞，2015；Rigby，2011）。在这一背景下，渠道不仅作为产品流通的路径，而且开始兼具信息输送途径的功能。在渠道功能和作用发生变化的同时，对渠道关系的研

　　* 基金项目：国家社会科学基金项目"协同治理视阈下的农村公共服务供给机制创新研究"（项目批准号：16BZZ056）；江苏高校哲学社会科学基金项目"全渠道情境下渠道协同效应结构与影响机制研究"（项目批准号：2017SJB1160）。

　　通讯作者：张璞，E-mail：1113460849@ qq. com。

究也不再局限于对渠道成员间行为的研究，开始进入研究渠道关系的新阶段。

在全渠道情境下，企业可以通过多个可供选择的渠道向消费者提供信息、产品和服务。一个典型的场景是，人们在购买过程中会穿梭于各个渠道之间，如通过线上搜索产品信息，线下与服务人员进行交谈，通过移动客户端上的社交媒体阅读和听取其他消费者的意见，最终做出选择购买决策（Keller，2010）。所以，全渠道情境下不同渠道间关系对企业的影响得到学界的关注（Andreas 等，2017）。本研究跳出企业视角下渠道关系的研究窠臼，从消费者视角出发，着力聚焦以下问题：(1)消费者视角下的渠道关系（渠道冲突、渠道协同）是否会影响企业渠道关系绩效；(2)消费者整合体验是否能够中介渠道关系对渠道关系绩效的影响。

2. 理论基础与研究假设

2.1 渠道关系

渠道关系是指在渠道组织中一家企业与其他参与者的合作状态，包括合作水平、冲突水平、互信程度、互依程度以及彼此承诺的水平等内容（庄贵军，2012）。基于企业视角的渠道关系研究主要聚焦于渠道关系中渠道协同与渠道冲突的研究（庄贵军，2012；Andreas，2017）。这些研究主要是基于传统二元渠道范式，分析渠道成员间的关系，如渠道权力和控制、渠道冲突、渠道协同等（Frazier，2009；Dukes 和 Liu，2010）。重点聚焦于渠道成员中制造商与分销商之间是如何运用渠道权力影响成员的渠道行为，解决渠道冲突和提升渠道协同策略的研究（Antia 等，2001；王辉和詹志方，2015）。如张闯等（2015）在对制造商和经销商关系的研究中，强调渠道关系强度不同维度对渠道成员应用渠道权力及权力应用对渠道冲突和渠道合作的影响。丰超等（2018）认为分销商网络密度和网络中心性能够促进制造商采用关系型渠道治理，与分销商共同制订计划和解决问题，而关系型渠道治理有利于提升制造商感知的渠道关系质量。

随着渠道模式的改变，企业也正从以品牌和产品为中心的传统范式向以全渠道管理活动中消费者为中心的范式转移（Liao 等，2011），越来越多的学者开始转变原有的企业内部视角，而从消费者角度出发，研究消费者对渠道关系中渠道协同和渠道冲突的感知水平，以描述性语言来衡量渠道关系中的渠道协同和渠道冲突。在全渠道环境下，消费者在购物决策的过程中倾向于在多渠道间自由转移，根据自身需求选择不同的购物渠道。因此，有关这一部分研究主要关注渠道整合作用的效果，学者们发现多渠道整合能够对企业绩效（Oh 等，2010）、顾客购买意愿的提升和保留行为（周飞等，2017）、顾客忠诚（蒋侃和徐柳燕，2016）、多渠道零售系统的整体感知（Lee 和 Kim，2010）和零售商的权益（吴锦峰等，2016）等产生影响。

由上述研究可以发现，基于企业视角的研究主要关注不同渠道主体间的关系，如制造商和经销商的冲突与合作，即企业外部的渠道关系，但对企业内部的渠道间关系关注不足（Verhoef 等，2015）。随着新零售时代的到来，越来越多的零售商同时拥有两种或两种以上的渠道。因此，渠道关系的研究也开始突破传统模式，注重基于消费者视角的研究。在渠道关系中竞合关系是渠道演进的起点，包括合作水平、冲突水平等内容（庄贵军，2000）。综合已有研究对渠道关系的分类，本研究将渠道关系分为渠道协同和渠道冲突，探讨全渠道情境中消费者对渠道关系中渠道协同和渠道冲突的感知（邵昶和蒋青云，2011；Andreas 等，2017）。

2.2 渠道关系绩效

2.2.1 渠道关系绩效

企业绩效是指企业内部或是企业之间在其发展过程中采取特定的活动而导致企业效率的提高或目标的实现。而渠道绩效是指渠道成员对渠道整体绩效的贡献程度。尽管不同的研究对渠道绩效的定义略有差异，但是在对已有资料归纳整理的基础上，本文总结出学者们对渠道绩效含义主要有两种分类。

第一种分类：基于结果的渠道绩效。该类的渠道绩效主要是指把渠道成员为企业创造的直接收益看成是渠道创造的效益，更加关注渠道成员带来的效益结果。其中主要包括渠道市场绩效和财务绩效（Jean 等，2010）。市场绩效主要考察产品或服务在多种销售渠道下的具体销量、销售份额、销售所获的经济效益、价格优势等。财务绩效关注的核心更多的是在多种渠道销售过程中的销售成本、利润、销售收入等因素（Kumar，1995）。第二种分类：基于关系的渠道绩效。该类渠道绩效是指渠道成员通过关系规范来相互控制，不是靠权威官僚规则、标准或法律力量，而是靠非正式机制。它是建立在合作互信和相互依赖的基础之上，在需求不确定与任务复杂的情况下，渠道成员就会采取相互依赖、互相信任的方式来解决、适应、协调与保证交易时出现的问题（Selnes，2003）。因此，基于关系的渠道绩效则重点关注渠道成员之间如何通过信任与合作来协调彼此的关系。

目前学者对渠道绩效的研究已经很多，但是对于渠道绩效的衡量还主要是根据渠道成员为企业创造的效益来判定，而本研究基于消费者视角，通过让消费者对各渠道间关系的感知来衡量企业渠道绩效。因此，为了更细致具体地反映渠道绩效这一变量，本研究将渠道绩效定义为渠道关系绩效，以渠道间的协调性和灵活性两个维度来测量渠道关系绩效。

2.2.2 渠道关系对渠道关系绩效的影响

开放系统理论认为系统内部合作是企业长期生存与发展的前提。基于这一认识，已有研究表明通过促进企业内部多渠道间的合作能够提升企业绩效，如获得、满足和绑定客户，从而增加销售（Furst 等，2017）。全渠道情境下不同渠道间的相互依存关系可以帮助企业提升销售业绩。此外，多渠道间存在着相互依存关系，有学者发现线上线下渠道间存在互补替代效应（Choi 等，2011）。汪旭辉和张其林（2013）通对多渠道零售商的深度访谈，总结出多渠道零售商线上线下营销协同策略的三个观测指标和渠道分离、渠道协同、渠道融合、渠道并行等四种渠道融合策略。Xu 等（2016）通过数据挖掘的手段，发现阿里巴巴通过平板电脑的引入为网上零售创造了一个额外的接触点，对现有的销售渠道和平台是一个非常好的补充，这成为理解新渠道产生对企业销售业绩影响效果的新依据。

渠道冲突的影响主要表现为对渠道整体绩效的影响，可以提升或者降低企业绩效。Webb 和 Lambe（2007）认为网络渠道和传统渠道之间一定程度的冲突有利于提高渠道活力、保持渠道创新。但渠道冲突超过一定界限转变成恶性竞争后，就会降低渠道绩效。王国才（2009）则认为多渠道关系质量对多渠道绩效有正向影响；如果多渠道之间被区隔，则可降低渠道冲突，从而提高整体绩效；如果多渠道之间进行有效整合，则可以减少它们之间的非建设性渠道冲突，有利于提高总体绩效水平。根据以上分析，本研究提出如下假设：

H1：全渠道情境下渠道关系对企业渠道关系绩效有显著影响。

H1-1：全渠道情境下渠道协同对企业渠道关系绩效有显著正向影响。

H1-2：全渠道情境下渠道冲突对企业渠道关系绩效有显著负向影响。

2.3　全渠道下消费者整合体验

2.3.1　全渠道下消费者整合体验

"全渠道"（omni-channel）是从单渠道（mono-channel）和多渠道（multi-Channel）的发展演变而来，全渠道比多渠道涉及的渠道数目更多（Verhoef 等，2015）。单渠道是指企业选择一条渠道，多渠道是企业整合多种渠道的方式来扩展与消费者的接触点，主要采取线下实体店和线上网店相结合方式，但消费者一般要在一条渠道内完成全部的购买过程或活动（李飞，2012），渠道之间的联系不够紧密，与消费者的互动不强。近年来，随着移动电子商务规模的扩大和社交媒体种类的丰富化，企业开始从多渠道向全渠道转变（Rigby，2011）。全渠道强调的不仅是商品所有权转移的渠道，还包括信息、资金、物流和客户移动渠道等，是企业拥有的所有渠道的整合（李飞，2012）。和单渠道、多渠道相比，全渠道不仅是渠道数量的增加，更是尽可能地将所有渠道组合和整合起来，满足消费者购物、娱乐和社交的综合体验需求，让消费者更加自由地穿梭于所有渠道之间，感受不到渠道壁垒的存在，增强企业与消费者在各个渠道间的交流互动（吴锦峰，2014）。

多渠道整合质量测量维度的研究为全渠道情境下全渠道整合体验研究提供了基础（Sousa 和 Voss，2006；吴锦峰，2014）。同时探讨多渠道整合的后续效果，能够帮助企业进一步发现渠道整合对消费者态度和行为的影响（Oliver，2015）。有关全渠道整合研究的视角，可以从零售商和制造商的视角出发，研究它们之间如何进行全渠道整合（李飞，2012）。同时，鉴于全渠道整合的渠道管理活动中由企业中心向消费者中心研究范式的转移，也可以从全渠道情境下最活跃的消费者视角出发，通过消费者对企业全渠道整合感知的研究，来测量企业全渠道整合的程度及效果。在高度整合的渠道体系中，消费者购物时形成的信息流、情感流和服务流，是顾客在各渠道间持续体验的推动剂，能激励顾客深入体验，基于图式理论可知丰富的顾客体验是提高顾客对整个渠道体系形成好感的重要方式（蒋侃等，2016）。

由此可见，通过全渠道整合能为消费者提供优质的渠道体验，创造更多的消费者体验价值，从而提高企业的市场竞争力（Verhoef 等，2015）。全渠道情境下消费者体验有其独特的优势：消费者在个体与环境的交互作用过程中，不仅通过思考和感知来认识这些消费问题，还会在体验中加入互动成分，进而做出有利于自己的决策（Kolb，2008）。一方面，消费者为满足自身需要，在消费者体验过程中，形成了认知和情感体验，创造了消费知识；另一方面，消费者在信息搜索过程中，为获得更多的信息和利益，会进行线上、线下和移动渠道的切换，从而产生一种整合体验的现象（Lueg 等，2006）。基于上述认识，全渠道情境下消费者整合体验研究的理论依据主要包括：消费体验理论认为体验是消费者在购买过程中体现出的一种多维的、个人化的内在心理状态，即主观感知的体验维度（Schmitt，2001）；可以心理模块理论和神经生理学为基础，研究消费体验的维度（Gentile，2007）。本研究基于体验维度理论，从消费者的视角出发，研究消费者整合体验在全渠道情境下的作用。

2.3.2 渠道关系、消费者整合体验和渠道关系绩效的关系

随着互联网的普及和企业客户群的不断扩散，越来越多的企业开始采用全渠道系统。因此，全渠道情境下有必要考虑不同渠道间的相互关系和相互作用可能对消费者和企业带来的影响（Furst 等，2017）。虽然，尚未有研究直接指出渠道关系对消费者整合体验有直接影响，但在线和离线情境下的研究发现，渠道协同感知能让顾客感知企业不同渠道间的互动服务，以利于顾客完成更加便利、准确的互动体验（Cassab，2005）。可见，渠道关系与消费者体验间存在影响关系。蒋侃（2016）在全渠道整合对渠道互惠机制的研究中也强调，高整合水平的渠道协同体系有助于巩固顾客信念，促使顾客更加专注于体系内的购物体验，降低对体系内购物的风险感知。由此可见，消费者在全渠道整合中感知到渠道协同的程度越高，忽略渠道冲突，有利于帮助消费者获得愉悦的购物体验，从而增强消费者对渠道的信任感，降低渠道转换意愿，增加购买频率，从而提高渠道关系绩效。

根据感知整体性理论可知，描述品牌、产品或事件的记忆被储存在消费者心智中的一些节点上，这些节点会与其他节点相连，某一节点与关键活动节点的联系强度决定了该节点的特定信息能通过消费者大脑回溯的程度（Keller，1993）。本研究中消费者对某一渠道的协同和冲突的感知会存储在大脑中，这种感知可以通过某一特定信息的触发从消费者的记忆中回溯，消费者对某一渠道的协同感知会影响到对其他渠道的协同感知。基于信任转移理论，消费者通过对某一渠道协同感知产生的信任感会影响消费者对其他渠道的信任，消费者便乐于在该企业各个渠道中自主选择购买方式，从而获得愉悦的购物体验（Hahn 和 Kim，2009）。根据以上分析，本研究提出如下假设：

H2：全渠道情境下渠道关系对消费者整合体验有显著影响。

H2-1：全渠道情境下渠道协同对消费者整合体验有显著正向影响。

H2-2：全渠道情境下渠道冲突对消费者整合体验有显著负向影响。

2.3.3 消费者整合体验对渠道关系绩效的影响

全渠道整合是为了实现渠道间的统一管理、优势互补，为消费者提供统一、一致的无缝购物体验，从而发挥渠道优势，提高企业渠道关系绩效（任成尚，2017）。从消费者自身的购买体验来说，企业渠道整合意味着消费者能够以较低的转换成本自主选择购买方式，提高了消费者对购买过程的控制感，降低了消费者渠道购买的风险，有助于建立消费者的在线信任，消费者在购物中获得的信任感会增加购买频率，从而有利于提高渠道关系绩效（周飞等，2017）。在有关渠道绩效的研究中，既可以采用会计、财务指标来衡量，如销售额、利润率、顾客流失率、投资回报率等，也可以采用非财务指标来衡量渠道绩效，如渠道协调性、整体性等（Hammervoll，2009；周飞，2013）。本文对渠道关系绩效的

研究是基于消费者视角，通过让消费者对渠道关系的感知来衡量企业渠道关系绩效。因此，本研究主要参考了渠道绩效中的非财务衡量指标来测量本研究中的企业渠道关系绩效。由此提出假设如下：

H3：全渠道情境下消费者整合体验对渠道关系绩效有显著正向影响。

H4：全渠道情境下消费者整合体验在渠道关系与渠道关系绩效之间起到中介作用。

H4-1：全渠道情境下消费者整合体验在渠道协同与渠道关系绩效之间起到中介作用。

H4-2：全渠道情境下消费者整合体验在渠道冲突与渠道关系绩效之间起到中介作用。

基于以上的综述与假设，本研究以渠道关系中的渠道冲突和渠道协同为自变量，消费者整合体验为中介变量，渠道关系绩效为因变量，建立研究模型（见图1）。

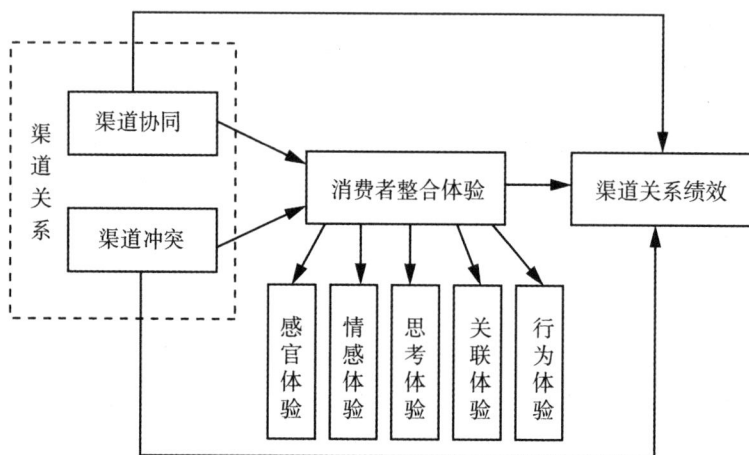

图1 研究模型

3. 研究方法

3.1 样本与数据收集

本研究主要从消费者的视角出发，研究渠道关系对渠道关系绩效的影响，试图发现消费者整合体验在这一关系中的中介作用。本研究选取的样本总体为具有全渠道购物经历的消费者。首先，在预调查中通过对10名成熟的网络消费者进行深度访谈，发现目前消费者不局限于使用单一渠道进行购物，而是通过实体店、网店以及移动客户端等全渠道的自由切换、任意穿梭，从而完成一系列的消费体验。其次，根据访谈结果并结合国内外成熟的测量量表，对调查问卷进行修订和完善。在问卷的最初会设置甄别选项，需要消费者回忆最近一次全渠道购买的经历，如果没有全渠道购买经历则结束问卷回答。最后，通过Qualtrics平台发放问卷，进行数据收集。最终本次共发放问卷400份，回收问卷370份，对填写时间较短或有明显逻辑错误的问卷予以剔除，得到有效问卷324份，问卷有效率达 87.6%。

根据问卷描述性分析结果可见，男性 124 人，女性 200 人，性别比例合理；调查对象的网购历史在 3~5 年的人占 51.2%；每月的网购支出 201~500 元的人占 41.4%。以上数据显示本次调查群体有丰富的网购经验。根据消费者全渠道购物情况分析结构可以看出，有效样本中被测对象都具有全渠道购物经历，且至少体验过两种购物渠道，对经常购物的企业渠道类型很熟悉。可见，被测对象有着丰富的全渠道购物经验，增加了研究的可靠性。

3.2 问卷和变量测量

本研究的问卷内容主要由三部分构成。第一部分问题用于测量消费者在全渠道中对渠道协同和渠道冲突的感知程度。第二部分是基于 Schmitt 体验维度理论，从感官体验、情感体验、思考体验、关联体验和行动体验五个维度出发，测量全渠道环境中消费者整合体验。第三部分是用于测量消费者对渠道关系绩效的评价。问卷内容的所有测项变量均采用 5 点李克特量表进行测度：1=非常不同意，2=不同意，3=一般，4=同意，5=非常同意。

本研究主要涉及 8 个研究变量，包括渠道关系(渠道协同、渠道冲突)、消费者整合体验(感官体验、情感体验、思考体验、关联体验、行动体验)和渠道关系绩效。其中，渠道关系(渠道协同、渠道冲突)的量表主要参考了 Sousa(2006)、吴锦峰等(2014)的探究，包括 7 个题项；对于消费者整合体验的测量主要借鉴了 Schmitt(2001)、Kwon 和 Lennon(2009)的研究，共 12 个测量题项；渠道关系绩效的测量题项主要来自 Hammervoll (2009)、周飞(2013)的研究，共使用 6 个测项来测量。

3.3 控制变量

为了排除其他可能会影响分析结果的重要因素，本文选取了以下几个控制变量，分别为：最近购物时选择的购物渠道(如实体渠道、电子商务渠道、移动商务渠道)；经常全渠道购物的企业(如京东、小米等)；经常购物的企业的渠道数量。利用 Stata 软件将问卷中可能会影响结果的问项进行了变量控制，在控制变量的基础上再进行回归分析，从而排除了会影响分析结果的重要因素。

3.4 量表的信度、效度检验

为了确保模型拟合度评价和假设检验的有效性，有必要先检验变量测量的信度和效度。首先，本研究使用 SPSS 软件对总体样本进行探索性因子分析，并对结果的载荷矩阵进行正交旋转。结果显示，所有 32 个测项共汇集成为 8 个特征值大于 1 的有效因子，其中有 7 个问项因出现了交叉载荷的情况和载荷值低于一般的临界值 0.4 而被剔除，它们分别是用于测量消费者整合体验中"感官体验"的 2 个问项、"关联体验"的 2 个问项和用于测量"渠道关系绩效"的 3 问项。经过这一过程，原来用于测 8 个变量的 32 个测项被纯化处理为 25 个测项。

本研究对由 25 个题项构成的模型进行了信度和效度检验。信度和效度分析是考察问卷的内部一致性程度和问卷分析结果的有效性。在对问卷数据分析之前，必须先检查问卷的可靠性。本研究所有潜在变量的 Cronbach's α 系数(简称 CA)均大于 0.68，且本研究各变量的组合信度(简称 CR)也均在 0.7 以上，表明本研究所使用的测项具有较好的信度水平。

在效度分析方面，所有题项的因子载荷值均大于 0.6($p<0.01$)，表明本研究中的各变量有良好的聚合效度，结果如表 1 所示。为了验证感官体验、情感体验、思考体验、关联体验和行动体验是否同属于消费者整合体验的二阶因子，本研究对消费者整合体验的 5 个变量进行验证性因子分析。如表 2 所示，各核心变量平均提取方差(AVE)值全部大于 0.5 的建议值，表明各变量间具有较高的区分效度。整个测量模型与数据的拟合度指标为 $X^2 = 780.008$($df = 266$，$p = 0.000$；$X^2/df = 2.932$)，GFI = 0.844，AGFI = 0.809，CFI = 0.851，RMSEA = 0.077，基本达到了可接受水平，说明模型拟合度良好。

表 1   验证性因子分析结果：变量测量的信度和效度检验结果

概念 (潜变量)		测量题项 (外显变量)	因子 载荷值	α	AVE	CR
渠道关系	渠道协同	渠道间穿梭时感受不到渠道壁垒	0.626	0.682	0.510	0.805
		跨越所有渠道购物体验是连贯的	0.699			
		支持网店订货、实体店取货	0.755			
		支持网店订货、实体店退换货	0.767			
	渠道冲突	各渠道产品信息并不完全一致	0.859	0.811	0.719	0.885
		各渠道促销信息并不完全一致	0.872			
		各渠道服务形象并不完全一致	0.812			
消费者整合体验	感官体验	所有渠道店铺空间设计很合理	0.816	0.727	0.684	0.812
		所有渠道店铺色彩搭配和谐	0.838			
	情感体验	所有渠道的服务人员对待顾客友善、亲切	0.779	0.774	0.598	0.817
		在所有渠道都可以与该企业双向沟通	0.779			
		在所有渠道消费让我感到了尊重	0.762			
	思考体验	对所有渠道推出的产品感到好奇	0.819	0.793	0.642	0.843
		对所有渠道产品有兴趣	0.785			
		所有渠道产品能引起我的思考	0.799			
	关联体验	在该企业消费成为我生活的一部分	0.869	0.699	0.612	0.756
		对该企业有一种强烈的归属感	0.684			
	行为体验	我一直很信赖该企业	0.761	0.751	0.608	0.756
		我会把该企业推荐给朋友或同学	0.798			

概念 (潜变量)	测量题项 (外显变量)	因子 载荷值	α	AVE	CR
渠道关系绩效	该企业的多渠道策略强化了与顾客的关系	0.703	0.858	0.586	0.895
	该企业总是在所有渠道中强化与顾客的关系	0.717			
	企业所有渠道都能有效地协助解决问题	0.758			
	所有渠道总是能积极应对顾客需求	0.805			
	该企业的所有渠道总是能为适应环境需求做出改变	0.804			
	所有渠道总能顾全大局，适应环境	0.800			

表2　　　　　　　　　　　各潜变量间的相关系数矩阵

		1	2	3	4	5	6	7	8
渠道关系	1. 渠道协同	**0.714**							
	2. 渠道冲突	0.155**	**0.848**						
消费者整合体验	3. 感官体验	0.374**	-0.017	**0.827**					
	4. 情感体验	0.394**	0.133*	0.500**	**0.773**				
	5. 思考体验	0.423**	0.212**	0.194**	0.386**	**0.801**			
	6. 关联体验	0.452**	0.125*	0.296**	0.364**	0.450**	**0.782**		
	7. 行为体验	0.439**	0.050	0.430**	0.435**	0.443**	0.535**	**0.780**	
8. 渠道关系绩效		0.535**	0.112*	0.465**	0.523**	0.441**	0.468**	0.546**	**0.766**
平均值		3.300	3.178	3.454	3.498	3.158	3.122	3.443	3.517
标准差		0.620	0.737	0.700	0.620	0.692	0.743	0.669	0.560

注：＊＊代表 $p<0.01$，＊代表 $p<0.05$，对角线上粗体数字为各变量 AVE 值的平方根。

3.5　共同方法偏差

为了避免共同方法偏差(Common method bias，CMB)问题影响数据的分析结果，本研究采用两种方法对数据进行检验。第一种方法是 Harman 的单因子检验法，即对所有测量项利用 SPSS 进行探索性因子分析，如果第一个因子方差解释率超过50%，则表示共同方法偏差很高。结果显示第一个因子方差解释率为31.85%，小于50%，说明数据的共同方法偏差问题在可接受范围之内。第二种方法是采用了黎建新等(2015)建议的检验构念间的相关系数检验法，即如果构念间的相关系数小于0.9，则可以接受。由表2可以看到，构念间的相关系数最大为 0.535，小于 0.9，表明数据可以接受。综合两种方法可知，本研究中的共同方法偏差在可接受范围之内。

4. 假设检验与结果

4.1 结构模型

为了验证本研究中提出的假设是否成立，本研究对各变量间的路径关系进行统计分析。在加入了控制变量后，分析结果没有改变。结果如表 3 所示，全渠道情境下渠道协同对渠道关系绩效有显著正向影响（$\beta = 0.486$，$p<0.001$），这说明渠道协同性有助于提高企业渠道关系绩效，假设 H1-1 成立；全渠道情境下渠道冲突对渠道关系绩效有显著正向影响（$\beta = 0.141$，$p<0.001$），假设 H1-2 不成立。从企业视角来看，渠道冲突越明显，企业渠道关系绩效会降低（张闯等，2015；王辉和詹志方，2015）。但从消费者视角来看，适当的渠道冲突消费者难以很明确地感知到，也就难以直接对渠道关系绩效产生影响。渠道协同对消费者整合体验有显著正向影响（$\beta = 0.457$，$p<0.001$），这表明消费者感知到渠道间协同效应越强，消费者越能获得最佳的消费者整合体验，假设 H2-1 成立；渠道冲突对消费者整合体验有正向影响（$\beta = 0.167$，$p<0.001$），表明渠道冲突对消费者体验有显著的正向影响，假设 H2-2 不成立。全渠道购物对企业的协同能力要求较高，目前提供全渠道购物的企业大多为成熟企业，有较好的渠道协同和信息协同能力，将渠道冲突控制在一定的范围内。同时，渠道冲突主要存在于渠道成员间，消费者对渠道冲突不敏感，感知到的更多的是渠道协同带来的愉悦的消费体验，而在渠道体验的过程中往往会忽视了渠道冲突。消费者整合体验对渠道关系绩效有显著正向影响（$\beta = 0.757$，$p<0.001$），这说明消费者在全渠道中获得的体验越佳，越有助于提升企业渠道关系绩效，因此假设 H3 成立。

表 3　　　　　　　　　　　　假设检验结果

路径	变量控制前		变量控制后		结论
	标准化路径系数	T	标准化路径系数	T	
H1-1：渠道协同——渠道关系绩效	0.577***	10.79	0.486***	10.43	成立
H1-2：渠道冲突——渠道关系绩效	0.230***	3.11	0.141***	3.12	不成立
H2-1：渠道协同——消费者整合体验	0.698***	11.72	0.457***	11.35	成立
H2-2：渠道冲突——消费者整合体验	0.345***	4.13	0.167***	4.22	不成立
H3：消费者整合体验——渠道关系绩效	0.587***	15.47	0.757***	15.18	成立

控制变量：
最近选择的购物渠道；经常全渠道购物的企业；经常购物的企业的渠道数量

注：***代表 $p<0.001$。

4.2 中介效应检验

在研究模型中，为了检验消费者整合体验在渠道关系对渠道关系绩效的影响中是否起到中介作用，我们按照 Zhao 等(2010)总结提出的中介效应检验程序，选择模型 4，样本选择量为 5000，在 95% 的置信水平下，对消费者整合体验进行中介检验。结果表明，消费者整合体验在渠道协同对渠道关系绩效的中介效应中显著，区间(LLCI = 0.2162，ULCI = 0.3652)不包含 0，中介效应的大小为 0.2859；在控制中介变量消费者整合体验后，自变量渠道协同对因变量渠道关系绩效的直接作用显著，区间(LLCI = 0.1106，ULCI = 0.2848)不包含 0，所以消费者整合体验在渠道协同对渠道关系绩效的影响中起到了部分中介作用，假设 H4-1 成立。在渠道冲突对渠道关系绩效的影响中，消费者整合体验的中介效应不显著，区间(LLCI = −0.0097，ULCI = 0.1543)包含 0；在控制中介变量消费者整合体验后，自变量渠道冲突对因变量渠道关系绩效的直接作用不显著，区间(LLCI = −0.0479，ULCI = 0.0765)包含 0，说明消费者整合体验在渠道冲突对渠道关系绩效的影响中没有起到中介作用，假设 H4-2 被拒绝，因此假设 H4 部分成立。如表 4 所示：

表 4 　　　　　　　　　　　消费者整合体验的中介效应检验

自变量	因变量	类别	Effect	SE	t	p	95%CI	
							LLCI	ULCI
渠道协同	渠道关系绩效	直接效应	0.1977	0.0443	4.4642	0.0000	0.1106	0.2848
		中介效应	0.2859	0.0373	—	不包含 0	0.2162	0.3652
渠道冲突	渠道关系绩效	直接效应	0.0143	0.0316	0.4517	0.6518	−0.0479	0.0765
		中介效应	0.0708	0.0421	—	包含 0	−0.0097	0.1543

5. 结论、启示与局限性

5.1 研究结论

本研究跳出企业视角下渠道关系的研究窠臼，通过聚焦消费者视角下的渠道关系(渠道冲突、渠道协同)对企业渠道关系绩效的影响，探讨消费者整合体验在渠道关系对渠道关系绩效影响关系中的中介作用。本研究结果主要有以下几个方面：

首先，渠道协同对消费者整合体验和渠道关系绩效皆有显著的正向影响，且消费者整合体验在渠道协同和渠道关系绩效的影响关系中存在部分中介作用。全渠道时代的到来让消费者的购物方式和消费模式发生了变化，消费者的购物习惯不再局限于单一渠道，而更多地是喜欢穿梭于各个渠道间，通过渠道的全面化与组合化感受渠道间协同效应。全渠道情境中渠道协同性越强，消费者越能感受到穿梭于各渠道间是无壁垒、无障碍的，从而能够获得愉悦的全方位购物体验。对企业渠道结构的设计，能够获得渠道间的协同，增强消费者一致体验的愉悦感受,提高渠道效率和利益(庄贵军,2000)。

其次,渠道冲突对消费者整合体验和渠道关系绩效分别有显著的负向影响的假设不成立。从企业视角来看,渠道冲突的加剧会对企业的渠道关系绩效产生严重的负面作用(王辉和詹志方,2015)。然而,从消费者视角来看,渠道冲突越明显,不一定会降低消费者的购物体验感受,从而降低渠道关系绩效。消费者在购物过程中往往会关注渠道的整体协同,而忽略企业渠道中存在的部分冲突情况,也不会因为渠道中一些产品信息、促销信息等的不一致,影响其整体的购物体验。此外,本研究的对象主要针对成熟的大型企业,此类企业在渠道整合与协同上成果显著,且对防止过度竞争、预防渠道冲突上已有成熟的措施和对策。因此在渠道冲突上表现不明显,即使存在一定程度上的渠道冲突,消费者在购物过程中也会被企业其他优势吸引,从而弱化了消费者对企业渠道冲突的感知。因此,适度的渠道冲突并不影响消费者对企业渠道整合的体验以及企业整体的渠道关系绩效。但从企业角度来看,企业不能忽视对渠道冲突的控制,当渠道冲突达到一定程度时,也会影响消费者体验,从而影响企业渠道关系绩效。

5.2 理论贡献与管理启示

5.2.1 理论贡献

首先,本研究将体验理论和思想融入全渠道整合中,从消费者整合体验的视角解释渠道关系对渠道关系绩效的影响,丰富了全渠道整合和消费者体验方面的理论。其次,已有研究中对渠道关系和渠道关系绩效的衡量大多采用财务指标,如销售量、利润等,而本研究则从消费者感知的视角出发,采用了非财务评估标准对渠道协同、渠道冲突和渠道关系绩效进行测量,为今后的研究提供了借鉴。最后,本研究站在营销学的研究视角,探讨渠道间关系、消费者整合体验和渠道关系绩效之间的关系,建立了新的研究模型,丰富了渠道关系的相关研究。

5.2.2 管理启示

本研究的结论可以为全渠道企业的管理者提供一定的参考。

首先,企业应该加强渠道间的协同。企业要打破各个渠道之间的壁垒,让消费者在全渠道购物的每个阶段都可以随时随地地无缝穿梭,感受到企业渠道之间的协同性。企业在加强全渠道信息、过程等方面的整合一致性的基础上,诱导消费者产生渠道组合内的交叉购买,如企业支持网店订货、实体店取货或网店订货、实体店退换货,从而提高消费者的购买便利和效率。其次,企业需要设计良好的消费者全渠道购买体验策略,利用整合感官、情感、思维、行为和关联体验的营销方式,为消费者营造全方位满意的购物环境,实现消费者与企业的价值共创。在与顾客的全渠道接触过程中,企业为顾客提供个性化的综合服务体验,让消费者在体验的过程中感受到被尊重,以培养消费者对企业的归属感与忠诚度,注重企业在渠道组合之间营造的整合效应。最后,优秀的企业应善于整合企业渠道中的所有资源,组合出新的核心能力,实现全渠道的互动整合,增强各个渠道间的相关性和一体化程度,保持多个渠道间的协调一致,积极应对消费者需求,强化与消费者的关系,当内外环境和消费者需求发生变化时要及时做出改变。

5.3 局限性与未来研究方向

本研究存在一定的局限性,这也构成了未来的研究方向。首先,本研究的调查样本主要针对渠道整合相对完善的成熟企业,导致了研究样本缺乏差异性,因此今后的研究可以考虑选取更多类型的企业,也可以对行业进行细分,得出的结果会更有参考价值。其次,本研究对渠道关系和渠道关系绩效的衡量采用了非财务指标,在今后的研究中可将财务指标和非财务指标相结合,以双重标准来共同解释变量之间的影响关系。再次,本研究中渠道冲突的测量问项和控制变量的选择上存在一定局限,在今后的研究中应基于消费者视角开发渠道冲突的测项,以及选取更为合适的控制变量(如关系长度、企业规模等)。最后,本研究中渠道冲突对渠道关系绩效影响的假设未得到验证,在后续的研究中应将样本扩大到渠道整合相对不完善的企业,这样来探究渠道冲突对消费者整合体验和渠道关系绩效的影响。

◎ 参考文献

[1] 丰超,庄贵军,张闯.网络结构嵌入、关系型渠道治理与渠道关系质量[J].管理学报,2018,15(10).

[2] 蒋侃,徐柳艳.全渠道整合对渠道互惠的作用机制分析[J].企业经济,2016(9).

[3] 黎建新,刘薇,刘洪深.共享服务中的"其他顾客"如何促进顾客的服务体验?基于人际吸引理论的实证研究[J].营销科学学报,2015,11(3).

[4] 李飞.迎接中国多渠道零售革命的风暴[J].北京工商大学学报(社会科学版),2012,27(3).

[5] 齐永智,张梦霞.零售企业多渠道整合服务质量能提高顾客忠诚吗?[J].经济问题,2015(4).

[6] 任成尚.全渠道整合对消费者满意度的影响研究:基于消费者感知赋权的视角[J].上海管理科学,2018,40(1).

[7] 邵昶,蒋青云.营销渠道理论的演进与渠道学习范式的提出[J].外国经济与管理,2011,33(1).

[8] 汪旭晖,张其林.多渠道零售商线上线下营销协同研究——以苏宁为例[J].商业经济与管理,2013(9).

[9] 王国才,赵彦辉.多重渠道冲突管理的渠道区隔与整合策略——基于电子商务的研究框架[J].经济管理,2009(8).

[10] 王辉,詹志方.制造商权力与渠道冲突解决策略关系的研究:经销商网络嵌入性的调节作用[J].珞珈管理评论,2015(2).

[11] 吴锦峰,常亚平,侯德林.多渠道整合对零售商权益的影响:基于线上与线下的视角[J].南开管理评论,2016,19(2).

[12] 吴锦峰，常亚平，潘慧明．多渠道整合质量对线上购买意愿的作用机理研[J]．管理科学，2014，27(1)．

[13] 张闯，张涛，庄贵军．渠道权力应用、冲突与合作：营销渠道网络结构嵌入的影响[J]．商业经济与管理，2015(2)．

[14] 周飞，冉茂刚，沙振权．多渠道整合对跨渠道顾客保留行为的影响机制研究[J]．管理评论，2017，29(3)．

[15] 周飞．顾客互动与渠道协同绩效的关系研究——基于消费者渠道迁移行为的视角[D]．广州：华南理工大学博士学位论文，2013．

[16] 庄贵军．基于渠道组织形式的渠道治理策略选择：渠道治理的一个新视角[J]．南开管理评论，2012，15(6)．

[17] 庄贵军．权力、冲突与合作：西方的渠道行为理论[J]．北京商学院学报，2000(1)．

[18] 庄贵军．营销渠道控制：理论与模型[J]．管理学报，2004，1(1)．

[19] Andreas，F.，MartinL.，Jana-Kristin，P. Organizational multichannel differentiation：An analysis of its impact on channel relationships and company sales success[J]．*Journal of Marketing*，2017(81)．

[20] Antia，K. D，Frazier，G. L. The severity of contract enforcement in interfirm channel relationships[J]．*Journal of Marketing*，2001，65(10)．

[21] Cassab，H. Multichannel service：Performance and implications for customer retention[D]．Doctor Dissertations of University of Washington，2005．

[22] Choi，J.，Bell，D. R. Preference minorities and the Internet[J]．*Jounal of Marketing Research*，2011(4)．

[23] Dukes，A.，Liu，Y. C. In-store media and distribution channel coordination [J]．*Marketing Science*，2010，29(1)．

[24] Frazier，G. L.，Maltz，E.，Antia，K. D.，et，al. Distributor sharing of strategic information with suppliers[J]．*Journal of Marketing*，2009，73(4)．

[25] Gentile，C.，Spiller，N.，Noci，G. How to sustain the customer experience：An overview of experience components that cocreate value with the customer[J]．*European Management Journal*，2007，25(5)．

[26] Hahn，K. H.，Kim，J. The effect of offline brand trust and perceived internet confidence on online shopping intention in the integrated multi-channel context[J]，*International Journal of Retail & Distribution Management*，2009，37(2)．

[27] Hammervoll，T. Channel cooperation：A reflective scale[J]．*The International Journal of Logistics Management*，2009，20(3)．

[28] Jean，R. J. B.，Sinkovics，R. R.，Kim，D. Drivers and performance outcomes of relationship learning for suppliers in cross-border customer-supplier relationships：The role of communication culture[J]．J*ournal of International Marketing*，2010，18(1)．

[29] Keller, K. L. Conceptualizing measuring and managing customer-based brand equity[J]. *Journal of Marketing*, 1993, 57(1).

[30] Keller, K. L. Brand equity management in a multichannel, multimedia retailing environment [J]. *Journal of Interactive Marketing*, 2010, 24(2).

[31] Kumar, N. , Scheer, L. K. , Steenkamp, J. E. The effect of supplier fairness on vulnerable resellers[J]. *Journal of Marketing Research*, 1995, 32(2).

[32] Kwon, W. S. , Lennon, S. J. Reciprocal effects between a multi-channel retailer's offline and online brand images[J]. *Journal of Retailing*, 2009, 85(3).

[33] Lee, H. H. , Kim, J. Investigating dimensionality of multichannel retailer's cross-channel integration practices and effectiveness: Shopping orientation and loyalty intention [J]. *Journal of Marketing Channels*, 2010, 17(4).

[34] Liao, C. H. , Yen, H. R. , Li, E. Y. The effect of channel quality inconsistency on the association between E-service quality and customer relationships[J]. *Internet Research*, 2011, 21(4).

[35] Lueg, J. E. , Ponder, N. , Beatty, S. E, et, al. Teenagers' Use of alternative shopping channels: A consumer socialization perspective[J]. *Journal of Retailing*, 2006, 82(2).

[36] Oh, L. B, Teo, H. H. Consumer value co-creation in a hybrid commerce service-delivery system[J] . *International Journal of Electronic Commerce*, 2010, 14(3).

[37] Oliver, E. , Michael, P. , Thomas, R. Shopping benefits of multichannel assortment integration and the moderating role of retailer type[J]. *Journal of Retailing*, 2015, 91 (2).

[38] Rigby, D. The future of shopping[J]. *Harvard Business Review*, 2011(12).

[39] Selnes, F. , Sallis, J. Promoting relationship learning[J]. *Journal of Marketing*, 2003, 67(3).

[40] Sousa, R. , Voss, C. A. Service quality in multichannel services employing virtual channels[J]. *Journal of Service Research*, 2006, 8(4).

[41] Verhoef, P. C. , Kannan, P. K. , Jeffrey I. J. From multi-channel retailing to omni-channel retailing introduction to the special issue on multi-channel retailing[J] , *Journal of Retailing*, 2015, 91 (2).

[42] Webb, K. L. , Lambe, C. J. Internal multi-channel conflict: An exploratory investigation and conceptual framework[J]. *Industrial Marketing Management*, 2007, 36 (1).

[43] Xu, K. Q. , Chan, J. , Ghose, A. , Han, S. P. Battle of the channels: The impact of tablets on digital commerce[J]. *Management Science*, 2016.

[44] Zhao, X. , Lynch, J. G. , Chen, Q. Reconsidering baron and kenny: myths and truths about mediation analysis[J]. *Journal of Consumer Research*, 2010, 37(2).

Do Channel Coordination and Conflict Affect Channel Relationship Performance in the Context of Omni-channel?

—The Mediating Effect of Consumers' Integrated Experience

Fan Qingji[1]   Zhang Pu[2]   Wang Chenglu[3]

(1, 2 School of Business , Yangzhou University, Yangzhou, 225127;

3 School of Business, University of New Haven, West Haven, CT 06516)

Abstract: With the rise of new technologies and mobile Internet, the Omni-channel marketing shows the direction for the enterprises in the future. Many enterprises attempt to improve the consumers' purchase experience and the enterprises' performances through the integration of Omni-channel. The study aims to investigate the effects of channel relations on enterprises channel performance and identify the moderating effects of consumer integrated experience through the empirical study from the perspective of consumers. The results showed that channel coordination positively affected enterprise channel relationship performance, and channel conflict did not significantly affect enterprise channel relationship performance. Consumer integrated experience partially showed moderating effects on the relationship between channel coordination and channel relationship performance. Finally, based on the results the study discussed the theoretical contributions and practical significance.

Key words: Channel relation; Channel coordination; Channel conflict; Consumer integrated experience; Channel relationship performance

专业主编：曾伏娥

基于 ELM 理论的绿色消费多维整合
模型构建与实态检验[*]

● 盛光华[1]　戴佳彤[2]　解　芳[3]
（1，2 吉林大学商学院　长春　130012；
3 南京财经大学营销与物流管理学院　南京　210023）

【摘　要】本研究基于 ELM 理论，探讨了绿色产品类型、绿色广告诉求以及印象管理动机对绿色购买意愿的直接效应及交互效应，构建了绿色消费多维整合模型。研究发现：相对于利他型绿色产品，消费者对利己型绿色产品的绿色购买意愿更大；相比于感性广告诉求，理性广告诉求更能激发消费者的绿色购买意愿；绿色产品类型和绿色广告诉求对绿色购买意愿的影响存在交互作用；印象管理动机在绿色产品类型与绿色购买意愿之间、绿色广告诉求与绿色购买意愿之间以及绿色产品类型与广告诉求的交互作用与绿色购买意愿之间存在调节效应。本研究的研究结论为企业有效地开展绿色营销提供了理论支撑。

【关键词】ELM 理论　绿色产品类型　绿色广告诉求　印象管理动机　绿色购买意愿

中图分类号：C93　　　　　文献标识码：A

1. 引言

改革开放以来我国经济飞速发展，随之而来的环境问题已经上升为国家战略层面的问题。"人与自然是生命共同体，人类必须尊重自然、顺应自然、保护自然"，因此，建设生态文明，是关系人民福祉、关乎民族未来的千年大计，是努力建设美丽中国、实现中华民族永续发展、走向社会主义生态文明新时代的必经之路。在大力开展生态文明建设的伟大时代背景下，绿色消费作为一种以保护生态为特征的新型消费，是绿色发展的实现机制

＊　基金项目：国家社科基金重大项目"推动居民绿色消费升级的监管体系研究"（项目批准号：19ZDA107）；吉林省社会科学基金一般项目"居民消费行为绿色化转型的多重驱动机制与柔性干预政策研究"（项目批准号：2019B50）；吉林大学研究生创新基金资助项目"雾霾天气对我国居民亲环境行为的影响机制研究——基于环境责任感与环境情感视角"（项目批准号：101832018C157）。

通讯作者：戴佳彤，E-mail：daijt18@ mails. jlu. edu. cn。

135

之一，是优化产业结构和消费结构的重要动因，更是大众消费模式转型的民意所在和必然选择。由于绿色消费是通过消费者的绿色购买来实现与完成，所以如何推动消费者绿色购买不仅是生态文明和美丽中国建设的现实需要，也是消费者行为理论必须回答和解释的问题。

目前理论界对于绿色购买行为的研究已经取得了丰硕的成果，研究的聚焦点主要是探讨和挖掘影响消费者绿色购买行为的因素，主要包括消费者自身因素，如收入、婚姻状况、性别、受教育水平等自身客观因素（白光林和万晨阳，2012）和价值观、个人规范、道德水平、环境知识、环境态度等行为心理因素（Stern，Dietz，Abel，et al.，1999；Ajzen，1991；Maichum，Parichatnon & Peng，2016；盛光华，葛万达和岳蓓蓓，2018），以及外部因素，如媒体、政府和企业的影响（Chan，2001；Zukin & Maguire，2004；盛光华和林政男，2018），为认识和了解消费者绿色行为、破解消费者的消费密码提供了理论支持。但是，以往的研究通常都是从单一维度出发，探究某一个或几个变量对绿色购买行为的影响机制，没有综合考虑多个维度的共同作用。消费者制定购买决策的第一步就是接收信息并进行信息处理，通过信息加工处理形成对产品的认知并产生购买意愿。因此，本研究基于ELM理论（Petty，Cacioppo & Schumann，1983），从多维角度出发，引入绿色产品类型、绿色广告诉求以及消费者印象管理动机三个变量，通过分析消费者的一致性需求和处理加工信息的动机，判断消费者是通过中心路径还是边缘路径处理加工信息，进而探究消费者购买决策制定过程中各个维度对绿色购买意愿的直接作用及交互作用。为此，本研究试图建立一个基于绿色产品类型（利己/利他）、绿色广告诉求（理性/感性）、消费者印象管理动机（强/弱）的绿色消费多维整合模型，通过设计的三个实验，来验证绿色产品的利己型和利他型维度对绿色购买意愿产生的不同影响，绿色广告诉求的理性和感性维度对绿色购买意愿产生的不同影响，印象管理动机强和弱两个维度对绿色购买意愿的不同影响，以及各个维度之间的交互作用对绿色购买意愿产生的不同影响，以期更加全面深入地探究影响消费者绿色购买的因素，为我国消费模式绿色化转型提供实践指导和理论依据。

2. 理论基础与研究假设

2.1 精细加工理论

精细加工理论又称为精细加工模型或详尽可能性模型（Elaboration Likelihood Model，ELM）（Petty，Cacioppo & Schumann，1983），是研究消费者广告信息处理中最有影响力的理论模型。该理论认为，消费者对广告信息的加工处理与态度形成是经由两条途径进行的，分别是中心路径与边缘路径。中心路径是指消费者有意识地对广告信息进行认真思考和逻辑推理，在综合考虑过产品的优缺点、性能、特点后形成对产品的态度；边缘路径是指消费者态度的形成与改变不是基于对广告信息的精细加工或对产品知识的认真思考，而是受消费者的情绪、直观感觉与其他积极或消极的边缘线索的影响（Petty，Cacioppo & Schumann，1983；Mosler & Martens，2008；Petty & Wegener，1999）。相对于边缘路径，中心路径对消费者购买意愿与行为更具有预测性。找到消费者从哪条路径进行信息加工处理，对于广告策划的成功与否是至关重要的。为了更好地在消费和广告领域应用精细加工理论，确定消费者通过哪条路径进行信息加工，国内外很多专家在精细加工理论的基础上开展了更加深入的研究。

MacInnis 和 Jaworski（1989）认为影响消费者通过何种路径进行信息加工处理的主要因素是 MAO 心理指标，即动机（motivation）-能力（ability）-机会（opportunity）（Macinnis，Jaworski & Institute，1989）。动机是指消费者在接触到产品广告时是否想对广告中的信息进行加工，动机的产生取决于产品本身及广告信息是否满足消费者的需求。能力指的是消费者加工处理广告信息的能力。能力的缺乏可能源于个体本身技能限制或信息模糊等外在因素，缺乏能力可能导致消费者不去解读信息或无法正确解读信息。机会反映了消费者接受广告信息时环境对信息处理的有利程度，广告中的不相干因素和广告信息的数量、类型、重复率等都会影响信息加工的机会（Petty & Wegener，1999；Macinnis，Jaworski & Institute，1989）。当动机、能力、机会三者的水平都较高时，消费者才会有较大可能性通过中心路径进行信息处理，这时包含清晰产品信息的理性广告诉求将会起到更大的作用；当缺乏处理信息的动机、能力或机会时，消费者将趋向通过边缘路径处理信息，这时感性广告诉求能够通过一些边缘线索引起消费者情感上的共鸣，起到更好的效果（Petty & Wegener，1999；Macinnis，Jaworski & Institute，1989；王怀明和陈毅文，1999）。

在精细加工模型的基础上，Johar 和 Sirgy（1991）认为消费者的功能一致性和自我一致性决定了消费者通过哪条路径处理信息。功能一致性是指广告信息和产品信息与消费者对产品功能的期望需求相一致，自我一致性是指产品品牌传递出的价值形象与消费者的自我形象和谐一致（Johar & Sirgy，1991；Aguirrerodriguez，Bosnjak & Sirgy，2012）。当消费者注重功能一致性时，需要通过广告中的信息了解产品功能，因此产生处理信息的动机，在同时具备能力与机会时，MAO 水平较高，消费者通过中心路径处理信息，此时理性广告诉求更加有效；当消费者更注重自我一致性时，会缺乏加工烦琐信息的动机，希望通过简单的氛围烘托了解产品的形象价值，达到情感上的共鸣，由于处理信息动机的缺乏，消费者将通过边缘路径加工信息，此时感性广告诉求能更好地发挥作用（王怀明和陈毅文，1999）。

2.2 绿色产品类型与绿色购买意愿

由于我国还没有对绿色产品给出明确定义，只是提出要"逐步将目前分头设立的环保、节能、节水、循环、低碳、再生、有机等产品统一整合为绿色产品"（盛光华，解芳和曲纪同，2017）。所以，绿色产品也可以理解为在生产、使用和处理过程中既有利于生态环境的可持续发展，也有利于人类身体健康。可见绿色产品的绿色价值属性既包含对环境的利益，如减少污染和节约资源等，也包含对消费者自身的利益，如保护健康和节省开支等。消费者在购买绿色产品时可能会更倾向于获得其中某一方面的利益，黎建新（2007）根据绿色产品的绿色价值属性和消费者的购买动机，将绿色产品分为自利型绿色产品和利他型绿色产品（黎建新，2007）。自利型绿色产品是指自身属性和价值表达倾向于消费者自身利益的产品，尽管自利型绿色产品也具有一定的外部环境效益，有利于保护环境，但消费者做出购买决策的动机主要是利己，如基于保护健康、节省开支等角度考虑。利他型绿色产品是指那些主要强调环保属性的产品，消费者做出购买决策的主要目的是保护环境。本研究采用黎建新的绿色产品分类方法，将绿色产品类型分为利己型绿色产品和利他型绿色产品。利己型绿色产品是产品属性和价值表达倾向于消费者自身利益的绿色产品。利他型绿色产品是产品属性和价值表达倾向于环保效益的绿色产品。

心理学中将意愿定义为个人从事某特定行为的主观概念，目前通常用购买意愿来衡量消费者购买某项产品或服务的可能性(左文明，王旭和樊偿，2014)。计划行为理论认为，意愿是行为的基础，消费者只有产生了购买意愿才会做出购买行为。然而，目前学术界对绿色购买意愿没有一个统一的定义，一般认为绿色购买意愿是指消费者愿意购买绿色产品和服务的倾向以及愿意为此付出的努力(盛光华，解芳和曲纪同，2017；Srivastava，2007)。在以往关于消费者绿色产品购买意愿的研究中，基本是从一般意义上来研究绿色产品，并没有对其进行区分，然而不同类型的绿色产品对消费者的购买动机和意愿的影响方式是不同的(黎建新，刘洪深和宋明菁，2014)。根据 ELM 理论，由于利己型绿色产品的核心属性是保护健康、节省成本等利己属性，满足的是消费者的功能一致性需求，所以消费者通常是通过中心路径加工信息；由于利他型绿色产品的核心属性是保护自然环境、节约资源等利他属性，满足的是消费者的自我一致性需求，所以消费者通常是通过边缘路径加工信息(Petty，Cacioppo & Schumann，1983；王怀明和陈毅文，1999)。已有研究证明，中心路径引起的消费者购买意愿将大于边缘路径，所以消费者对利己型绿色产品将产生更大的绿色购买意愿(Johar & Sirgy，1991；熊小明，黄静和郭昱琅，2015；陈凯和肖兰，2016)。同样，理性人假说也认为，作为经济决策的主体都是充满理智的，主体追求的唯一目标是自身利益最大化，因此，消费者在进行绿色产品选择时，可能会先从自身利益出发而选择利己型绿色产品(熊小明，黄静和郭昱琅，2015；陈凯和肖兰，2016)。基于以上分析，本文提出以下假设：

H1：相对于利他型绿色产品，消费者对利己型绿色产品的绿色购买意愿更大。

2.3 绿色广告诉求与绿色购买意愿

广告是企业在激烈的竞争市场中获得竞争优势的手段之一(王怀明和陈毅文，1999；Belch & Belch，1995；郭国庆，周健明和邓诗鉴，2015)。商家在进行广告宣传时为了激发消费者的兴趣，会在广告中增加一些心理动力，也就是广告诉求(黎建新，刘洪深和宋明菁，2014)。根据广告强调的信息类型不同，学术界普遍将广告诉求分为理性诉求和感性诉求。理性诉求通过客观的描述，强调产品的质量、功能、可靠性等实际使用价值，满足消费者对产品功能的需求使消费者产生购买意愿；感性诉求主要与消费者的情绪、情感相联系，通过激发消费者正面或负面的情绪，达到激发消费者购买意愿的目的(黎建新，刘洪深和宋明菁，2014；郭国庆，周健明和邓诗鉴，2015；毛振福，余伟萍和李雨轩，2017；黎光明，王幸君，蒋欢等，2015)。

对于绿色广告，理性诉求更强调产品的环保属性和健康属性，通过直观的信息陈述来与消费者的功能需求相契合，消费者在处理理性诉求信息时通常会选择中心路径；而感性诉求通过渲染健康和环境保护的情境，与消费者建立情感上的共鸣，使产品形象与消费者的自我形象契合(黎光明，王幸君，蒋欢等，2015)，消费者在处理感性诉求信息时通常

138

会选择边缘路径。如前所述，因为中心路径引起的消费者购买意愿将大于边缘路径，所以理性诉求对购买意愿的影响将大于感性诉求。基于以上分析，本文提出以下假设：

H2：相比于感性广告诉求，理性广告诉求更能激发消费者的绿色购买意愿。

2.4 绿色产品类型与绿色广告诉求的交互作用

不同的广告诉求会对消费者产生不同的效果，但这种效果对于不同类型的产品是有差异的(李锐和王卫红，2001)。郭国庆等(2015)认为，当产品是实用型产品时，理性诉求的效果更好，当产品是享乐型产品时，感性诉求的效果更好(郭国庆，周健明和邓诗鉴，2015)。黎建新等(2014)也认为，不能简单地评价哪种广告诉求方式带来的广告效果更好，还应该考虑绿色产品类型与广告诉求的交互作用，并证明了对于自利型绿色产品，理性诉求和感性诉求对购买意愿的影响有显著差异，相对于感性诉求，理性诉求带来的效果更佳；对于利他型绿色产品，两者的差异并不显著(黎建新，刘洪深和宋明菁，2014)。对于利己型绿色产品来说，消费者更想知道绿色产品具备怎样的功能，能够给自身带来怎样的实质性利益，更注重追求产品的功能一致性，因此理性诉求要比感性诉求的效果更好；而消费者在购买利他型绿色产品时，既有受自身环境价值观的驱使来积极进行环保行为的需求，又有想要通过购买利他型绿色产品来展示自己是一个环保人士的需求。因此，消费者在购买利他型绿色产品时，不仅需要了解产品的环保属性，追求绿色产品的功能一致性，而且还需要产品形象与自身形象相契合，追求绿色产品的自我一致性。在这种情况下，难以断定消费者是通过中心路径还是边缘路径处理信息，所以理性诉求和感性诉求对消费者产生的效果可能不会有明显的差异。基于以上分析，本文提出以下假设：

H3：绿色产品类型和绿色广告诉求对绿色购买意愿的影响存在交互作用。

H3a：在利己型绿色产品情境下，相对于感性广告诉求，理性广告诉求对消费者绿色购买意愿的影响更显著；

H3b：在利他型绿色产品情境下，感性广告诉求和理性广告诉求对消费者绿色购买意愿影响的差异不大。

2.5 印象管理动机的调节作用

印象管理(Impression Management)是个体试图控制他人对自己形成的印象的过程(刘娟娟，2006)。个体想要进行印象管理的愿望，称之为印象管理动机(White & Peloza，2009)。人们都有想要给别人留下好印象的动机，只不过不同的人具备的动机的强烈程度不同(Leary & Kowalski，1990)。印象管理动机被广泛应用于行为学和社会心理学等领域，通常作为调节变量来探究其对某一机制的影响，现有研究也通过实证多次验证了印象管理动机的调节作用，如陈凯(2016)在研究利己和利他广告诉求对绿色购买意愿的影响时提出，印象管理动机能够起到调节作用，且当消费者具有强印象管理动机时，利他广告诉求对绿色购买意愿的影响更加积极(陈凯和肖兰，2016)；高日光(2015)在对组织公民行为的研究中认为，印象管理动机能够调节亲社会动机对组织公民行为的影响(高日光和李胜兰，2015)；邓新明(2017)在研究中也提出印象管理动机会在公司评价对消费者购买意愿的影响中起负向调节作用(邓新明和龙贤义，2017)。

Griskevicius 等（2010）认为，消费者会通过对购买绿色产品这一行为进行炫耀性展示来建立和维护自己的社会声誉（Griskevicius，Tybur & Bram，2010）。印象管理动机强的消费者由于更加在乎自己的社会声誉，会更想通过利他行为和亲社会的消费行为来给公众留下正面积极的印象。对于印象管理动机强的消费者来说，利己型和利他型绿色产品都对他们有着吸引力，他们可能会因为利己型绿色产品满足他们保护健康或节能等方面的需求做出购买行为，也可能会因为利他型的购买行为能够使消费者感到更亲近社会，有利于提高给公众留下的积极印象，从而购买利他型绿色产品；而印象管理动机弱的消费者由于缺乏提高自身社会形象的动机而不会做出利他的购买决策，但是可能会出于保护健康或节省预算等目的购买利己型绿色产品。

因此本文认为，强印象管理动机会缩小绿色产品类型不同带来的绿色购买意愿之间的差异；而弱印象管理动机会增大绿色产品类型不同带来的绿色购买意愿之间的差异，消费者对利己型绿色产品的购买意愿将会远远大于利他型绿色产品，即印象管理动机在绿色产品类型对绿色购买意愿的影响中起到调节作用。

H4：印象管理动机在绿色产品类型与绿色购买意愿之间起调节作用。

虽然印象管理动机对理性、感性广告诉求效果的影响尚不明确，但是自我监控对理性、感性广告诉求效果的影响已经得到了广泛的验证。王怀明和陈毅文（1999）证实了自我监控会影响理性、感性广告诉求的效果（王怀明和陈毅文，1999）。Snyder（1995）等学者研究表明，自我监控程度高的消费者对感性诉求的广告评价较高，对广告中的产品有更高的购买意愿，而自我监控低的消费者对理性诉求的广告评价较高，对广告中的产品有更高的购买意愿（Snyder & Debono，1985）。同时，自我监控与印象管理动机具有显著的正相关关系（刘娟娟，2006；Rosenfeld，Giacalone & Riordan，1995）。由于自我监控会通过影响功能一致性和自我一致性来影响广告诉求的效果，而印象管理动机也能够影响消费者的功能一致性和自我一致性需求，因此本文认为，印象管理动机也能够通过影响功能一致性和自我一致性来影响广告诉求的效果。强印象管理动机的消费者希望通过绿色购买行为来展示自己的亲社会形象，会在意产品形象与自我形象是否一致，即具有更大的自我一致性需求，感性诉求则能够通过满足消费者的自我一致性来增强消费者的绿色购买意愿，此时理性诉求和感性诉求带来的绿色购买意愿的差异将会大大减少。对于弱印象管理动机的消费者，相对于自我一致性而言，更在意产品的功能是否满足其需要，即具有更大的功能一致性需求，理性诉求则能够通过详细描述产品的功能来满足消费者的功能一致性需求，进而增强消费者的绿色购买意愿，此时理性诉求和感性诉求带来的绿色购买意愿之间的差异将会大大增加。基于以上分析，本文提出如下假设：

H5：印象管理动机在绿色广告诉求与绿色购买意愿之间起调节作用。

当消费者印象管理动机较弱时，消费者缺乏通过利他性的购买行为来影响他人对自己的印象的动机，亦不具有较强的自我一致性需求，因此对利他型绿色产品的购买意愿较低，但消费者具有较强的功能一致性需求，因此会更加关注利己型绿色产品的利己功能。同时，理性广告诉求能通过满足功能一致性需求来进一步提高消费者对利己型绿色产品的购买意愿，消费者对利己型绿色产品的购买意愿将远大于对利他型绿色产品的购买意愿；反之，如果使用感性广告诉求，消费者将不能清晰地获取利己型绿色产品的功能型信息，从而不会产生较高的购买意愿，缩小了消费者对利己型绿色产品和利他型绿色产品的购买意愿之间的差异。

当消费者具有较强的印象管理动机时，消费者具有通过利他性购买行为来显示其亲环境和亲社会形象的动机，在强印象管理动机的驱使下不仅愿意购买利他型绿色产品，同时也会出于自利动机购买利己型绿色产品。由于消费者对两种绿色产品都具有较高的购买意愿，因此无论使用哪种广告诉求，利己型和利他型绿色产品的购买意愿都不会有显著的差异。基于以上分析，本文提出以下假设：

H6：印象管理动机在绿色产品类型与广告诉求的交互作用对绿色购买意愿的影响中存在调节效应。

本文的研究框架见图 1。

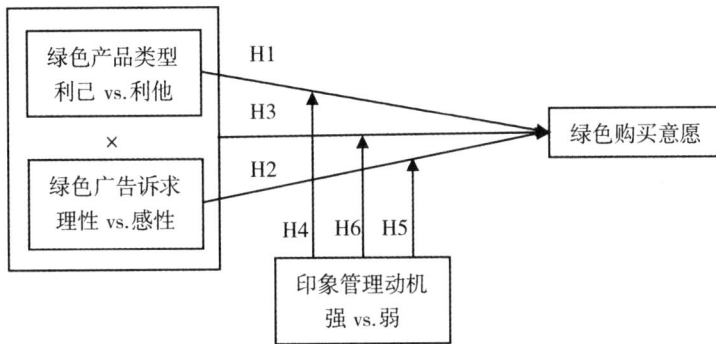

图 1　研究框架

3. 研究方法

3.1　实验 1

实验 1 的目的是验证绿色产品类型的主效应与印象管理动机的调节作用，即验证假设 H1 和假设 H4。

3.1.1　实验过程

实验 1 为 2(绿色产品类型：利己型绿色产品 vs. 利他型绿色产品)×2(印象管理动机：高 vs. 低) 的组间设计。确定实验产品。本研究整理了熊小明等(2015)、陈凯和肖兰(2016)、杨德锋(2017)等学者在实验中用到的绿色产品，并对东北某高校商学院长期从事绿色消费研究的 10 名专业人员进行了小组访谈，最后选取浓缩洗衣液为实验产品。编写实验材料。利己型绿色产品实验材料为"该款浓缩洗衣液采用纯天然原材料制作，使用表面活性剂成分，去污能力强且用量少，低泡沫易漂洗，节水又节电，不伤衣服不伤手，使用过程更高效"。利他型绿色产品实验材料为"该款浓缩洗衣液采用纯天然原材料制作，使用表面活性剂成分替代污染环境的无机助剂，低泡沫易漂洗，可有效减少能源和资源的消耗，无污染更环保"。对印象管理动机的实验操纵采用情境唤起法，参照 Fan 等（2016）、Dibb-Smith 和 Brindal（2017）的实验研究范式，请高印象管理动机组的被试想象自己要和朋友一同去超市购买洗衣液的情境，低印象管理动机组的被试想象自己要独自一人去超市购买洗衣液的情境。

本研究在某大型国企中招募了154名具有居家生活经验的员工作为被试，要求被试在实验室集中参与本次实验，被试完成试验后将得到价值8元的纯棉手绢作为奖励。将被试随机分为 A、B、C、D 四组，其中，A 组为利己型绿色产品高印象管理动机组，B 组为利己型绿色产品低印象管理动机组，C 组为利他型绿色产品高印象管理动机组，D 组为利他型绿色产品低印象管理动机组。请每组被试阅读相应的实验材料，为了保证每个被试都认真地阅读了实验材料，要求被试在阅读材料后写下自己得到的关于该浓缩洗衣液的关键信息。然后，为了检验印象管理动机的操纵是否成功，请被试填写印象管理动机 7 点李克特量表（吴波等，2014）。最后，请被试填写绿色购买意愿 7 点李克特量表（盛光华等，2019）和个人基本资料。

3.1.2　结果分析

首先，检验量表的信度。绿色购买意愿的 Cronbach's α 系数为 0.909，印象管理动机的 Cronbach's α 系数为 0.848，均达到可接受标准。

其次，检验印象管理动机操纵的有效性。对高印象管理动机组和低印象管理动机组进行独立样本 t 检验，结果显示，高印象管理动机组均值（$M_{高}=5.773$）显著高于低印象管理动机组（$M_{低}=4.135$），$t=7.037$，$p<0.001$，说明印象管理动机操纵成功。

再次，检验绿色产品类型的主效应。采用单因素 ANOVA 分析绿色产品类型对绿色购买意愿的影响。结果表明：绿色产品类型的主效应显著，$F(1,154)=48.228$，$p<0.001$，验证了本研究的假设 H1，即相对于利他型绿色产品，消费者对利己型绿色产品的绿色购买意愿更大。

最后，检验印象管理动机的调节作用。采用双因素 ANOVA 分析绿色产品类型与印象管理动机的交互作用对绿色购买意愿的影响。结果表明，绿色产品类型与印象管理动机对绿色购买意愿存在交互作用，$F(1,154)=53.474$，$p<0.001$（见图 2）。进一步的分析表明，当印象管理动机较弱时，相较于利他型绿色产品，消费者更愿意购买利己型绿色产

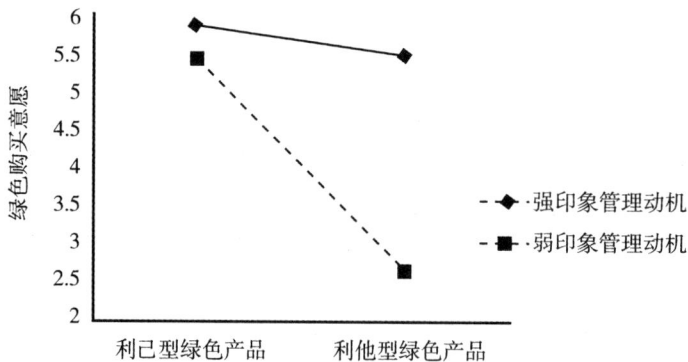

图 2　印象管理动机和绿色产品类型对绿色购买意愿的交互影响

品，$F(1,154)=92.54$，$p<0.001$。当印象管理动机较强时，消费者对利己型绿色产品和利他型绿色产品的绿色购买意愿无差异，$F=1.29$，$p=0.259$。由此验证了本研究的假设H4，即印象管理动机在绿色产品类型与绿色购买意愿之间起调节作用。

3.2 实验2

实验2的目的是验证绿色广告诉求的主效应与印象管理动机的调节作用，即验证假设H2和假设H5。

3.2.1 实验过程

实验2采用了2(广告诉求：理性 vs. 感性)×2(印象管理动机：高 vs. 低)的组间设计。实验2采用与实验1相同的方法选择实验产品，最后确定了绿色大米作为实验产品，并以市场上现有绿色大米的广告语为基础，征询东北某高校广告专业的专家意见，按照理性诉求和感性诉求分别撰写了绿色大米的理性广告和感性广告。理性广告的材料强调的是"优质环境种植，山泉水灌溉；农家肥滋养，诱虫灯除虫；具有矿物质含量的质检报告和国家有机认证"。感性广告的材料强调的是"绿色种植，收获营养；天然无公害，健康永相伴；国家认证的有机大米给您和家人一份健康保证"。与实验1相同，本次实验对印象管理动机的实验操纵同样采用情境唤起法，参照 Hamerman 等(2017)使用社会情境操纵印象管理动机的实验研究范式，高印象管理动机组的被试设想的情境是"你要和一群人一起去超市购买大米，这些人你不是很了解，但你想要给他们留下好印象，让他们喜欢你"。低印象管理动机组的被试设想的情境是"你与一群认识并熟悉多年的朋友一起去超市购买大米，这些人让你感到很放松，他们也很喜欢你，你可以完全做你自己"。

本研究邀请了长春地区152名具有生活购物经验的居民作为被试，被试完成实验后将获得8元的现金奖励。首先将被试随机分为A、B、C、D四组，其中，A组为理性广告诉求高印象管理动机组，B组为理性广告诉求低印象管理动机组，C组为感性广告诉求高印象管理动机组，D组为感性广告诉求低印象管理动机组。请每组被试阅读相应的实验材料，并写出该绿色大米的关键信息。与实验1相同，请被试填写印象管理动机和绿色购买意愿的7点李克特量表以及个人基本资料。

3.2.2 结果分析

首先，对量表的信度进行检验。绿色购买意愿的 Cronbach's α 系数为 0.891，印象管理动机的 Cronbach's α 系数为 0.831，均达到可接受标准。

其次，对印象管理动机操纵的有效性进行检验。对高印象管理动机组和低印象管理动机组进行独立样本 t 检验，结果显示，高印象管理动机组均值($M_{高}=5.883$)显著高于低印象管理动机组($M_{低}=4.231$)，$t=14.462$，$p<0.001$，说明印象管理动机操纵成功。

再次，对广告诉求的主效应进行检验。采用单因素 ANOVA 分析绿色广告诉求对绿色购买意愿的影响。结果显示：绿色广告诉求的主效应显著，$F(1,152)=16.954$，$p<0.001$，验证了本研究的假设 H2，即相对于感性广告诉求，理性广告诉求更能激发消费者的绿色购买意愿。

最后，对印象管理动机的调节作用进行检验。采用双因素 ANOVA 分析绿色广告诉求与印象管理动机的交互作用对绿色购买意愿的影响。结果显示，绿色广告诉求与印象管理动机对绿色购买意愿存在交互作用，$F_{(1, 152)} = 27.009$，$p < 0.001$（见图 3）。进一步分析的结果显示，当印象管理动机较弱时，相较于感性诉求，理性诉求更能激发消费者的绿色购买意愿，$F_{(1, 152)} = 40.13$，$p < 0.001$。当印象管理动机较强时，理性广告诉求和感性广告诉求对消费者绿色购买意愿的影响无差异，$F < 1$。由此验证了本研究的假设 H5，即印象管理动机在绿色广告诉求与绿色购买意愿之间起调节作用。

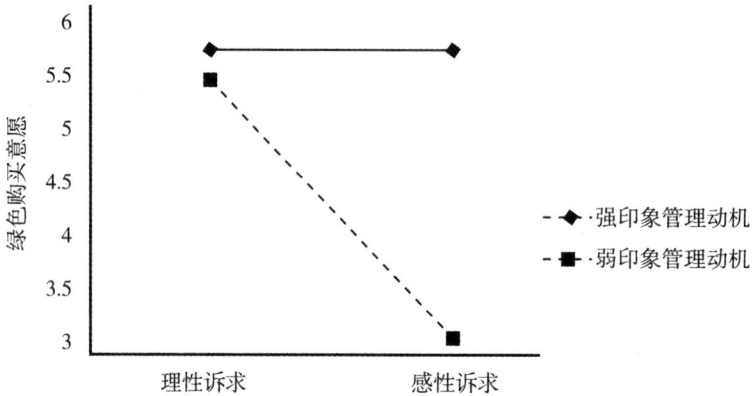

图 3　印象管理动机和绿色广告诉求对绿色购买意愿的交互影响

3.3　实验 3

实验 3 的目的是验证绿色产品类型与绿色广告诉求的交互作用以及印象管理动机对绿色产品类型和广告诉求交互作用的调节作用，即假设 H3 和假设 H6。

3.3.1　实验过程

实验 3 采用 2(绿色产品类型：利己型 vs. 利他型)×2(广告诉求：理性 vs. 感性)×2(印象管理动机：高 vs. 低)的组间实验。实验 3 采用与实验 1 和实验 2 相同的方法确定了环保纸抽为实验产品，并分别撰写了环保纸抽的四组实验材料。利己型绿色产品理性广告内容强调的是"无残留不伤皮肤，内含'竹醒'抗菌抑菌，两次细化质地柔软"。利己型绿色产品感性广告内容强调的是"天然纯粹备感安心，为你的健康保驾护航，给你带来触动心弦般的温柔呵护"。利他型绿色产品理性广告内容强调的是"无添加无污染，竹子再生能力强可减少森林砍伐，可自然降解，不产生白色垃圾"。利他型绿色产品感性广告内容强调的是"追求绿色时尚，拥抱绿色生活，留住绿水青山万年青。"由于印象管理动机的强弱是人格因素和情境因素共同作用的结果(刘娟娟，2006)，消费者人格特质的差异是导致印象管理动机不同的根本原因之一。因此，为了提升本研究的外部效度，增强实验结果的可推广性，实验 3 使用量表测量被试固有人格特质所形成的印象管理动机。

本研究选取 281 名在校大学生和研究生作为被试，被试在完成实验后将获得 5 元的现金奖励。首先将被试随机分到 A、B、C、D 四组，A 组为利己型绿色产品理性广告组，B 组为利己型绿色产品感性广告组，C 组为利他型绿色产品理性广告组，D 组为利他型绿色产品感性广告组。请每组被试阅读相应的实验材料，为了保证每个被试都认真地阅读了实验材料，我们要求被试在阅读完实验材料后写下该环保纸抽的关键信息。然后，请被试填写印象管理动机的 7 点李克特量表，并按照均值将每组被试分辨为强印象管理动机组与弱印象管理动机组。最后，请被试填写绿色购买意愿的 7 点李克特量表和个人基本资料。

3.3.2 结果分析

首先，对量表的信度进行检验。绿色购买意愿的 Cronbach's α 系数为 0.909，印象管理动机的 Cronbach's α 系数为 0.892，均达到可接受标准 0.7。

其次，对绿色产品类型与绿色广告诉求对绿色购买意愿的交互作用进行检验。采用双因素 ANOVA 分析绿色产品类型与绿色广告诉求的交互作用对绿色购买意愿的影响。结果显示，绿色产品类型与绿色广告诉求对绿色购买意愿的影响存在交互作用，$F_{(1, 281)} = 12.546$，$p < 0.001$，验证了本研究的假设 H3（见图 4）。进一步分析的结果显示，在利己型绿色产品情境下，相对于感性广告诉求，理性广告诉求对消费者绿色购买意愿的影响更显著，$F_{(1, 281)} = 20.78$，$p < 0.001$，验证了本研究的假设 H3a。在利他型绿色产品情境下，感性广告诉求和理性广告诉求对消费者绿色购买意愿影响的差异不大，$F_{(1, 281)} = 1.77$，$p > 0.05$，验证了本研究的假设 H3b。

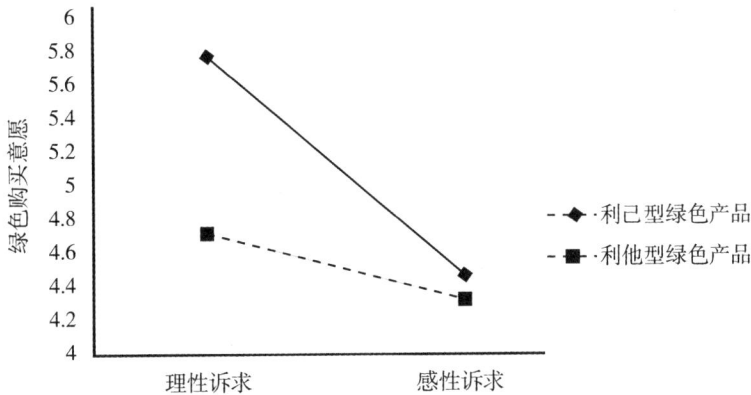

图 4　绿色产品类型和绿色广告诉求对绿色购买意愿的交互影响

最后，检验印象管理动机在绿色产品类型与广告诉求的交互作用对绿色购买意愿的影响中存在的调节效应。将印象管理动机按照均值划分为强印象管理动机和弱印象管理动机，将高于均值（$M = 4.93$）的被试划分为强印象管理动机组（$M_{mean+1SD} = 6.18$），将低于均值（$M = 4.93$）的被试划分为弱印象管理动机组（$M_{mean-1SD} = 3.67$）。采用三因素 ANOVA 分析印象管理动机在绿色产品类型和广告诉求的交互作用中的调节效应，结果显示，绿色产品类型、绿色广告诉求和印象管理动机在对绿色购买意愿的影响中起到三重交互作用，$F_{(1, 281)} = 10.605$，$p < 0.01$（见图 5）。进一步的分析显示，当印象管理动机弱时，绿色产品类型与绿色广告诉求在对绿色购买意愿的影响中起二重交互作用，$F_{(1, 281)} = 21.057$，$p < 0.001$。当印象管理动机强时，绿色产品类型与绿色广告诉求在对绿色购买意愿的影响中不存在二重交互作用，$F < 1$。

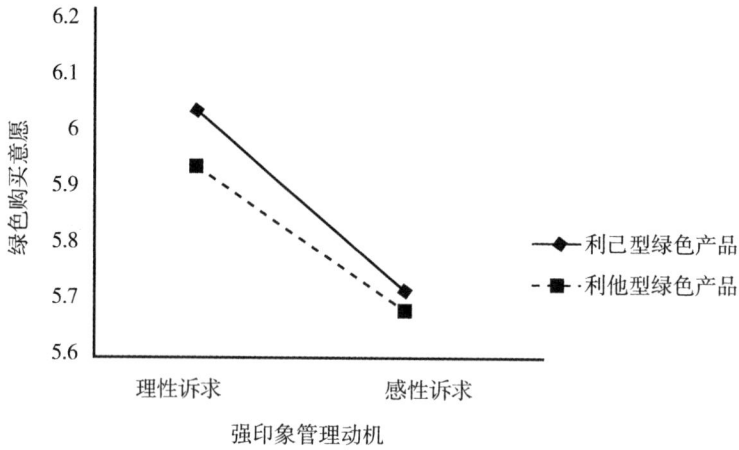

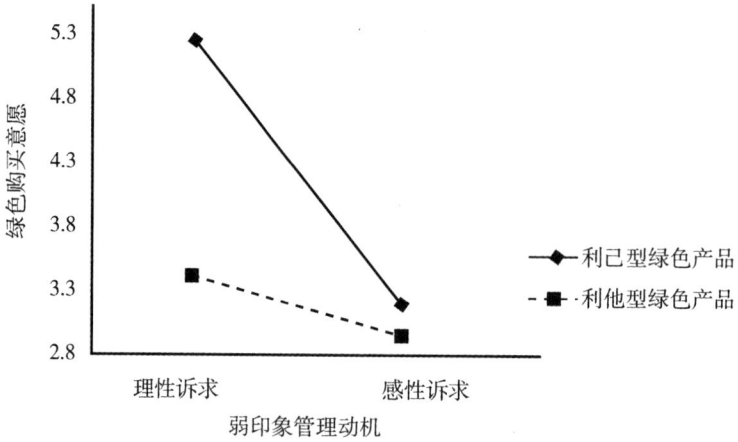

图 5　印象管理动机在绿色产品类型与广告诉求的交互作用对绿色购买意愿的影响中存在的调节效应

4. 结论与启示

4.1　研究结论与理论贡献

本研究基于精细加工模型，通过设计的三个实验对绿色产品类型、绿色广告诉求以及印象管理动机对消费者的绿色购买意愿的作用机制进行了讨论，并得出以下结论：（1）绿色产品类型对消费者的绿色购买意愿具有显著影响，且相对于利他型绿色产品，消费者对利己型绿色产品的绿色购买意愿更大；绿色广告诉求对消费者绿色购买意愿具有显著影响，且相比于感性广告诉求，理性广告诉求更能激发消费者的绿色购买意愿。（2）绿色产品类型和广告诉求的交互作用对绿色购买意愿有显著影响。在利己型绿色产品情境下，相对于感性广告诉求，理性广告诉求对消费者绿色购买意愿的影响更显著；在利他型绿色产品情境下，感性广告诉求和理性广告诉求对消费者绿色购买意愿影响的差异不大。（3）印象管理动机在绿色产品类型→绿色购买意愿；绿色广告诉求→绿色购买意愿；绿色产品类型×绿色广告诉求→绿色购买意愿三条路径中存在调节作用。在绿色产品类型→绿色购买意愿的路径中，当印象管理动机较弱时，相较于利他型绿色产品，消费者更愿意购买利己型绿色产品；当印象管理动机较强时，消费者对利己型绿色产品和利他型绿色产品的绿色购买意愿无差异。在绿色广告诉求→绿色购买意愿的路径中，当印象管理动机较弱时，相较于感性诉求，理性诉求更能激发消费者的绿色购买意愿；当印象管理动机较强时，理性广告诉求和感性广告诉求对消费者绿色购买意愿的影响无差异。在绿色产品类型×绿色广告诉求→绿色购买意愿的路径中，当印象管理动机弱时，绿色产品类型与绿色广告诉求在对绿色购买意愿的影响中起交互作用；当印象管理动机强时，绿色产品类型与绿色广告诉求在对绿色购买意愿的影响中不存在交互作用。

本研究的理论贡献主要是：（1）本研究考察了绿色产品类型与绿色广告诉求对消费者绿色购买意愿的协同作用机制，以往研究多是从单一角度来考察绿色产品类型或绿色广告诉求对绿色购买意愿的影响，本研究在此基础上进一步研究了两者之间的交互作用，丰富了绿色产品类型和绿色广告诉求的作用机制研究。（2）本研究从消费者心理特征角度出发，引入印象管理动机来分析由消费者印象管理动机水平的差异所导致的绿色产品类型与绿色广告诉求对绿色购买意愿作用机制的差异，并将印象管理理论引入了绿色消费行为研究领域，构建了影响消费者绿色购买行为的多维整合模型，还多层次地探讨了消费者绿色购买意愿的形成机制。

4.2 营销启示

从本文的研究结论能够得到以下营销启示：首先，企业的管理者应当意识到绿色产品类型和绿色广告诉求会对消费者的绿色购买意愿产生影响，且利己型绿色产品和理性广告诉求更能激发消费者的购买意愿，因此企业在推广绿色产品的过程中应当更多强调绿色产品为消费者本身带来的价值，在广告宣传中着重强调绿色产品的质量、功能、可靠性等实际使用价值。其次，企业在绿色产品的营销策略制定过程中应注意将绿色产品类型与广告诉求相契合。在推广利己型绿色产品时，消费者会对陈述商品具体属性信息的理性诉求广告更加敏感，从而产生更高的购买意愿，因此建议企业在宣传利己型绿色产品时应尽可能地使用理性广告诉求。在推广利他型绿色产品时，消费者既会被产品的具体属性打动，又会受到氛围影响，因此企业在宣传利他型绿色产品时不能单纯地使用理性广告诉求，在介绍产品属性时还要加入感性广告诉求，以进一步激发消费者的绿色购买意愿。最后，企业还应注意具有不同水平印象管理动机的消费者对绿色产品类型的偏好以及对不同广告诉求的敏感程度是有差别的。因此，企业在使用不同的广告策略时应考虑目标客户的印象管理动机水平如何，针对弱印象管理动机的消费者，企业应侧重于使用客观的描述性信息向消费者推广有益于其自身的绿色产品；针对强印象管理动机的消费者，企业应采用多样化的营销组合策略，注意理性诉求和感性诉求的综合运用，多角度地宣传绿色产品的健康、环保、经济、节能等属性。

4.3 研究局限与展望

本研究尚存在以下不足：首先，本研究仅将绿色产品类型划分为利己型绿色产品和利他型绿色产品，后续研究可进一步考虑绿色产品的分类问题，寻找其他划分绿色产品类型的方式。其次，本研究仅从消费者心理特征角度出发考虑了印象管理动机的调节作用，是否还会存在其他外部影响因素，诸如购物环境、他人是否在场、亲朋好友的偏好等，在绿色产品类型和广告诉求对绿色购买意愿的影响机制中起到调节作用，尚需在后续研究中做进一步的探讨。

◎ 参考文献

[1] 白光林，万晨阳．城市居民绿色消费现状及影响因素调查[J]．消费经济，2012，28(2)．

[2] 陈凯，肖兰．广告诉求、印象管理动机对绿色购买意愿的影响研究[J]．资源开发与市场，2016，32(10)．

[3] 邓新明，龙贤义．企业社会责任、公司评价与消费者响应[J]．中南财经政法大学学报，2017(5)．

[4] 高日光，李胜兰．亲社会动机与印象管理动机对组织公民行为的影响[J]．当代财经，2015(3)．

[5] 郭国庆，周健明，邓诗鉴．广告诉求与购买意愿：产品类型、产品涉入的交互作用[J]．中国流通经济，2015，29(11)．

[6] 劳可夫，王露露．中国传统文化价值观对环保行为的影响——基于消费者绿色产品购买行为[J]．上海财经大学学报，2015，17(2)．

[7] 黎光明，王幸君，蒋欢，梁正妍．广告诉求方式与品牌偏好匹配效应的实验研究[J]．心理研究，2015，8(6)．

[8] 黎建新，刘洪深，宋明菁．绿色产品与广告诉求匹配效应的理论分析与实证检验[J]．财经理论与实践，2014，35(1)．

[9] 黎建新．消费者绿色购买研究：理论、实证与营销意蕴[M]．湖南大学出版社，2007．

[10] 李锐，王卫红．当代大学生的广告态度研究[J]．苏州科技学院学报(社会科学)，2001，3(2)．

[11] 刘娟娟．印象管理及其相关研究述评[J]．心理科学进展，2006(2)．

[12] 毛振福，余伟萍，李雨轩．绿色购买意愿形成机制的实证研究——绿色广告诉求与自我建构的交互作用[J]．当代财经，2017(5)．

[13] 盛光华，龚思羽，岳蓓蓓．企业环保行为如何提升消费者响应？——基于消费者企业认同感和漂绿感知的双重中介模型[J]．财经论丛，2019(7)：85-94．

[14] 盛光华，葛万达，岳蓓蓓．贯彻十九大精神 建设美丽中国——消费者自我概念对绿色购买行为的影响[J]．商业研究，2018(12)．

[15] 盛光华, 解芳, 曲纪同. 新消费引领下中国居民绿色购买意图形成机制[J]. 西安交通大学学报(社会科学版), 2017, 37(4).

[16] 盛光华, 林政男. 企业-环保事业契合类型对消费者购买意愿的影响机制研究[J]. 管理学报, 2018, 15(5).

[17] 王怀明, 陈毅文. 广告诉求形式与消费者心理加工机制[J]. 心理科学, 1999(5).

[18] 吴波, 李东进, 谢宗晓. 消费者绿色产品偏好的影响因素研究[J]. 软科学, 2014, 28(12).

[19] 熊小明, 黄静, 郭昱琅. "利他"还是"利己"? 绿色产品的诉求方式对消费者购买意愿的影响研究[J]. 生态经济, 2015, 31(6).

[20] 杨德锋, 宋倩文, 胡丽丽. 绿色产品诉求对消费者绿色购买意愿的影响研究[J]. 消费经济, 2017(1).

[21] 左文明, 王旭, 樊偿. 社会化电子商务环境下基于社会资本的网络口碑与购买意愿关系[J]. 南开管理评论, 2014, 17(4).

[22] Aguirrerodriguez, A., Bosnjak, M., Sirgy, M. J. Moderators of the self-congruity effect on consumer decision-making: A meta-analysis[J]. *Journal of Business Research*, 2012, 65(8).

[23] Ajzen, I. The theory of planned behavior[J]. *Research in Nursing & Health*, 1991, 14(2).

[24] Belch, G. E., Belch, M. A. *Advertising and promotion: an integrated marketing communications perspective*[M]. Burr Ridge: McGran Hill-Irwin, 2012.

[25] Chan, R. Y. K. Determinants of Chinese consumers' green purchase behavior[J]. *Psychology & Marketing*, 2001, 18(4).

[26] Dibb-Smith, A., & Brindal, E. Table for two: the effects of familiarity, sex and gender on food choice in imaginary dining scenarios[J] Appetite, 2015(95).

[27] Fan, A., Van Hoof, H. B., Loyola, S., Lituma, S., & Granda, M. The impact of other customers and gender on consumer complaint behaviour in the Ecuadorian restaurant setting[J] *European Journal of Tourism, Hospitality and Recreation*, 2016, 7(1), 21-29.

[28] Griskevicius, V., Tybur, J. M., Bram V D B. Going green to be seen: Status, reputation, and conspicuous conservation[J]. *Journal of Personality & Social Psychology*, 2010, 98(3).

[29] Hamerman, E. J., Rudell, F., & Martins, C. M. Factors that predict taking restaurant leftovers: strategies for reducing food waste[J] *Journal of Consumer Behaviour*. 2017.

[30] Johar, J. S., Sirgy, M. J. Value-expressive versus utilitarian advertising appeals: When and why to use which appeal[J]. *Journal of Advertising*, 1991, 20(3).

[31] Leary, M. R., Kowalski, R. M. Impression management: A literature review and two-component model[J]. *Psychological Bulletin*, 1990, 107(1).

[32] Macinnis, D. J., Jaworski, B. J., Institute, M. S. Information processing from advertise-

ments: toward an integrative framework[J]. *Journal of Marketing*, 1989, 53(4).

[33] Maichum, K., Parichatnon, S., Peng, K. C. Application of the extended theory of planned behavior model to investigate purchase intention of green products among Thai consumers[J]. *Sustainability*, 2016, 8(10).

[34] Mosler, H. J., Martens T. Designing environmental campaigns by using agent-based simulations: Strategies for changing environmental attitudes[J]. *Journal of Environmental Management*, 2008, 88(4).

[35] Petty, R. E., Cacioppo, J. T., Schumann, D. Central and peripheral routes to advertising effectiveness: The moderating role of involvement [J]. *Journal of Consumer Research*, 1983, 10(2).

[36] Petty, R. E., Wegener, D. T. *The elaboration likelihood model: Current status and controversies*[M]// Chaiken, S., Trope, Y. Dual-process theories in social psychology. New York: Guiford Press, 1999.

[37] Rosenfeld,P., Giacalone, R. A., Riordan, C. A. *Impression management in organizations: theory, measurement, practice*[M]. New York: Routledge, 1995.

[38] Snyder, M., Debono, K. G. Appeals to image and claims about quality: Understanding the psychology of advertising[J]. *Journal of Personality & Social Psychology*, 1985, 49 (3).

[39] Srivastava, S. K. Green supply chain management: A state of the art literature review[J]. *International Journal of Management Reviews*, 2007, 9(1).

[40] Stern, P. C., Dietz, T., Abel, T., et al. A value-belief-norm theory of support for social movements: The case of environmentalism[J]. *Human Ecology Review*, 1999, 6 (2).

[41] White, K., Peloza, J. Self-benefit versus other-benefit marketing appeals: Their effectiveness in generating charitable support[J]. *Journal of Marketing*, 2009, 73(4).

[42] Zukin, S., Maguire, J. S. Consumers and consumption[J]. *Annual Review of Sociology*, 2004, 30(30).

Construction of Multi-dimensional Integration Model of
Green Consumption Based on ELM Theory and Empirical Test

Sheng Guanghua[1]   Dai Jiatong[2]   Xie Fang[3]

(1, 2 School of Business, Jilin University, Changchun, 130012;

3 School of Marketing and Logistics Management, Nanjing University of

Finance & Economics, Nanjing, 210023)

Abstract: Based on Elaboration Likelihood Model (ELM), this study discusses the direct and interactive effects of green product types, green advertising appeals and impression management motivation on consumer's green purchase intention, and constructs a multi-dimensional integration model of green consumption. The result shows that compared with altruistic green products, consumers are more willing to purchase egoistic green products. Compared with emotional advertising appeals, rational advertising appeals can motivate more green purchase intention of consumers; it shows that the interaction between the type of green product and the appeal of green advertisement affects consumer's green purchase intention. The result further shows that impression management motivation plays a moderating role in the relationship between the type of green product and the consumer's green purchase intention as well as in the relationship between appeal of green advertisement and the consumer's green purchase intention. It also moderates the effect of the interaction between the type of green product and the appeal of green advertisement on consumer's green purchase intention. The conclusions of this study provide theoretical support for enterprises to effectively carry out green marketing strategies.

Key words: ELM theory; Green product type; Green advertising appeal; Impression management motivation; Green purchase intention

专业主编：曾伏娥

151

企业社会责任和思维模式对购买意愿的交互作用研究*

● 刘小平[1] 邓文香[2] 毛立静[3]

（1，2 重庆邮电大学经济管理学院 重庆 400065；3 暨南大学管理学院 广州 510632）

【摘 要】社会责任行为作为企业获取竞争优势、提升消费者认同的战略手段，已成为社会各界探讨的焦点。基于信息加工理论、规范激活理论，本文探讨不同思维模式下，企业社会责任对消费者购买意愿的影响，并检验规范理性在两者之间的调节作用。通过实验研究结果发现：企业社会责任行为能显著提高消费者的购买意愿，但该作用受到消费者整体局部思维模式的影响，相比局部思维模式，在整体思维模式下，企业社会责任行为对购买意愿的影响更显著；营销者可通过时间距离实现对消费者整体局部思维模式的操纵；规范理性在其中发挥调节作用。

【关键词】企业社会责任 整体局部思维模式 规范理性 购买意愿

中图分类号：F713.50 文献标识码：A

1. 引言

企业社会责任（Corporate Social Responsibility，简称 CSR）是指企业在创造利润、对股东承担法律责任的同时，还要承担对员工、消费者、社区和环境的责任，强调企业在经营过程中对环境、消费者和社会的贡献（张倩等，2015；Graafland，2012）。消费者购买意愿对企业发展来讲至关重要（Romani et al.，2013）。社会责任行为有助于提升企业声誉、形象（Bagh et al.，2017）及消费者购买意愿（邓新明等，2016），但受到企业社会责任主题（张杨等，2015）、消费者规范理性（龙晓枫等，2016）和社会责任信息感知（张太海等，2015）等各方面因素的影响，企业社会责任行为并非都能达到预期提升绩效的

* 基金项目：重庆市社会科学规划一般项目"虚拟 CSR 共创行为与社会福利效应关系研究"（项目批准号：2018YBGL065）；重庆市教育委员会人文社会科学研究规划项目"虚拟 CSR 共创行为的影响机制及对策研究"（项目批准号：18SKGH041）；重庆市社会科学规划一般项目"放纵物-自律物视角下自媒体内容产品选择行为及引导研究"（项目批准号：2019YBGL065）。

通讯作者：刘小平，E-mail：liuxiaoping@ cqupt. edu. cn。

效果(Saeidi & Sofian，2015)。以海尔、联想等企业为例，这些企业积极进行社会责任行为以回报社会。然而，有调查数据显示，消费者响应并不热烈，只有约32%的消费者愿意对执行了CSR活动的企业进行购买(Roberts & James，1995)。出现这种情况的可能原因是企业在绝大程度上仅向消费者输出了思考的内容，如CSR行为、绿色产品等信息，却较少关注不同消费者对CSR信息的表征水平差异，未能改变消费者的思维模式(Bonchek，2014)，使得消费者很难将CSR信息与企业商品或服务进行匹配，进而负向影响消费者信息加工的流畅性，降低消费者选择产品的自信心及满意度(刘小平等，2018)。针对这一现状，杨晨等(2016)认为只有帮助消费者转变其思维模式才能有效解决该问题。因此，为了提升消费者的购买意愿，从消费者信息加工的角度出发，了解思维模式和企业CSR行为如何影响消费者的购买意愿，以及CSR企业在具体营销情境中如何操纵消费者的思维模式，是本文探讨的关键。

现有大量国内外研究探讨了CSR与消费者购买意愿的关系，关于消费者对CSR产品购买行为的影响，龙晓枫等(2016)、Bhattacharya和Sen(2004)认为消费者对CSR产品的购买可分为信息感知和行为反应两阶段。信息感知属于消费者的内在反应阶段，包括消费者对企业及其产品的感知状态(Sen & Bhattacharya，2001)和态度评价(Alexander & Sean，2015)；行为反应属于消费者的外在反应阶段，主要研究消费者对CSR产品的购买行为，包括消费者的购买意愿(Beeker-Olsen et al.，2006)、购买忠诚度(Marin et al.，2009)及其愿意支付的溢价水平(Mohr & Webb，2005)等。关于消费者购买行为的影响因素，现有研究主要对三个层面做了探讨：(1)企业层面，如CSR特征(刘凤军等，2015)、企业声誉(辛杰，2013)和产品的价格、质量(王夏阳和傅科，2013)等；(2)消费者层面，如消费者感知信息(张思雪和林汉川，2017)、消费者价值观(马龙龙，2011)以及消费者人口统计特征(樊帅和田志龙，2017)等；(3)企业-社会责任行为-消费者之间的匹配性层面，如企业品牌与善因事项的一致性(田虹和袁海霞，2013)、消费者感知自身与善因事项的一致性(邓新明等，2016)等。

综上所述，首先，现有研究对消费者受到CSR影响的心理活动研究不够深入，少有文献从思维模式角度出发研究CSR影响消费者购买意愿的心理机制。相对于CSR行为和主题等，思维模式影响着消费者进行信息加工的途径，进而影响消费者的产品偏好。因而有必要探讨消费者的思维模式与消费行为的关系。其次，现有研究对消费者层面的因素分析不够充分。现有对消费者层面的研究主要集中在个性特征和价值取向，较少分析消费者规范理性的作用。根据消费者行为理论，消费者理性对消费者决策有重要影响。其中，规范理性具有约束自利行为的本质，对消费者的购买意愿起重要作用。因此，关于消费者与CSR的关系研究还有待进一步完善。

本文基于思维模式视角，考察了消费者购买意愿受CSR影响的心理机制，通过三个实验探讨消费者整体局部思维模式、时间距离、CSR和规范理性对消费者购买意愿的作用。区别于已有研究，本文主要以消费者思维模式为切入点，构建了CSR与消费者购买意愿的概念模型；验证了时间距离对消费者整体局部思维模式的启动作用，为营销者的实际应用提供参考；检验了规范理性的调节作用，确定了整体局部思维模式和CSR影响消费者购买意愿的边界条件。

2. 相关研究述评

2.1 企业社会责任

企业社会责任（CSR）这一概念最早由美国学者谢尔顿于1924年提出，自提出至今其内涵不断演进，讨论的重点也从"企业是否应该履行社会责任"进展到"企业如何更好地履行社会责任"（张杨等，2015）。Carroll（1979）针对CSR的内容提出了金字塔模型，将CSR划分为经济、法律、伦理和慈善四个方面。陈通等（2018）从消费者的社会责任内容感知角度出发，将CSR维度划分为对社会的价值、消费者权益、公益行为、维护自然环境和经济责任五个方面。王瑞等（2017）从消费者期望的角度出发，将CSR划分为社会公益、员工责任和消费者责任三个方面。通过归纳现有研究发现，大部分学者只研究和探讨了企业的伦理责任和慈善责任对消费者行为的影响，原因是企业在任何情况下都必须履行经济责任和法律责任。

CSR是企业外部需求和内部价值观共同驱动的行为过程（Basu & Palazzo，2008），对提高消费者的企业评价存在积极作用（Grimmer et al.，2013）。由此看来，CSR对企业发展的重要性不容小觑。CSR对消费者行为的影响主要体现在两个方面：一是消费者的内在反应，包括消费者关注、归因、态度、信任及评价等（邓新明等，2016）；二是消费者的外在反应，主要是消费者的购买行为，也即CSR对消费者购买意愿的影响，这也是现有研究关注的重点（田志龙等，2011）。多数学者在探讨CSR与消费者购买意愿的关系时表明，CSR能正向影响消费者的购买意愿，并在此基础上探讨了两者关系的内在机制和调节因素：（1）中介机制，即CSR通过质量感知（Beeker-Olsen et al.，2006）、企业声誉（田志龙等，2011）等中介变量间接影响消费者的购买意愿；（2）调节变量，如产品价格、消费者信任等在CSR和购买意愿之间起调节作用（Beeker-Olsen et al.，2006）。根据信息加工理论，Drumwright（1996）认为，为了提高消费者的CSR响应水平，有必要将CSR活动与企业的营销目标群体保持高度一致。当消费者认知到CSR信息与自身具有高度一致性时，会呈现出高CSR支持和信任，进而表现出更强的购买意愿（Mohr & Deborah，2005）。思维模式作为消费者信息加工的认知框架，对消费者的行为决策等起重要作用（刘小平等，2018）。因此，有必要从消费者认知的源头出发，探索思维模式在CSR对消费者购买意愿的影响效果中所发挥的作用。

2.2 整体局部思维模式

思维模式（Mindset）这一概念最初来源于Navon（1977）的字母辨别实验，其实验结果表明，不同个体对同一对象的表征水平存在较大差异，有的缩小对象、关注其整体，有的则放大对象、关注其细节。Förster（2008）根据个体这种加工方式的差异，定义了整体和局部思维模式：整体思维模式是个体惯常使用的加工方式，该思维模式下的个体更易于将外界看成一个整体，倾向于以更整体的视觉感知或更抽象的语义概念去理解、关注外界刺激，因而更关注刺激间的相似性；局部思维模式下的个体则更易于从细节方面感知世界，倾向于以更局部的视觉感知或更具体的语义概念去理解、关注外界刺激，因而更关注刺激之间的相异性。

现有关于思维模式的操纵方式主要包括两种，一是围绕心理距离的直接操纵，二是关于情境设计的间接操纵（McCrae et al.，2012）。（1）直接操纵。主要是对心理距离的操纵。Trope 和 Liberman（2010）认为，个体对事件的表征和决策会随着对事件心理距离知觉的变化而变化，这里的心理距离是指个体感知到的特定事件与自身在时间、空间、人际关系等方面的距离。现有研究主要采用时间距离和社会距离操纵被试的思维模式（刘小平等，2018）。如，刘红艳等（2012）要求被试分别想象"三个月以后"（远期将来）和"现在"（近期将来）以启动不同水平的时间距离，研究发现，当产品的价格促销与"远期将来"（远时间距离）相匹配、赠品促销与"近期将来"（近时间距离）相匹配时，消费者选择该产品的可能性更高；杨晨等（2016）采用时间距离，要求被试分别想象"明年或未来"（远时间距离）或"今天或近期"（近时间距离）的生活以启动个体的整体思维模式和局部思维模式，并验证了局部思维模式有助于削弱新兴国家产品的负面原产国效应；刘满芝等（2017）要求被试分别从"旁观者角度"（远社会距离）或"自身角度"（近社会距离）做购买决策，研究发现当被试从自身角度出发做决策时，更关注产品的具体信息，即启动了被试的局部思维模式。（2）间接操纵。主要是通过呈现与思维模式相关联的情境信息操纵个体的思维倾向，包括图片启动、营销情境启动和文字启动等。其中，图片启动是指要求被试完成视觉知觉任务以启动整体局部思维模式。如 Förster 等（2008）要求被试完成格式塔任务，即将 7 张不同的图片形成一张完整的图片，然后探测其形状，以启动被试的整体思维模式；在具体的营销情境中，通过对产品的选项集、分类和解释水平进行操纵，也能启动消费者的思维模式（Lee 等，2011）。如 Kardes 等（2006）研究发现，产品信息属性会影响消费者的品牌表征，整体思维模式的消费者更加关注"得到"信息，局部思维模式的消费者更加关注"损失"信息（White et al.，2011）。

2.3 规范理性

消费者行为是指消费者个人或群体获取、使用或处置产品和服务时表现出的各种行为及过程（黄维梁，2005），消费者的实际消费行为会受到诸如产品价格、质量和功能等经济因素的影响，其购买决策过程反映了经济学对人性的基本认识，即经济理性是影响消费者行为的内在基础（龙晓枫，田志龙，2010）。此外，龙晓枫等（2010）认为，消费者的自利行为或利他行为，都会受到自身价值观或社会群体的价值标准和行为规范等的约束。这表明，消费者在进行消费行为决策时，不仅受经济理性的影响，而且受到规范理性的作用（田志龙等，2011），且在通常情况下，经济理性和规范理性相互影响、相互制约（王瑞等，2010）。

帕森斯认为"行动的自由意志"意味着对功利主义、实证主义和理想主义中有益的假定和概念的综合。在帕森斯的理性理论中，社会规范被看作是既定的条件，某一行为主体（个人或者组织系统）在社会规范的指导下做出理性选择以达到一定的目的。社会规范理论认为，个体的行为受到社会规范的支配，而社会规范对行为的约束则取决于人们是否意识到规范的存在，或者说对规范"聚焦"的程度，这也被称为"规范行为的焦点理论"（A

Focus Theory of Normative Conduct)（Reno et al.，1993）。现有学者多从消费者层面出发，探讨社会规范对个体决策行为的影响。如阎俊（2003）认为，企业应注重用符合社会规范的 CSR 行为响应消费者对社会规范的认同以打动消费者，而不只是通过产品或服务利益获得消费者认同，也即通过社会规范侧面影响消费者的决策行为。基于此，田志龙等（2011）将社会规范对个体决策行为的影响定义为规范理性（Normative Rationality）。其中，社会规范包括文化价值观、伦理道德、风俗习惯、法律制度和行为准则等要素。规范理性既体现了行为主体对社会规范要素的感知程度，也体现了由个体所形成的感知对其行为的支配程度。规范理性的本质表现为对自利行为的约束，这种约束既可以来源于社会规范内化后形成的规范信念（Ellickson，1998），也可以来源于遵从规范的外在压力（McAdams，1997）。田志龙等（2011）在探讨规范理性形成的过程时认为，越是对外界规范行为模式敏感的个体，越容易认可和接受相应的社会规范，进而越可能根据规范约束做出购买行为。这表明，个体的规范理性越强，其购买行为越容易发生。

3. 理论基础及研究假设

3.1 思维模式、企业社会责任对消费者购买意愿的影响

已有研究表明，CSR 能显著影响消费者购买意愿（邓新明等，2016）。作为社会判断的类型之一，消费者对履行 CSR 行为企业的产品判断可能也会受到思维模式的影响。首先，我们从比较性思维的视角来理解消费者对履行 CSR 行为企业的产品判断过程。Macrae 等（2000）提出，从本质上来讲，人们的社会判断是一个比较的过程，也即人们会把需要评估的事物与相关的准则或标准进行比较。例如，当消费者将某个产品判断为质量不好时，实际上也是一种比较，表示消费者将这个产品与以往使用过的质量好的同类型产品进行了对比。当消费者对进行 CSR 行为企业的产品下判断时，由于消费者缺乏产品线索，他们会采用其他易于获得的线索，比如将企业形象作为产品判断的标准。这时，CSR 行为是否会引起其购买意愿取决于比较的方向——相似性比较或相异性比较。当消费者对履行 CSR 行为的企业产品与其 CSR 行为进行相似性比较时，便会有意识地选择与其行为相一致的产品信息以判断企业的产品；当消费者对履行 CSR 行为的企业产品与其 CSR 行为进行相异性比较时，也会有意识地选择与 CSR 行为不一致的产品信息。

其次，从对信息的关注角度出发，可以预测在不同思维模式下，CSR 对消费者购买意愿的作用不同。整体思维模式下的消费者更易于发现刺激间的相似性，因此会促进消费者对履行 CSR 行为的企业产品与其 CSR 行为进行相似性比较，从而激发购物兴趣；局部思维模式下的消费者更易于发现刺激间的相异性，因此会促进消费者对履行 CSR 行为的企业产品与其 CSR 行为进行相异性比较，从而减弱消费者的购买意愿。基于此，本文提出如下假设：

H1a：当启动整体思维模式时，相比于消极履行社会责任行为的企业，消费者对积极履行社会责任行为的企业的购买意愿更强。

H1b：当启动局部思维模式时，企业积极和消极履行社会责任行为对消费者购买意愿的影响差异不显著。

3.2 整体局部思维模式在营销情境中的启动——时间距离的作用

人们对事件的表征和行为决策会随着对事件心理距离的知觉变化而发生系统变化，这里的心理距离是指特定的事物或事件与个体在时间、空间或人际关系上的距离（Trope 和 Liberman，2010）。而现有学者多采用时间距离，操纵被试的整体局部思维模式。时间距离是指以现时为基准，个体对事情所发生时间远近的知觉。时间距离的远近水平会影响个体对未来事件的感知（Amit et al.，2009）和行为决策（王霞等，2012）。

Bonchek 等（2014）研究发现人们常常预计自己在远期未来的情绪状态更好，并且远期未来事件比近期未来事件更易使人产生积极想法。同时，消费者的选择也会随时间的变化而变化。如，价格促销与远时间距离相匹配，赠品促销与近时间距离相匹配，消费者的购买意愿更高（刘红艳等，2012）。时间距离能够影响个体对事件的心理表征水平（Kim & John，2008）和对信息整体局部的加工方式（Jiga-Boy et al.，2013），进而影响个体对产品的判断。也即，在不给被试提供明显指导语的情况下，让其选择近期需要的和远期需要的最喜欢的产品，会启动被试的整体局部思维模式，原因是时间距离影响了消费者的信息加工方式：在远时间距离下，消费者倾向于从整体抽象的角度加工信息；在近时间距离下，消费者倾向于从局部具体的角度加工信息（Förster，2009）。如王军等（2016）研究发现，在远时间距离下，消费者倾向于认为描述产品整体性、抽象性信息的评论更有用；在近时间距离下，消费者则认为描述产品细节性信息的评论更有用。这也从侧面证实了信息抽象水平与思维模式之间的匹配关系。本文借鉴前人的研究，通过呈现给被试不同抽象程度的信息（时间距离）启动消费者的整体局部思维模式，以此验证思维模式的作用。基于此，本文提出如下假设：

H2a：远时间距离下，相比于消极履行社会责任行为的企业，消费者对积极履行社会责任行为的企业的购买意愿更强。

H2b：近时间距离下，企业积极和消极履行社会责任行为对消费者购买意愿的影响差异不显著。

3.3 规范理性的调节作用

根据消费者行为理论，消费者行为受到内部因素（情绪、动机等）和外部因素（价值观、参照群体等）的共同影响，是经济理性和规范理性共同作用的结果（陈慧等，2015）。经济理性假定消费者决策的标准是效用最大化，是影响消费者行为的内在基础。规范理性是个体对社会规范的内化，自觉与社会规范保持一致的行为方式（龙晓枫和田志龙，2010），其本质体现在个体对自利行为的约束（田志龙等，2011），如基于民族情感购买国货、抵制破坏环境的企业等（付群英等，2010）。

Sehwartz（2001）构建的规范激活模型（Norm-Aetivation Model，NAM）指出，个体内化后形成的规范理性存在一定差距，使得个体关注的信息存在差别。因此，当消费者的规范理性强时，其会看重社会规范的传播，关注企业是否承担了其社会责任（王建明和吴龙昌，2015）。这时，如果启动整体思维模式，消费者对产品和企业的感知相似性提高，表现出对积极进行 CSR 行为的企业的好感和支持；如果启动局部思维模式，消费者对较少参与 CSR 活动的企业及其产品评价较低。相反，当消费者的规范理性弱时，经济理性起主导作用，消费者更着重对自身付出的成本与获得收益进行比较。这时，如果启动整体思维模式，企业是否积极承担相应社会责任不能引起消费者购买意愿的显著差异，即消费者对积极和消极履行 CSR 行为的企业的产品购买意愿差异不显著；如果启动局部思维模式，消费者会比较产品之间的相异性，更加关注细节。从经济利益角度出发，消费者期望获得更多价值，考虑到企业进行 CSR 行为能提升整个社会福利，因此，对其产品评价更高，相较于那些消极履行 CSR 行为的企业，其产品所得效益更高。基于此，本文提出如下假设：

H3a：当消费者的规范理性强时，如果启动整体思维模式，消费者对积极履行社会责任行为的企业的购买意愿更强；如果启动局部思维模式，企业积极和消极履行社会责任行为对消费者购买意愿的影响差异不显著。

H3b：当消费者的规范理性弱时，如果启动整体思维模式，企业积极和消极履行社会责任行为对消费者购买意愿的影响差异不显著；如果启动局部思维模式，消费者对积极履行社会责任行为的企业的购买意愿更强。

本文理论模型如图 1 所示。

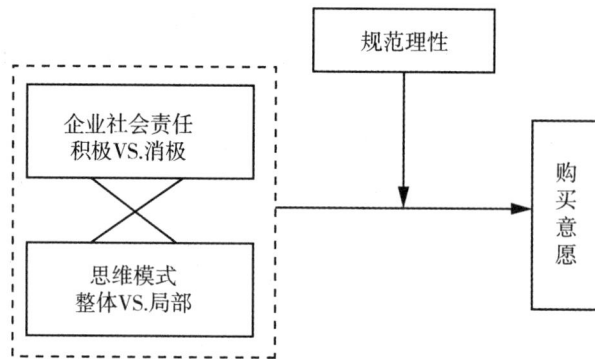

图 1   理论模型

4. 实验操作和假设检验

4.1 预实验

预实验的目的在于验证不同类型 CSR 情境材料的有效性，以增强材料内容的可信度。实验产品均为矿泉水。矿泉水无色无味且只有单一的解渴功能，因而不同品牌的矿泉水几乎可以假设为完全相同的同质同价产品，有利于控制除了 CSR 水平外的其他可能影响消费者购买意愿的潜在因素。

CSR 情境材料描述分为积极和消极两种。积极 CSR 描述为："A 公司常年积极致力于慈善事业。权威媒体报道明确指出，A 公司每年都会给失学儿童捐款，同时每年定期将企业产品矿泉水送到缺水的山区，而且公司内部也设立了相关制度，以鼓励员工积极参加社区的孤老院或孤儿院的志愿者活动，所以 A 公司被一国际权威第三方机构评定为本年度在慈善方面'最具社会责任感'的十家企业之一。"消极 CSR 描述为："权威媒体报道提到，A 公司对慈善事业一直漠然视之。比如，A 公司从来没有发生过给失学儿童或受灾地区捐款捐物的行为，而且企业内部也没有相关制度，以鼓励员工积极参加社区的孤老院或孤儿院的志愿者活动。所以很多网民在几个大的网站上一致公认将 A 公司列为本年度在慈善方面'最差社会责任感'的十家企业之一。"

参与预实验的有效被试是 86 名本科生，其中积极 CSR 组 42 名，消极 CSR 组 44 名。被试根据手中拿到的不同材料对购买意愿进行 1—7 点评分。首先，对样本进行 Levene 的方差同质性检验，结果并不显著（Levene = 1.462，$p = 0.23$），这表明积极 CSR 组和消极 CSR 组的样本离散情形并无明显差别。统计结果显示，被试均相信关于 A 企业报道的真实性（$M_{消极} = 5.77$，$SD_{消极} = 0.612$；$M_{积极} = 5.86$，$SD_{积极} = 0.664$）；被试对积极和消极两种 CSR 水平的感知存在显著差异（$F(1, 84) = 582.358$，$p = 0.000 < 0.05$）；积极 CSR 组的产品购买意愿（$M_{积极} = 5.64$）显著高于消极 CSR 组（$M_{消极} = 2.02$），这表明，CSR 与消费者购买意愿有较强关联性，本研究的 CSR 情境材料具有较强的可信度。

4.2 实验一：思维模式、企业社会责任对消费者购买意愿的影响

4.2.1 实验设计

本实验采用 2（CSR：积极 vs. 消极）× 2（思维模式：整体 vs. 局部）混合实验设计，因变量为购买意愿。参与正式实验的有效被试为 107 名本科生。实验中的 CSR 情境材料与预实验中的相同。实验要求被试完成两个互不相关的任务。首先要求被试完成思维模式的测试，本实验参考 Tsai 和 Mcgill（2011）的做法，采用行为识别（BIF）量表进行测量。整个问卷的得分在 0—10 之间，得分越高，表明被试越倾向于整体思维模式；得分越低，表明被试越倾向于局部思维模式。根据 BIF 得分的中位数将被试分为两组（整体组 50 人，局部组 57 人）。独立样本 t 检验的结果表明，整体思维模式组的 BIF 得分显著高于局部思维模式组的 BIF 得分（$M_{整体} = 8.39$，$M_{局部} = 5.19$，$F(1, 105) = -15.287$，$p = 0.000$）。然后要求两组被试根据手中拿到的不同 CSR 情境材料对购买意愿进行 1~7 分的评分，并填写相关个人信息。

4.2.2 结果与分析

首先对样本进行方差同质性检验，检验结果并不显著（Levene = 2.063，$p = 0.110$），表明积极 CSR 组和消极 CSR 组的样本离散情形并无明显差别。然后以购买意愿为因变量，进行 2（CSR：积极 vs. 消极）× 2（思维模式：整体 vs. 局部）的双因素方差分析，检验结果如图 2 所示。企业社会责任的主效应显著（$F(1, 105) = 651.469$，$p = .000$，$M_{消极} = 2.12$，$M_{积极} = 5.28$）。思维模式和企业社会责任的交互作用显著（$F(1, 105) = 27.953$，$p < 0.05$）。当被试是局部思维模式时，购买意愿差异不显著（$F(1, 105) = 187.751$，$p < 0.05$，$M_{消极} = 2.45$，$M_{积极} = 5.00$）；当被试是整体思维模式时，积极 CSR 组的购买意愿显著高于消极

CSR 组（$F(1，105)=183.841$，$p<0.05$，$M_{消极}=1.67$，$M_{积极}=5.55$）。结果验证了假设 H1a和 H1b。

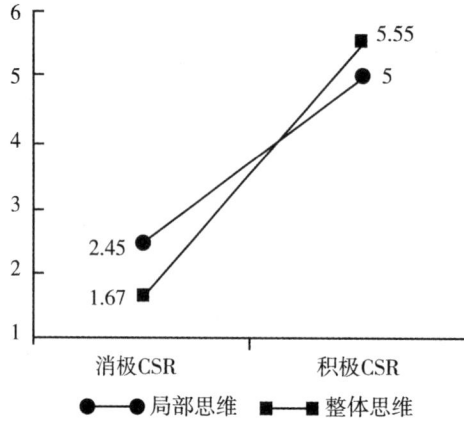

图 2　不同思维模式下 CSR 对消费者购买意愿的影响

4.3　实验二：时间距离对思维模式的操纵

4.3.1　实验设计

本实验采用 2（CSR：积极 vs. 消极）×2（时间距离：远 vs. 近）两因素混合实验设计，因变量为购买意愿。参与实验的有效被试为 86 名本科生。实验采用的 CSR 情境材料同实验一。参考杨晨等（2016）等采用时间距离操纵思维模式的方法，将被试分为"远时间距离"组和"近时间距离"组，要求两组被试分别想象"明年今天"的生活和"明天"的生活，同时设置情境"明年"举办运动会需购置矿泉水和"下周"举办运动会需购置矿泉水。该实验同样要求 86 名有效被试完成两个互不相关的任务。首先是时间距离启动整体局部思维模式的有效性检验，44 名有效被试随机分为两组（"远时间距离"组 vs. "近时间距离"组），在不同时间距离背景下完成 BIF 量表。独立样本 T 检验结果表明，时间距离效应显著（$T=-4.061$，$p<0.05$）。远时间距离组得分（$M=19.14$）显著高于近时间距离组得分（$M=16.00$），说明时间距离成功启动被试的整体局部思维模式。然后要求被试根据手中拿到的不同 CSR 情境材料对购买意愿进行 1~7 分的评分，最后填写个人信息。

4.3.2　结果与分析

首先对样本进行方差同质性检验，检验结果不显著（Levene=0.365，$p=0.778$），表明样本离散情形无明显差别。以购买意愿为因变量进行 2（时间距离：远 vs. 近）×2（CSR：高 vs. 低）的双因素方差分析，检验结果如图 3 所示。企业社会责任主效应显著（$F(1，84)=29.13$，$p=0.000$，$M_{消极}=4.36$，$M_{积极}=5.52$）。时间距离和企业社会责任的交互作用不显著（$F(1，84)=1.576$，$p=0.213$）。在近时间距离下，购买意愿差异不显著（$M_{消极}=4.27$，$M_{积极}=5.15$）；远时间距离下，积极 CSR 组的购买意愿（$M_{积极}=5.86$）显著高于消极 CSR 组的购买意愿（$M_{消极}=4.45$）。总体结果表明，消费者在不同的时间距离下，CSR 行为对消费者购买意愿的影响效果不同：在产品质量相似的情况下，远时间距离下，消费者对积极履行 CSR 行为的企业产品购买意愿显著高于消极履行 CSR 行为的企业；近时间距离下，企业积极和消极履行 CSR 行为对消费者购买意愿的影响差异不显著，也即验证了假设 H2a 和 H2b。

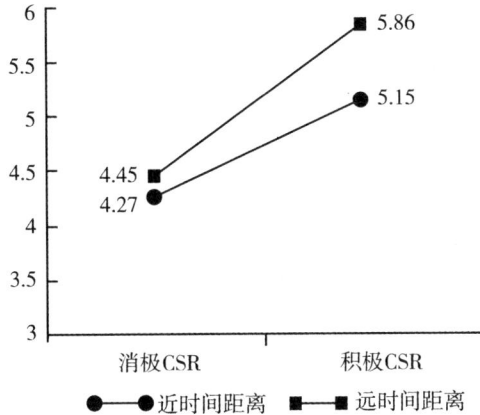

图 3 不同时间距离下 CSR 对消费者购买意愿的影响

4.4 实验三：规范理性的调节作用

4.4.1 实验设计

本实验采用 2(思维模式：整体 vs. 局部)×2(CSR：积极 vs. 消极)×2(规范理性：强 vs. 弱)三因素混合实验设计，因变量为购买意愿。参与实验的有效被试为 167 名本科生。CSR 情境材料同实验一。消费者规范理性的测量采用田志龙(2011)学者开发的成熟量表。首先，参考 McCrae(2012)对思维模式的操纵，本文采用"How"与"Why"的文字材料启动被试的思维模式。具体的操作流程如下：对同一项活动，一组被试要求回答"怎么做"这一活动，每一层的回答都是上一层问题的方法，一层层向下探索具体的解决途径，以启动被试的局部思维；另一组被试要求回答"为什么"进行这一活动，下一个回答的结果都是上一个问题的原因，一层层向上探索问题的抽象核心，以启动被试的整体思维模式。通过有效性检验后发现：在抽象程度方面，"How"(抽象解释水平)材料组($M = 4.03$，SD = 0.784)与"Why"(具体解释水平)材料组($M = 2.18$，SD = 1.088)差异显著($t = 12.742$，$p < 0.05$)。数据说明"How"和"Why"的实验材料能成功启动消费者的整体局部思维模式。其次，要求被试阅读关于企业社会责任的情境材料，然后对购买意愿进行 1~7 分的评分，最后完成由七个题项构成的规范理性测量量表，并填写个人信息。

4.4.2 结果与分析

首先对样本进行方差同质性检验，检验结果不显著(Levene = 0.590，$p = 0.763$)，表明样本的离散情形无明显差别。以购买意愿为因变量，进行 2(思维模式：整体 vs. 局部)×2(CSR：积极 vs. 消极)×2(规范理性：强 vs. 弱)的三因素方差分析。检验结果如表 1 和图 4 所示。结果表明：(1)企业社会责任的主效应显著($F(1, 163) = 46.334$，$p < 0.05$，

$M_{消极}=4.40$，$M_{积极}=5.55$)、思维模式的主效应($F(1,163)=2.304$，$p=0.131$)以及规范理性的主效应($F(1,163)=1.541$，$p=0.216$)均不显著；(2)企业社会责任、思维模式、规范理性三因素间的交互作用显著($F(1,163)=17.041$，$p<0.05$)；(3)企业社会责任与思维模式间($F(1,163)=1.718$，$p=0.192$)、思维模式与规范理性间($F(1,163)=0.008$，$p=0.930$)、企业社会责任与规范理性间($F(1,163)=1.728$，$p=0.191$)的交互作用均不显著。

进一步探讨两因素方差分析的结果：(1)如图4(a)所示，当消费者规范理性弱时，企业社会责任和整体局部思维模式之间存在交互作用($F(1,77)=6.346$，$p<0.05$)，即整体思维模式下，企业积极和消极履行 CSR 行为对消费者购买意愿的影响无显著差异；局部思维模式下，消费者对积极履行 CSR 行为的企业产品购买意愿显著高于消极履行 CSR 行为的企业，假设 H3a 得到验证；(2)如图4(b)所示，当消费者规范理性强时，企业社会责任和整体局部思维模式之间存在交互作用($F(1,77)=18.38$，$p<0.05$)，即局部思维模式下，企业积极和消极履行 CSR 行为对消费者购买意愿的影响无显著差异；整体思维模式下，消费者对积极履行 CSR 行为的企业产品购买意愿显著高于消极履行 CSR 行为的企业，假设 H3b 得到验证。

表1　　　　　　　　　　　　　研究三的购买意愿比较表

规范理性	企业社会责任	局部思维			整体思维			
		平均数	方差	样本	平均数	方差	样本	T 值
规范理性弱	消极 CSR	4.32	0.820	19	4.73	1.120	4.73	−1.323
	积极 CSR	5.89	1.023	18	5.15	1.040	20	2.204**
规范理性强	消极 CSR	4.75	1.209	20	3.61	1.118	23	3.216***
	积极 CSR	5.17	1.114	23	6.05	0.950	22	2.818***

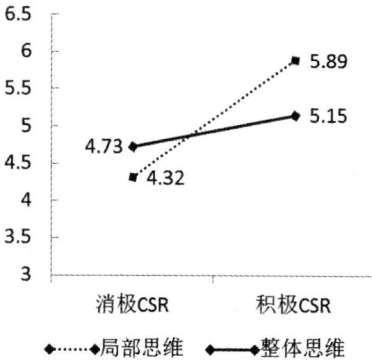

（a）

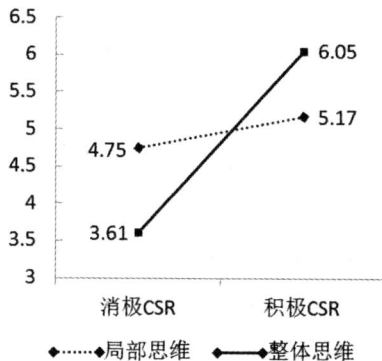

（b）

图4　研究三调节效应结果图

5. 结论与建议

5.1 研究结论

本文从消费者思维模式的角度出发，为提升消费者对 CSR 产品的购买意愿提供了新的方法。通过三个实验检验了思维模式、CSR 对消费者购买意愿的影响机制及其边界条件，实验得出结论如下：首先，实验一验证了 CSR 能显著提高消费者的购买意愿，但受到消费者信息加工的思维模式的影响，消费者购买意愿存在较大差别：整体思维模式下，消费者对积极履行 CSR 行为的企业产品购买意愿显著高于消极履行 CSR 行为的企业；局部思维模式下，企业积极和消极履行 CSR 行为对消费者购买意愿的影响无显著差异。即在整体思维模式下，消费者对 CSR 产品的购买意愿更高。其次，实验二采用时间距离操纵消费者的整体局部思维模式。结果发现，远时间距离会启动消费者的整体思维模式，从而提升消费者对 CSR 企业的购买意愿；近时间距离会启动消费者的局部思维模式，企业积极和消极履行 CSR 行为对消费者购买意愿的影响无显著差异，进一步验证了假设 H1a 和 H1b。最后，实验三揭示了思维模式对消费者关于 CSR 产品购买意愿的影响的边界条件，即规范理性的调节作用。在产品质量相似的情况下，当消费者的规范理性强时，如果启动整体思维模式，消费者对积极履行 CSR 行为的企业产品购买意愿显著高于消极履行 CSR 行为的企业；如果启动局部思维模式，消费者对积极和消极履行 CSR 行为对消费者购买意愿的影响无显著差异。当消费者的规范理性弱时，如果启动整体思维模式，消费者对积极和消极履行 CSR 行为的企业产品购买意愿差异不显著；如果启动局部思维模式，消费者对积极履行 CSR 行为的企业产品购买意愿显著高于消极履行 CSR 行为的企业。本文的研究结论具有一定的理论和实践意义。

5.2 理论贡献和实践意义

本文的理论贡献主要有以下几点：首先，证实了企业社会责任和思维模式对消费者购买意愿的交互作用。现有关于 CSR 的研究主要从 CSR 信息和消费者感知的角度出发，探讨了 CSR 的内容主题、企业能力及消费者的自我归因等对购买意愿的影响（邓新明等，2016；Beeker-Olsen et al.，2006）；关于思维模式的研究主要从消费者决策角度切入，探讨了思维模式对消费者产品联想、产品评价及产品选择的影响（刘小平等，2018）。与已有研究不同，本文将消费者的思维模式与企业 CSR 行为相联系，基于信息加工理论，验证了在企业的不同 CSR 行为水平下，整体局部思维模式对消费者购买意愿的作用。结果表明，整体思维模式下的消费者更能将产品和其企业社会责任形象相联系，对 CSR 产品的购买意愿更高，这拓展了思维模式的影响效应研究。其次，证实了时间距离对整体局部思维模式的启动作用。时间距离是指以现时为基准，个体对事情所发生时间远近的知觉，时间距离的远近水平会影响个体对未来事件的感知（Amit et al.，2009）及行为决策（王霞等，2012）。相关研究表明，具体的营销情境会促使消费者采用不同的思维模式（刘小平等，2018），因此，企业可通过操纵营销情境以激活消费者相应的思维模式，达到提升购买意愿的作用。本文的实验一采用 BIF 量表测量被试的思维模式、实验二采用时间距离操纵被试的思维模式，使之进行对比，这不仅进一步验证了本文的研究假设，而且帮助我们更清晰地理解了思维模式的内涵。最后，证实了规范理性在企业社会责任和思维模式对消费者购买意愿的影响中所发挥的调节作用。规范理性源于社会规范对消费者决策行为的约束（Ellickson，1998）。现有学者多从理论角度探讨规范理性的内涵、外延及其对消费者行为的影响，较少从实证角度研究规范理性对消费者行为的作用。规范理性是个体对社会规范的内化，对个体的行为决策有重要作用（田志龙等，2011）。本文探讨了规范理性的调节作用，有利于强化企业对社会规范和消费者理性意识的认知，进一步丰富规范理性的相关研究。规范理性的调节效应具体表现为：当消费者的规范理性强时，整体思维模式所起的作用不变；当消费者的规范理性弱时，局部思维模式反而提升了消费者对 CSR 产品的购买意愿。原因是在局部思维模式下，消费者更加关注产品的细节信息，倾向于从经济角度出发选择对自身价值更大的商品。

本文对企业的实践意义主要体现在以下几点：首先，企业不能仅基于自身角度向消费者传递其社会责任信息，要考虑到消费者不同的思维模式。正如美国通用电气的企业理念所述："占领市场前，先占领思想。"消费者的认知资源是有限的，企业要刺激消费者将产品与其企业社会责任进行相似性比较，提升消费者的购买意愿。比如，企业可在宣传信息中详细介绍企业的先进 CSR 事迹，刺激消费者认知。其次，企业可通过营销传播方式启动消费者的整体思维模式，让消费者多关注积极进行社会责任行为的企业与其产品的相同之处，以此提高消费者购买意愿。因此，企业在宣传其社会责任形象时，可在广告中融入情境想象信息，比如让消费者想象自己在远未来（如明年）而非近未来（如明天）使用某种具体产品的情境，以此启动消费者的整体思维模式。最后，企业应针对社会规范宣传产品所包含的相应价值理念。因为消费者对 CSR 行为的支持受到对社会规范的感知和个人规范内化的影响。Mussweiler（2001）指出，类比是人类进行社会判断时的基本特征。相比于相异性比较，相似性比较更经常发生。消费者进行相似性比较时，规范理性越强，CSR 对消费者的购买意愿影响越大。因此，企业在管理方面要致力于提高社会大众的规范认同度，增强消费者的规范理性，激发消费者购买意愿，进一步推动社会经济可持续发展。

5.3 研究局限与展望

本文主要存在以下几点不足：首先，本文的三个实验所选用的实验产品均为矿泉水，研究结论有可能只适用矿泉水及与其相近的产品种类。未来研究可结合多种实验产品作为对比，以考察其他产品情境下的消费者思维模式和 CSR 对购买意愿的影响情况。

其次，研究样本选取均为大学本科生。由于大学生自身经济能力和消费经验的局限，所得结果可能只适用于大学生群体，其他群体有可能表现出不同的行为模式，需要另行研究。未来研究可进一步扩大被试的范围和数量，选取更具代表性的样本进行测量。

最后，本文对变量缺乏动态测量。消费者规范理性的形成是一个动态的过程，会随着消费者认知能力、消费经历等因素的变化而变化。未来研究可采用跟踪研究等方式，更加深入地刻画消费者规范理性的动态变化，进一步验证 CSR 对消费者购买意愿的影响机制。

◎ 参考文献

[1] 陈慧, 刘扬, 曾垂凯, 等. 守范? 失范? ——作为参照点的社会规范对决策行为的影响[J]. 心理科学, 2015, 38(2).

[2] 邓新明, 张婷, 许洋, 等. 企业社会责任对消费者购买意向的影响研究[J]. 管理学报, 2016, 13(7).

[3] 邓颖, 徐富明, 李欧, 等. 社会偏好中的框架效应[J]. 心理科学进展, 2016, 24(4).

[4] 付群英, 曹威麟, 朱宁. 社会规范与私利需求对个体经济行为影响的实证研究[J]. 软科学, 2010, 24(2).

[5] 樊帅, 田志龙. 消费者对企业社会责任伪善感知形成机制研究[J]. 中南财经政法大学学报, 2017, 2017(2).

[6] 黄维梁. 消费者行为学[M]. 北京: 高等教育出版社, 2005.

[7] 刘凤军, 孔伟, 李辉. 企业社会责任对消费者抵制内化机制研究——基于 AEB 理论与折扣原理的实证[J]. 南开管理评论, 2015, 18(1).

[8] 刘红艳, 李爱梅, 王海忠, 等. 不同促销方式对产品购买决策的影响——基于解释水平理论视[J]. 心理学报, 2012, 44(8).

[9] 刘满芝, 徐悦, 陈梦, 等. 信息双面性对节能产品购买意愿的影响——基于心理抗拒的中介作用和社会距离的调节效应[J]. 营销科学学报, 2017, 13(1).

[10] 龙晓枫, 田志龙, 侯俊东. 社会规范对中国消费者社会责任消费行为的影响机理研究[J]. 管理学报, 2016, 13(1).

[11] 龙晓枫, 田志龙. 影响消费者行为的规范理性[J]. 湖南大学学报: 社会科学版, 2010, 24(5).

[12] 刘小平, 毛立静, 邓文香. 森林还是树木? ——思维模式与消费者决策研究述评[J]. 外国经济与管理, 2018, 40(8).

[13] 马龙龙. 企业社会责任对消费者购买意愿的影响机制研究[J]. 管理世界, 2011, 2011(5).

[14] 田虹, 袁海霞. 企业社会责任匹配性何时对消费者品牌态度更重要——影响消费者归因的边界条件研究[J]. 南开管理评论, 2013, 16(3).

[15] 田志龙, 杨文, 龙晓枫. 影响中国消费行为的社会规范及消费者的感知——对消费者规范理性的探索性研究[J]. 经济管理, 2011, 33(1).

[16] 王军, 丁丹丹. 在线评论有用性与时间距离和社会距离关系的研究[J]. 情报理论与实践, 2016, 39(2).

[17] 王建明, 吴龙昌. 亲环境行为研究中情感的类别、维度及其作用机理[J]. 心理科学进展, 2015, 23(12).

[18] 王瑞，田志龙，马玉涛. 消费者规范理性的理论解析与重构[J]. 现代商业，2010，2010(2).

[19] 王夏阳，傅科. 企业承诺、消费者选择与产品质量水平的均衡分析[J]. 经济研究，2013，48(8).

[20] 王霞，于春玲，刘成斌. 时间间隔与未来事件效价：解释水平的中介作用[J]. 心理学报，2012，44(6).

[21] 辛杰. 企业社会责任与品牌资产：消费者 CSR 体验与儒家价值观的作用[J]. 南方经济，2013，V31(1).

[22] 阎俊，佘秋玲，常亚平. 社会责任消费行为量表研究[J]. 管理科学，2009，22(2).

[23] 张倩，何姝霖，时小贺. 企业社会责任对员工组织认同的影响——基于 CSR 归因调节的中介作用模型[J]. 管理评论，2015，27(2).

[24] 张思雪，林汉川. 新常态下创新与社会责任对中国产品海外形象的影响研究——基于全球 108 个国家海外消费者的问卷调查[J]. 中国软科学，2017，2017(2).

[25] 张太海，张妤舟，高传路. 企业社会责任报告对消费者购买意愿的影响[J]. 南京财经大学学报，2015，195(5).

[26] 张杨，汪旭晖，申莹莹. 多挖井? 深挖井? ——企业社会责任活动主题连贯度影响研究[J]. 营销科学学报，2015，11(4).

[27] Amit，E.，Algom，D.，Trope，Y. Distance-dependent processing of pictures and words[J]. *Journal of Experimental Psychology*：*General*，2009，138(3).

[28] Alexander，Chernev，Sean，et al. Doing well by doing good：The benevolent halo of corporate social responsibility[J]. *Journal of Consumer Research*，2015，41(6).

[29] Basu，K.，Palazzo，G. Corporate social responsibility：A process model of sense making[J]. *Academy of Management Review*，2008，33(1).

[30] Bagh，T.，Khan，M. A.，Azad，T.，et al. The corporate social responsibility and firms' financial performance：Evidence from financial sector of Pakistan[J]. *International Journal of Economics and Financial Issues*，2017，2(7).

[31] Beeker-Olsen，K. L.，Cudmore，B. A.，Hill，R. P. The impact of perceived corporate social responsibility on consumer behavior[J]. *Journal of Business Research*，2006，59(1).

[32] Bhattacharya，C. B.，Sen，S. Doing better at doing good：When，why，and how consumers respond to corporate social initiatives[J]. *California Management Review*，2004，47(1).

[33] Bonchek，M. Don't sell a product，sell a whole new way of thinking[J]. *Harvard Business Review*，2014(7).

[34] Carroll，A. B. A three-demensional conceptual model of corporate performance [J]. *Academy of Management Review*，1979，4(4).

[35] Ellickson, R. C. Law and economics discovers social norms[J]. *The Journal of Legal Studies*, 1998, 27(S2).

[36] Förster, J. N., Liberman, S. K. The effect of global versus local processing styles on assimilation versus contrast in social judgment [J]. *Journal of Personality and Social Psychology*, 2008, 94(4).

[37] Förster, J. Relations between perceptual and conceptual scope: How global versus local processing fits a focus on similarity versus dissimilarity [J]. *Journal of Experimental Psychology: General*, 2009, 138(1).

[38] Förster, J., Denzler, M. When any worx looks typical to you: Global relative to local processing increases prototypicality and liking [J]. Journal of Experimental Social Psychology, 2012, 48(1).

[39] Graafland, J. Motives for corporate social responsibility[J]. *De Economist*, 2012, 160(4).

[40] Grimmer, M., Bingham, T. Company environmental performance and consumer purchase intentions[J]. *Journal of Business Research*, 2013, 66(10).

[41] Jiga-Boy, G. M., Clark, A. E., Semin, G. R. Situating construal level: The function of abstractness and concreteness in social contexts[J]. *Social Cognition*, 2013, 31(2).

[42] Kardes, F. R., Cronley, M. L., Kim, J. Construal-level effects on preference stability, preference-behavior correspondence, and the suppression of competing brands[J]. *Journal of Consumer Psychology*, 2006, 16(2).

[43] Kim, H., John, D., R. Consumer response to brand extensions: Construal level as a moderator of the importance of perceived fit[J]. *Journal of Consumer Psychology*, 2008, 18(2).

[44] Macrae, C. N., Bodenhausen, G., V. Social cognition: Thinking categorically about others[J]. *Annual Review of Psychology*, 2000, 51(1).

[45] Mcadams, R. The origin, development, and regulation of norms [J]. *Michigan Law Review*, 1997, 96(2).

[46] Marin, L., Ruiz, S., Rubio, A. The role of identity salience in the effects of corporate social responsibility on consumer behavior[J]. *Journal of Business Ethics*, 2009, 84(1).

[47] Mohr, L. A, Webb, D. J. The effect of corporate social responsibility and price on consumer responses[J]. *Journal of Consumer Affairs*, 2005, 39(1).

[48] Mussweiler, T. Focus of comparison as a determinant of assimilation versus contrast in social comparison[J]. *Personality and Social Psychology Bulletin*, 2001, 27(1).

[49] Navon, D. Forest before trees: The precedence of global features in visual perception [J]. *Cognitive Psychology*, 1977, 9(3).

[50] Oliver, Christine. Sustainable competitive advantage: Combining institutional and resource

based[J]. *Strategic Management Journal*, 1997, 18(9).

[51] Romani, S., Grappi, S., Bagozzi, R. P. Explaining consumer reactions to corporate social responsibility: The role of gratitude and altruistic values[J]. *Journal of Business Ethics*, 2013, 114(2).

[52] Roberts, James, A. Profiling levels of socially responsible consumer behavior: A cluster analytic approach and its implications for marketing[J]. *Journal of Marketing Theory and Practice*, 1995, 3(4).

[53] Reno, R. R., Cialdini, R. B., Kallgren, C. A. The trans situational influence of social norms[J]. *Journal of Personality and Social Psychology*, 1993, 64(1).

[54] Redmond, William, H. On institutional rationality [J]. *Journal of Economic Issues. Lincoln*, 2004, 38.

[55] Saeidi, S. P., Sofian, S. How does corporate social responsibility contribute to firm financial performance? The mediating role of competitive advantage, reputation, and customer satisfaction[J]. *Journal of Business Research*, 2015, 68(2).

[56] Sen, S., Bhattacharya, C. B. Does doing good always lead to doing better? Consumer reactions to corporate social responsibility[J]. *Journal of Marketing Research*, 2001, 38 (2).

[57] Tsai, C. L., Thomas, M. When does feeling of fluency matter? How abstract and concrete thinking influence fluency effects[J]. *Psychological Science*, 2011, 22(3).

[58] White, K., MacDonnell, R., Dahl, D., W. It's the mind-set that matters: The role of construal level and message framing in influencing consumer efficacy and conservation behaviors[J]. *Journal of Marketing Research*, 2011, 48(3).

Research on the Interaction of Corporate Social Responsibility
and Mindset on Purchase Intention

Liu Xiaoping[1] Deng Wenxiang[2] Mao Lijing[3]

(1, 2 School of Economics and Management, Chongqing University of Posts
and Telecommunications, Chongqing, 400065; 3 Management School of
Jinan University, Guangzhou, 510632)

Abstract: Corporate social responsibility, as a strategic means to gain competitive advantage and enhance consumer identification, has become the focus of discussion from various fields. Many previous studies have explored how corporate social responsibility affects consumers' purchase intention, which are based on the perspective of the enterprise itself and ignore the source of consumer cognition. Based on the theory of information processing and the theory of normative rationality, this paper explores the role of corporate social responsibility on consumer purchase intention in different consumers' mindset, and examines the application situation and boundary conditions of this role. Through the experimental results, it is found that corporate social responsibility can significantly improve the consumer's purchase intention, but it is influenced by the consumer's global and local mindset: Compared with the local mindset, the corporate social responsibility plays a more important role in the global mindset; the marketers can manipulate the global and local mindset through the time distance; normative rationality plays a moderating role in it. From the perspective of consumers' mindset, it reveals the application context and boundary conditions of influence of corporate social responsibility to consumers' purchase intention.

Key words: Corporate social responsibility; The global and local mindset; Normative rationality; Purchase intention

专业主编：曾伏娥